ポップコーン、バター多めで

[Alexandros]
川上洋平
Yoohei Kawakami

宝島社

まえがき

2024年のNY映画批評家協会賞にて、監督賞を受賞したクリストファー・ノーラン監督がスピーチでこんな発言をしていた。

「批評家に対して映画監督は複雑な感情を抱いているが、同時に感謝もしている。批評はプロの仕事であり、一般の観客に対する翻訳家でもあるからだ」

SNSの普及により、誰もが映画の感想を書き、それを読めるようになった。それにより興行的にも影響が出るようになった。口コミがもっとはやく、大きく広がるようになったわけだ。ある意味いいことだと思うし、実際誰かの感想を読むのは私も好きだ。

しかし、客観的な視点で映画を解析し、裏付けを元に評価を下すのが批評家だ。彼らは一般の観客に解説をしてくれる。ノーランの言葉を借りれば“文脈を与える”。そのおかげで観客は作品の成り立ちを正しく理解することができ、直感的な感想を誰かと交わせることになる。こんなことをノーランは言っているんじゃないかなと思う。

なるほどな、と思う。私も音楽家として批評家には複雑な思いを抱いている。褒めてくれる人もいるし批判する人もいる。中にはただ馬鹿にしているとしか思えない人もいるし、見当違いな批評をする人もいる。自分に酔っているとしか思えないような人も (you know who)。

私でさえそんなわけだからノーラン監督となればその数億倍はいろんな批評をされているだろうし、『テネット』の監督が言う「複雑さ」はバッグの中のイヤホンケーブルの数兆倍であろう。それでもそのスピーチで批評家に対して感謝を述べる姿はちょっとかっこよかった。同時に批評家に対する挑戦状にも聞こえた。

では、この本は一体何か。私、川上洋平個人の「感想本」である。私はアカデミー会員でもなければ、映画のライセンスも持っているわけでもない。人よりちょっと多く映画を観る人なだけである（職業はバンドマン）。

でもそんな私だからこそ書ける“感想”があるはずだ。そしておすすめしたい映画がたくさんあるのだ。現在月いちで「SPICE」にて映画の連載を書いているがそういう思いで書いています。

私は映画に対して文学的にもしくは科学的な評価はしたくない。そもそもできない。あくまで“感想”を語っていたい。だから私の連載の第一声はほぼ毎回「面白かった!」から始まる。それは私にとって映画がどこまでも娯楽品だからである。作品ももちろんだが、なにより映画鑑賞自体がたまらなく好きなのである。映画館そのものやポップコーンも。映画鑑賞にまつわる全ての体験を愛してやまないのです。

だから変な話、映画が面白くなかったとしてもまぁいいのである。

“映画館に行けた”から。“ポップコーンを食べれた”から。

批評家が映画をプロとして批評するなら、私はプロの感想家として映画の感想を書こうと思う。皆さんが気軽に、それこそポップコーンを食べるぐらいの感覚で「なんかおもろい映画ない?」と誰かに聞きたい時、この本を手に取っていただけたら幸いである。

というわけで、映画館で「ポップコーン、バター多めで」と毎回注文し、悪玉コレステロールが250を超え、再検査の通知が届いた“プロの感想家”が書く映画本、開演です。

Contents

Interview about Movie

大の映画好きで詞曲を手がける[Alexandros]の曲名や歌詞にも映画愛がちりばめられていることで知られる川上洋平さん。

そもそも映画はいつから好きなの？　おすすめの映画館や映画鑑賞スタイルは？

書名にも入っているポップコーンへの想いとは？　映画にまつわる思い出は？

定期的に発表しているアカデミー賞ならぬカワカミー賞とは？

川上さんの映画にまつわるあれこれに迫ります！

考察とか制作の裏話も面白いけど、スクリーンに現れたものがすべて

――初の映画関連の本が刊行されたわけですが、川上さんにとって映画の存在とは？

映画は僕にとって唯一の趣味です。ただ観て「あー面白かった」と言えればそれでいい。だから評論とかはしたくないんです。たくさん映画を観ていると、「自分も評論できそうだな」って思う瞬間はあるんですが、直感で面白かった、面白くなかったを言えたらそれでいい。だから僕は自分のことを〝感想家〟だと思ってるんですよね。

――誰かと映画について語る時に、例えば「あのシーンがすごくよかったよね」っていう風に盛り上がることが楽しいというか。

本当そう。考察とか制作の裏話も面白いですが、スクリーンに現れたものがすべてだし、それでしかないと思ってます。だから僕は映画館でエンドロールが流れると席を立つことが多いです。というのもエンドロールを見てしまうと、「これは作りものなんだ」と認識してしまい、冷めちゃうんです。リスペクトのために席を立たない人もいれば、単純に早く出たい人もいてそれぞれでいいと思いますが。エンドロールの曲を聴きたい時もあるけれど、なるべく作品が終わった瞬間に出たい。「面白かった！ 以上！」で、拍手して映画とお別れしたい。作品史上主義ですね。

――この本のジャンル別のラインナップ（14ページ）で挙げている作品はどうやって選出していったんですか？

感想家とはいえ、映画に馴染みがない人にも観てもらいたい気持ちがありますね。そこそこマイナーな作品も選びました。ベタなやつとマニアックなやつと半々ぐらいのバランスですかね。例えば、アクション映画でいうと『ダイ・ハード』は20代のスタッフに「観たことないです」って言われたりするので、「これは観ておいた方がいいんじゃないか」って思うので入れました。僕が子供の時、「『スター・ウォーズ』は『七人の侍』に影響を受けているから観ておけ」と言われても観る気にはならなかったんですが、いざ大人になって観てみると「確かにな」と思いました。『ダイ・ハード』を観る以前以後ではアクション映画の概念が結構変わるし、あれをオマージュした作品は今でも多いんですよね。逆に避けている作品も多いので、そこも楽しいんですよ。違いを楽しめるから。

――単に面白いから観て損はないって

ています

いうのもありますよね。

そうですね。僕が一番最初に映画館で観たのは『バットマン』ですが、「映画って面白いな」と最初に思ったのは『ダイ・ハード』なんですよね。『バットマン』はヒーローを見るような気持ちもあったと思うんです。初めてのアニメじゃない実写映像体験っていう感覚もありました。シリアに住んでいた頃は日本から送ってもらったビデオテープが娯楽の中心だったこともあって、『ダイ・ハード』や『スピード』のVHSは本当に擦り切れるくらい見ましたね。父親が『ダイ・ハード』のセリフを使った英会話本みたいなものを買ってきたんですが、セリフが全部英語で書かれているんですよ。それを見て英語の勉強をしたんですけど、読み物として単純に面白いんです。教科書には出てこないようなスラングも使われていたり、勉強になりましたね。

——連載が「PART2」になる前、カワカミー賞は川上さんのブログとかで年末に点数と共に発表されていましたよね。

今も点数はつけているんですが、公開しなくなりましたね。例えば、競技で点数をつける場合、細かく採点基準が設けられていますが、僕の映画の採点基準はその時の自分にどう響いたか。だから、1回目に観た時は感動して100点をつけたけど、2回目観たらそうでもなかったと思って、1回目より低い点数をつけることもあります。自分の中の感情だから。自分の中だけにとどめておくことにしました。映画は唯一の趣味なので、自分が観た映画を記録しておくことは続けていきたいですね。映画の主題歌を書かせてもらったりしていますが、自分としては映画とのかかわり方として一番好きなのは、やっぱり外から観ることなんですよね。

『映画館』

「遊園地にいるみたいだな」と思った。それが最初の映画館での衝撃

——映画を観るシチュエーションはいくつもありますが、まずは映画館で観る醍醐味というと？

僕は映画館のことはアミューズメントパークだと捉えています。ポップコーンの匂いが充満しているあの空気感が好きですね。僕が幼少期によく行っていたワーナー・マイカル・シネマズではワーナーのキャラクターが館内に飾られていたりして。側の部分もすごく好きです。そういう要素をちゃんと味えるように早めに映画館に到着します。

——子供の時から映画館にはよく行ってたんですか？

最初の映画館体験は小学校低学年の時に母親に連れていってもらったマイケル・キートン主演の『バットマン』。クラスメイトも含めて7人ぐらいで行ったこともあり、映画館がどうこうというより友達となんか面白い場所に遊びに行ったぐらいの感覚でした。その後シリアに引っ越して、イギリスに旅行した時に『バットマン リターンズ』を映画館で観たんですよね。真ん中ぐらいの席でしたが、バットウィングが空を飛ぶときに観客の上を飛んでいるように錯覚した記憶があって「遊園地にいるみたいだな」と思った。それが最初の映画館での衝撃だったと思います。父親に買ってもらったポップコーンのことも覚えていますね。

——どこの映画館のポップコーンが一番好きなんですか？

旧ワーナー・マイカル・シネマズ、現イオンシネマですね。僕の青春時代は小田急線沿線ですが海老名にも新百合ヶ丘にもあります。数年前、座間にもできたらしいです。ポップコーンの美味しさを教えてくれました。バターを程よくかけてくれるんですが、僕は「ちょっと多めにしてもらっていいですか」と、お願いするんですが。「ポップコーン、バター多めで」という連載タイトルはそこから取っています。

——次にポップコーンが美味しい映画

映画館のことはアミューズメントパークだと捉え

館というと?

バルト9も好きです。

——お気に入りの映画館は?

イオンシネマは全般的に好きです。TOHOシネマズも好きです。単館系だと下高井戸シネマとか昔渋谷にあったアップリンクとか新宿武蔵野館とか。あと名古屋にもいい単館系の映画館があったんですが、潰れちゃいましたね。映画を観に行くというより映画館に行くという感覚が強いですね。

——人間模様が見れる場所でもありますが、お客さんのことを観察したりしますか?

あまりしないですね。でも自分の席の近くにすごくうるさい人がいると気になっちゃいますね。昔『ゼロ・グラビティ』を観に行ったんですが、あれって一番静かにしなきゃいけない映画じゃないですか。

——宇宙空間の無音ぶりを味わう映画ですからね。

そう。なのに、上映中に2人組が結構大きな声でずっと喋ってて注意したことがあります。ニューヨークの映画館に行った時に衝撃だったのが、金曜日の映画館には映画目的というよりは、特に何もすることがないから映画館に来ましたみたいな人がわんさか集まっていて、劇中の登場人物のセリフにツッコんだりして、その客のツッコみに対して他の客が笑うんですよ。これはこれでエンタメなんだなと思って驚きました。日本は静かに観ますよね。そんなニューヨークの映画館でも『クワイエット・プレイス』はみんな静かに観ていて、それもまたよかったですね(笑)。場所によってノリが違いますよね。

——日本でも公開日に観に行くとお祭りみたいな雰囲気の時がありますよね。

『スター・ウォーズ』の新作の公開日に行ったことありますけど、みんな始まる時に拍手していましたね。なかなか行きづらいですが、できれば公開日に観に行きたいですよね。

配信も便利ですが、映画館の方がプライオリティは高い

——最近映画館で観た映画というと?

『大いなる不在』です。なかなか面白かったです。エンディングは「おっ!」と思いました。なるべく映画館で観たいですね。配信も便利ですが、映画館の方がプライオリティは高いです。

——時代と共にIMAXやドルビーシネマとかいろいろなバリエーションが増えてきましたけど、それについてはどうですか?

IMAXが一番好きです。4DXは単純に腰が痛くて(笑)。3Dは結構好きです。ドルビーアトモスも好きですよ。

——お気に入りのIMAXの映画館

漢字のタイトルのものが好きになってきたので「大人になったな」って思う

はありますか？

大阪の109シネマズ大阪エキスポシティですね。『スター・ウォーズ／スカイウォーカーの夜明け』を観に行きました。J・J・エイブラムス監督が「日本だったら一番作品の色を再現できている劇場だ」と推薦していたので、行ったんですが、僕には違いがよくわかりませんでした（笑）。『インターステラー』などがそうですが、映画館のキャパを超えた音声の作品で劇場が震えちゃってるのもオツだったりするんですよね。映画館が耐えられない音量をマスタリングしちゃってるなみたいな。そこに監督の意志を感じて感動します。

——映画館で泣いた思い出はありますか？

『her／世界でひとつの彼女』ですね。

——場内にすすり泣きの声が聞こえるのも醍醐味ですよね。

そう。だから上映が終わってすぐに明るくしないでほしいですね（笑）。気まずいんで。

映画館で映画を観るのはライブに近い

——映画館で爆笑した思い出というと？

たくさんありますね。最近だと『コカイン・ベア』。喋るのはよくないと思いますが、笑ったり泣いたり驚くのは当然いい。ライブに近いですよね。同じエンタメを作る側としては無表情で観られるよりいいと思っています。

——映画館に来ているということは雰囲気を共有したい人も多いでしょうし。

そうそう。気になっちゃうなら家でゆっくり観ればいいし。あと、深夜の時間帯を狙うとかね。それはそれでいびきがうるさいこともありますが（笑）。

——レイトショーは寝てる人が結構いますよね。

寝に来ているような人もいますよね（笑）。いびきは勘弁してほし

いですけど。

『レンタル』
2時間くらい店内を彷徨ってた

――レンタルビデオ屋は昔行ってましたか？

　昔はレンタルばかりでしたね。バンドがデビューするぐらいの時期は最寄り駅を降りたらとりあえずTSUTAYAに行くのが日課でした。2時間ぐらい店内を彷徨ってたんですよ。3枚借りるとお得になるとかあると思うんですが、2本は決めて残りの1本をどれにするか迷ったりして。そういう時間って楽しいですよね。頻繁に行き過ぎて店員さんに声かけられたことがあります。「いつも素敵な映画ばかり借りてますね」って言われて。「エッチなやつ借りてなくてよかった！」と思いました。店員さんはレンタル履歴が見れちゃいますからね。あと、よく滞納していました。結構な額の延滞料金を払っていましたね。昔地元にブロックバスターっていうアメリカが本拠地のレンタルビデオ屋さんがあって、ブロックバスターが潰れて同じ場所にTSUTAYAができたんです。ブロックバスターは海外で有名だから映画の中にも出てくるくらいで、そこでレンタルしていることに対してちょっと海外旅行気分を味わえたんですがね。

――ジャケ借りのポイントはありますか？

　気になるタイトルは借りちゃうかも。子供の時、「『バタリアン』って何？」って思って『バタリアン』を借りたことはあります。昔は『大いなる～』とか『地獄の～』とか、漢字のタイトルにはあまり心が躍らなくて、『バタリアン』や『プラトーン』とか、カタカナのタイトルに惹かれていました。今は漢字のタイトルのものが好きになってきたので「大人になったな」と思います（笑）。

――『バタリアン』はジャケ写が結構インパクトのあるホラーですが、昔からホラーが好きだったんですね。

　大好きですね。

『配信』

――配信でもよく映画は観ますか？

　そうですね。ツアー中の地方のホテルや移動中の新幹線や飛行機で観ることもあります。

――自宅にプロジェクターを導入されてますが、選んだポイントはあったんですか？

　「一番いいやつをください」って言いました（笑）。プロジェクターは明るさの単位のルーメンが高ければ高いほど明るく映る。ルーメンが高い4Kのエプソンの当時一番いいものを買いました。でも引っ越しする度に工事をしなくちゃいけなくて（笑）。BOSEのバー型のスピーカーも買って、かなり迫力のある音響です。前の家では、僕が家の中のスタジオで作業をしている時、メンバーやスタッフはリビングにあるそのプロジェクターを使って映画を観たりゲームしたりしていましたね（笑）。

――どのサブスクのサービスに入っ

ているんですか?

U・NEXT、Netflix、Hulu、アマゾンプライムです。昔U・NEXTの営業のバイトをしていて、たくさんの人にU・NEXTに加入してもらったことがあるんですよ。それもあってU・NEXTを一番ひいきにしていますね。でも映画の本数は一番多いので単純に好きです。Netflixは予告が見やすいですよね。画面をつけっぱなしにしているだけで楽しい。

僕が面白かったと思っても、意外と人気ない作品も多い（笑）

――レンタルだとジャケ借りしたりしますけど、配信で見る作品を選ぶポイントは?

U・NEXTは星マークの数が表示されて、Netflixはあなたへのおすすめ度のパーセンテージが出てきますけど、「本当か?」って思うんですよね（笑）。僕は予告や前評判を見て判断しています。予感はほとんど当たりますね。ただ僕が面白かったと思っていても、意外と人気がない作品も多いです（笑）。

――川上さんは前情報を入れてから観るケースと入れないで観るケースとあ

りますが、その違いって何なんでしょう?

基本的には前情報なく観たいんですが、「今日は失敗したくないな」という時は一応調べます。でも、「今日これしか観るものないな」という時は調べないですね。縁だと思ってその作品に飛び込みます。

――これは外したなっていう作品というと?

今となってはある意味面白かったんですが、キアヌ・リーブスの『ノック・ノック』の試写会に行って、すごく楽しみにしていたんですが、すごく後味が悪くて。終わった後、宣伝の方に「どうでしたか?」と言われて初めて「うっ……ノーコメントでお願いします」って言いました（笑）。後味が悪い映画というと『ミスト』は後味悪い映画の王者と言われていますが、僕としては逆に後味いいくらいなんじゃないかって思うんですけどね。バッドエンディングではあると思うけど、味は美味しいけどな。『ノック・ノック』も『ウィッカーマン』もあとこの連載で取り上げたことのある『胸騒ぎ』も後味が悪いというよりイライラさせられるんですよね（笑）。「いや、そこ行かなくていいじゃん!」って思ったり、だから僕にとっては後味悪いというよ

ソファーに寝転んで、なるべく携帯は遠ざけます

り単純に腹立つ映画のジャンルかな。そういう映画って大体子供が余計なことするんですよね。

――（笑）。**じゃあ、逆にこの子供は賢いと思う映画っていうと？**

あんまないんですけど、『神様メール』や『クワイエット・プレイス』は「やる～！」って、子供に対して思いましたね。『クワイエット・プレイス』はむしろ親に対して「おいおい！」って思いました（笑）。

――家で観るときは何か食べ物は用意するんですか？

最近はフルーツです。ポップコーンは映画館で買って家で映画を観ながら食べることもあります。夜遅いと食べないように気を遣います。観るのは大抵夜ですね。明るいとプロジェクターがはっきり見えにくいし。単純に夜観るほうが好きですね。

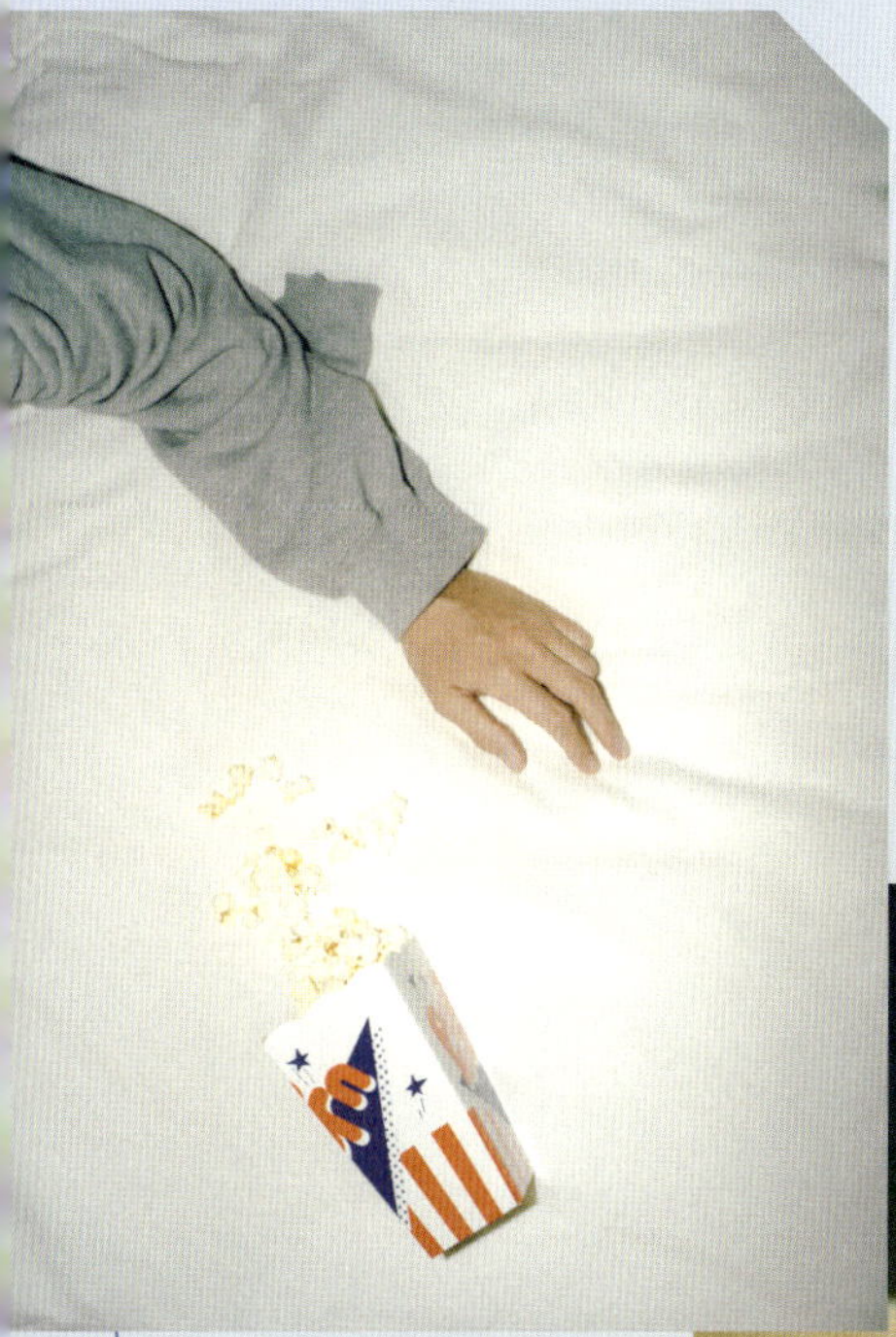

シリーズものの三部作を一気に観て、気づいたら年を越してましたっていうのがすごく好き

――オフの日は一日中見ることもあるんでしょうか？

昔、年末年始は『ゴッド・ファーザー』や『スター・ウォーズ』や『バック・トゥ・ザ・フューチャー』のシリーズものの三部作を夕方ぐらいから一気に観て、気づいたら年を越してましたっていうのをやるのがすごく好きでしたね。

――家で観る時のおすすめのスタイルはありますか？

ソファーに寝転んで、なるべく携帯は遠ざけます。映画を観ていると猫が寄ってきますね。ちょうどホラー映画を観ている時に後ろからニャーッって近づいてきたりするとビビります。わざとやってんだろうなと思います。1匹は黒猫なので余計怖いです（笑）。

MOVIE REVIEW

さぁ、おすすめしましょう

おすすめ映画について語る
「ポップコーン、バター多めで」出張版。
毎年100本ほど観ている映画の中からおすすめしたい
10ジャンル、108タイトルを厳選して紹介します。
王道なものから知る人ぞ知る名作まで幅広く網羅。
観る映画に困ったら使ってください。

私の一番好きな
ジャンルから
ご覧あれ!

サスペンス
SUSPENSE

『1 コピーキャット』

監督：ジョン・アミエル／出演：シガニー・ウィーバー、ホリー・ハンター、ハリー・コニック・Jr／1996年

あらすじ：犯罪心理分析医ヘレンは担当した異常者に襲われて以来、屋外恐怖症となり自室に引きこもってしまう。そんな折、ヘレンに連続殺人事件の捜査協力の要請があり……。

便座シートをちゃんと敷いてから
座るタイプのあなたに

「気持ち悪い」というより「キモイ」という表現が相応しい。犯罪者が犯罪者の模倣をするというプロットは『羊たちの沈黙』を彷彿とさせますが、あっちはなんというか品格があったけどこっちは下卑な印象を受ける。洗剤を使って○すシーンは背筋が凍ります。

サスペンスのポイントは日常性にはらんだ緊張感を描くところにあると思っています。ホラーやSFだとちょっと非日常過ぎて、あまり没入できないという方も多いですが、サスペンスはリアルなんですよね。しかも完全に怖いというわけじゃなく、不安だったり不気味な感情を与えてくれます。私が1番好きなジャンルのおすすめをどうぞ。

『3 ザ・バニシング -消失-』

監督：ジョルジュ・シュルイツァー／出演：ベルナール・ピエール・ドナデュー、ジーン・ベルヴォーツ、ヨハンナ・テア・ステーゲ／2019年

あらすじ：オランダからフランスへ車で小旅行に出かけたレックスとサスキア。立ち寄ったドライブインで、サスキアが姿を消してしまう。手がかりもないまま3年の月日が流れる。

不審な手紙をよく受け取るあなたに

オランダ発のサイコ・サスペンス。わざとらしさがない独特な雰囲気は洒落ている。88年公開だが、日本ではようやく最近になって公開となる。地味といえば地味だが最後の最後で一気に血の気が引く展開になるのでご安心?ください。

なんか最近
お母さんを信用できないあなたに

『2 RUN／ラン』

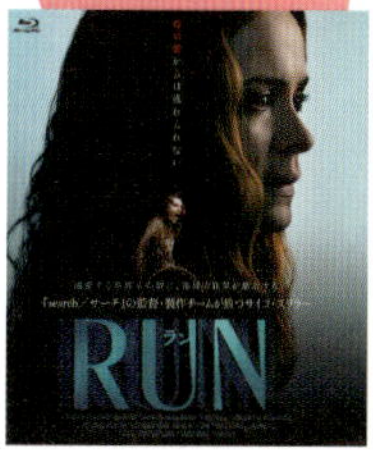

監督：アニーシュ・チャガンティ／出演：サラ・ポールソン、キーラ・アレン、パット・ヒーリー／2021年

あらすじ：生まれつき慢性の病気により車椅子生活のクロエ。しかし、大学への進学を望み、自立しようとしていた。ある日、クロエは母親のダイアンに不信感を抱き始める。

母と娘の絆……を描いたっちゃあ描いたサスペンス。今になって思い返すとかなりハチャメチャな展開だったなと思いますが、それでもかなり楽しめました。なんとなくオープニングのタイトル出しが『エイリアン』っぽかったのは何か理由があるのだろうか。

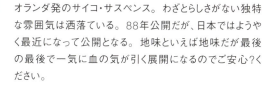

7 オン・ザ・ハイウェイ その夜、86分

監督：スティーヴン・ナイト／出演：トム・ハーディ、オリヴィア・コールマン、ルース・ウィルソン／2015年

あらすじ：仕事もプライベートも順風満帆なアイヴァン。大事な仕事の前夜、高速道路に乗っていたアイヴァンに1本の電話がかかってきたことから、全てが狂い始めていく。

運転しながら独り言を
よくしゃべるあなたに

ワンシチュエーション映画というジャンルが好きでして。この映画はその中でもかなり極限をいっております。舞台は車の中のみ。登場人物は一人。会話は電話のみ。ほぼトム・ハーディの一人芝居なのですが、全く飽きさせないのはさすがの演技力。

8 シンプル・プラン

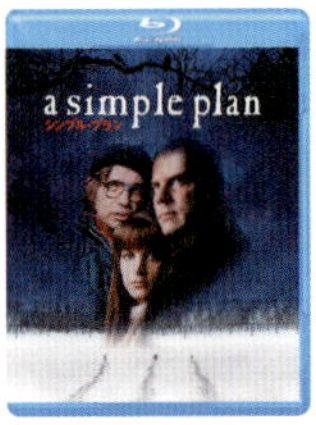

監督：サム・ライミ／出演：ビル・パクストン、ブリジット・フォンダ、ビリー・ボブ・ソーントン／1998年

あらすじ：小さな町で妊娠中の妻と慎ましく暮らすハンクは、兄のジェイコブたちと森に墜落したセスナ機を発見。中にはパイロットの死体と440万ドルもの大金があった……。

最近大金を拾ってしまった
あなたに

こぢんまりとした舞台の中で繰り広げられる、これまたこぢんまりとした人間の卑しさが出ているサスペンス。笑えるところもありつつ、結構内容は皮肉めいたもの。90年代のアメリカの片田舎の雰囲気そのものが映し出されているのもかなり好みでした。大金を手に入れたらどうするか……。

9 ブラック・ボックス 音声分析捜査

監督：ヤン・ゴズラン／出演：ピエール・ニネ、ルー・ドゥ・ラージュ、アンドレ・デュソリエ／2022年

あらすじ：最新型機が墜落し、乗客乗務員316人全員が死亡した。さらに事故機のレコーダー、通称「ブラックボックス」を開いた音声分析官ボロックが、謎の失踪を遂げる。

音に敏感なあなたに

飛行機が墜落し、ブラック・ボックスの交信記録に隠された真実を見破ってしまった男の話。この映画の緊張感がヤバいところは、最初はかなり安全な場所で真実を暴こうとしているんだけど、だんだんと自分にも危険が迫ってきて……という展開が怖い。そして主演のピエール・ニネがめちゃハマり役。

4 TITANE チタン

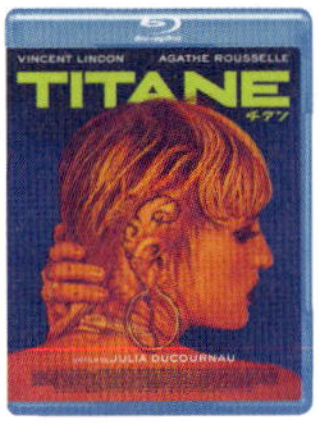

監督：ジュリア・デュクルノー／出演：バンサン・ランドン、アガト・ルセル、ギャランス・マリリアー／2022年

あらすじ：幼いときに交通事故に遭い、頭蓋骨にチタンプレートを埋め込まれたアレクシア。彼女はそれ以来"車"に対し異常な執着心を抱き、危険な衝動に駆られるようになってしまう。

自分の愛車が好き過ぎる
変態なあなたに

車に恋をする……だけじゃなくて本当に身体が交わっちゃう、変態を超えた映画。発想もすごかったけど笑いは起きない。まさにチタン。顔が本当に変形しちゃうんじゃないかと心配になってしまう役者魂も素晴らしかった。

5 誰もがそれを 知っている

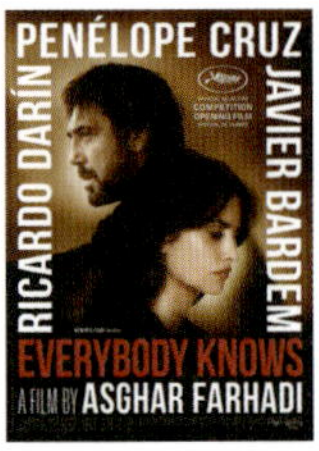

監督：アスガー・ファルハディ／出演：ペネロペ・クルス、ハビエル・バルデム、リカルド・ダリン／2019年

あらすじ：アルゼンチンで暮らすラウラは妹の結婚式のためスペインに帰省し、幼なじみのパコや家族との再会を果たす。しかし、パーティーのさなか娘イレーネが失踪してしまう。

親戚関係でいろいろある
あなたに

娘の捜索中に大家族たちのいろいろな裏事情が明るみになっていくんだけど。誰かが不倫していたり、誰かがお金を借りていたりなど、気まずい事実が発覚していく。スペインの名優同士のぶつかり合いだけじゃなく、2人を取り巻く大家族の演技も見もの。そして舞台がスペインの片田舎なんだけど、石畳の町並みやワイナリー農場の風景がとても美しい。なんだか邦画っぽい雰囲気も感じたのは気のせいだろうか。

6 ロスト・ハイウェイ

監督：デビット・リンチ／出演：ビル・プルマン、マイケル・マッシー、ジョバンニ・リビシ／1997年

あらすじ：サックス奏者のフレッドは「ディック・ロランドは死んだ」という謎のメッセージを受け取る。その後、届けられたビデオテープには彼が妻を惨殺する姿が映っていた。

なんか気づいたら
違う場所にいるあなたに

タイトルとジャケがかっこよくて観た15の夜。「何これ!? どういうこと」と混乱しつつどんどんのめり込ませるマジック。否応なしに、気づいたら排水溝にハマっている感覚。何も聞かずにぜひ最後までご覧あれ。

4.Blu-ray 5,280円 発売・販売元：ギャガ ©2021 KAZAK PRODUCTIONS – FRAKAS PRODUCTIONS – ARTE FRANCE – VOO 5.写真：Collection Christophel/アフロ 6.写真：Everett Collection/アフロ 7.写真：Everett Collection/アフロ 8.Blu-ray 5,280円 発売・販売元：ギャガ ©TOHO-TOWA 9.写真：Collection Christophel/アフロ 10.写真：Everett Collection/アフロ

10 ドニー・ダーコ

監督：リチャード・ケリー／出演：ジェイク・ギレンホール、ジェナ・マローン、メアリー・マクドネル／2002年

あらすじ：精神科に通う高校生ドニー・ダーコは銀色のウサギと出会い、「世界の終わりまであと28日」と告げられた。そこからドニーの日常が徐々に狂い始める。

変なウサギが好きなあなたに

まだ高校生ぐらいのジェイク・ギレンホールが観られるこの映画は所謂アメリカの中二病的な感覚を閉じ込めた作品。ドリュー・バリモア演じる先生が「英単語の中で一番美しい組み合わせはCellar Door」と言うシーンが（物語の設定のメタファーでもある）、印象に根深く残っている。実は我々の楽曲『Adventure』の仮タイトルは『Cellar Door』でした。

11 嗤う分身

監督：リチャード・アイオアディ／出演：ジェシー・アイゼンバーグ、ミア・ワシコウスカ、ウォーレス・ショーン／2014年

あらすじ：不器用で小心の青年サイモンは、憧れの同僚ハナの生活を望遠鏡で覗くことだけが楽しみの生活を送っていた。そんな彼の職場に、自分と瓜二つの男が入社する。

最初に観た時はあまりハマらなかったのだが、後日じわじわときてしまった。重暗い映画だけど、雰囲気はかっこいい。こういうなんか暗い近未来的な雰囲気が大好きな人にはピッタリだと思う。ゲーム「INSIDE」が好きな人にはおそらくもってこいかと。社会主義をうっすら皮肉っているけど、とにかくよくわからない。でも好き。

12 複製された男

監督：ドゥニ・ビルヌーブ／出演：ジェイク・ギレンホール、メラニー・ロラン、サラ・ガドン、イザベラ・ロッセリーニ／2014年

あらすじ：大学講師のアダムが何気なく観た映画で発見したのは、自分とそっくりの俳優アンソニー。対面したふたりは、周囲を巻き込みながら壮絶な運命をたどっていく。

自分そっくりな無名俳優を見つけたあなたに

ジェイクが好きな理由は変な作品に出ても、それを見事に演じ切るところ。そして何よりストーリーテラーになってくれるので娯楽作品に落とし込んでくれる。これを他の人が演じたら本当によくわからないつまらない映画になっていたと思う。映画の醸し出す質感とジェイクの一人二役が本当に丁度いい。そして最後のシーンのピリッと具合がたまらない。

13 十二人の怒れる男

監督：シドニー・ルメット／出演：ヘンリー・フォンダ、リー・J・コッブ、エド・ベグリー、E・G・マーシャル／1959年

あらすじ：NYの裁判所で、少年が父の殺害容疑で裁かれようとしている。12人の陪審員たちの中、ひとりだけが無罪を主張し、意見が覆り始める。審議の行方は果たして？

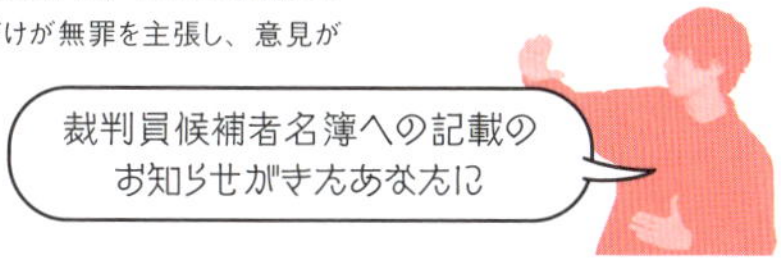

なんだか似たようなタイトルの映画がたくさんあるけど、これが大もと。そしてリメイクもされていますが、1957年のオリジナル版を「観ておかないとな」という義務感から鑑賞。ワンシチュエーションの面白さを教えてくれた素敵な作品だし、法学部を目指すきっかけにもなった作品です（嘘です）。

14 フォーリング・ダウン

監督：ジョエル・シュマッカー／出演：マイケル・ダグラス、ロバート・デュバル、バーバラ・ハーシー／1993年

あらすじ：1991年、猛暑のロサンゼルス。日常に疲れた平凡なサラリーマン「Dフェンス」が突然理性を失い、街で数々の暴力的な事件を起こし始める。

食べたかったのにもう朝マックの時間終わっちゃったあなたに

この映画を最初に観た時にマイケル・ダグラスって気づかなかった。それぐらいサラリーマンがハマっていた。真面目そうなメガネとクールビズ姿で暴れまわる姿はサイコー。でもどこか悲壮感を漂わせるのはさすがでした。こういうゲームが一時期流行ったけど確実にこの映画の影響でしょう。むしゃくしゃしているときに観るのもありです。

15 THE GUILTY ギルティ

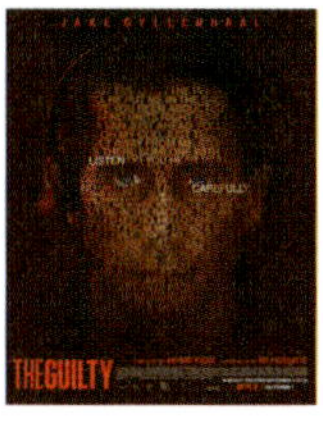

監督：アントワン・フークア／出演：ジェイク・ギレンホール、イーサン・ホーク、ライリー・キーオ、ポール・ダノ／2021年

あらすじ：緊急通報センターで電話を受けたオペレーターのジョーは、相手の女性が何者かに拉致されていると予測。声と音を頼りに、彼女を助けようと試み始める。

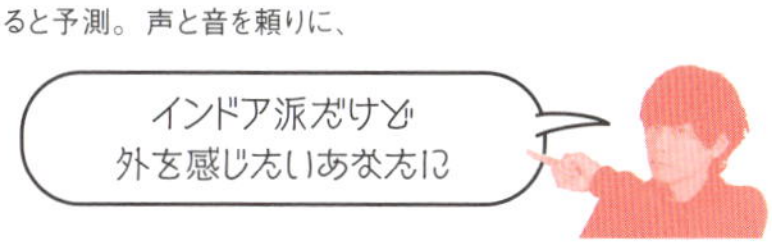

緊急通報を受けるコールオペレーター（ジェイク・ギレンホール）のほぼ一人芝居。デンマーク映画のリメイク。近年の“ワンシチュエーション”で一番おもしろかった。電話先は危機迫る状況だけど、主人公は安全な場所にいるという設定だから没入できて好き。インドア派のあなたも大満足。

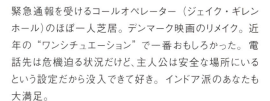

暗い映画館で
観るのに
一番ふさわしい
ジャンル

ホラー HORROR

1 イット・フォローズ

監督：デヴィッド・ロバート・ミッチェル／出演：マイカ・モンロー、キーア・ギルクリスト、ダニエル・ゾヴァット、ジェイク・ウィアリー／2016年

あらすじ：19歳の女子大生ジェイは、一夜を共にした男から「それ」をうつしたと告げられる。捕まったら必ず死ぬ。「それ」から逃げのびようと試みるジェイだが……。

アメリカ発の湿り気ホラー映画が観たいならこれ。ゆっくり謎の何かが近づいてくるというナメクジ並の粘り気が終始怖い。失礼だけどかつて血がプシャー!! ゾンビぎゃー!! ばかりだったアメリカホラーとは思えないほどです（それもそれで好きだけど）。あと劇伴もなんだか不思議でとてもいい。音楽担当の人はゲーム音楽出身らしい。

怖いもの見たさ、という言葉があるが、何故人は怖いものに興味をそそられるのか？　やはりその対象物が「理解ができない現象」だからであると思う。わかりやすい恐怖の対象物が登場する映画はあまり選ばなかった。幽霊だけでなく、ヒトコワ系、後味悪い系などもピックアップしてみた。真っ暗闇の劇場で観るジャンルとしては最適なホラー映画の紹介です。

3 Nadja

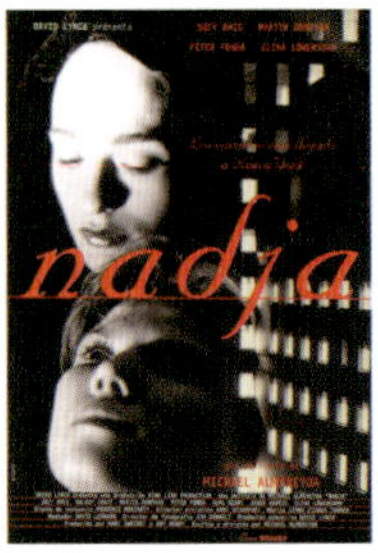

監督：マイケル・アルメレイダ／出演：ピーター・フォンダ、エリナ・レーヴェンソン、マーティン・ドノヴァン／1994年

あらすじ：ドラキュラ伯爵の子孫・ナディアが、双子の兄を連れ戻すためにルーマニアからN.Yに降り立った……。

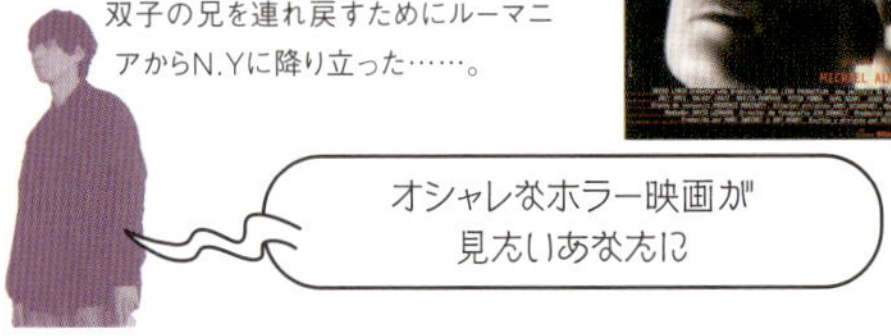

『ドラキュラの娘』になんとなく影響を受けているけどかなり独特な1994年のヴァンパイア映画。マイブラが挿入歌で流れたり、劇伴もセンスいいし、映像もトイカメラを駆使しており、スタイリッシュ。お話も結構面白いけど、単なる映像作品としてだけでも観れます。リンチ監督が製作総指揮も務めていますが、カメオ出演もしておりいい味出しています。ナディアと読みます。

2 無垢の祈り

監督：亀井亨／出演：福田美姫、BBゴロー、下村愛、サコイ、三木くるみ／2016年

あらすじ：いじめられている10歳の少女フミ。家でも義父に虐待され、母親は新興宗教にのめり込む。絶望の中、フミは住む町の界隈で連続殺人事件が起きていると知る。

前情報を何も入れずにクリスマスに観ましたが完全に失敗した。とても印象深かったけど内容が内容なだけに「面白かった」とはさすがに言いにくい。幼児虐待がテーマで厳密にはホラーではないのかもしれないが、虐待シーンで主人公が突然人形になり、俯瞰で自分がその場面を見るという描写がおぞましい。

4 『ノック・ノック』

監督：イーライ・ロス／出演：キアヌ・リーヴス、ロレンツァ・イッツォ、アナ・デ・アルマス／2016年

あらすじ：家族思いの父親・エヴァンは、週末に留守番をすることに。その夜、家のドアをノックしたのは、道に迷ったという二人の若い女性。彼は二人を招き入れたが……。

追い詰められたキアヌを観たいあなたに

所謂ホラーではないですが、こんな状況になったらかなり怖いなということで入れました。川上史上、胸糞悪ムービーNO.1です。あのキアヌが美女2人に弄ばれまくって最終的にはキアヌ史上一番情けない姿で終わる……のを試写会で観たのですが。終わってプレスの方に感想を聞かれ気まずかった思い出があります。

5 『コンジアム』

監督：チョン・ボムシク／出演：イ・スンウク、ウィ・ハジュン、パク・ジヒョン、パク・ソンフン、オ・アヨン、ムン・イェウォン、ユ・ジェユン／2019年

あらすじ：恐怖動画の配信チャンネルの企画で、廃院となった精神病院を探索することになった7人の男女。ライブ中継のなか、次第に想定を超える怪現象が起こり始める。

YouTuberがコテンパンに呪われてほしいあなたに

ホラー映画は友達数人で観てギャーギャー騒ぎながら観るのもオツですよね。というわけで皆が大好きなこの作品を選んでみました。他のPOV映画よりカメラの位置が演者の顔に近い気がする。女優さんの鼻毛が見えます。脅かし方が上手い。そのテンポ感はPOV映画のなかでは一番。嘘か真か、韓国に本当にある心霊スポットらしい。

6 『黒い家』

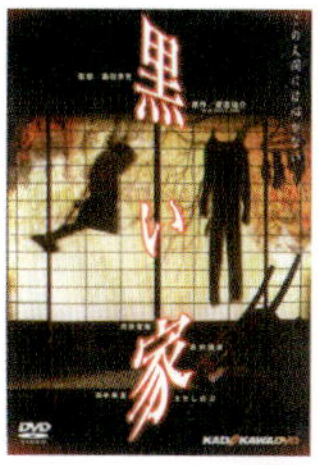

監督：森田芳光／出演：内野聖陽、西村雅彦、大竹しのぶ、田中美里／1999年

あらすじ：生命保険会社に勤務する若槻は「自殺でも保険金は下りるのか」という中年女性からの問い合わせを受けた。翌日、契約者から呼び出された彼は、首吊り死体を発見する。

保険金殺人について知りたいあなたに

ヒトコワ系では王者の風格を放つ邦画の名作。実際にあった凶悪事件をもとに作られた作品は結構あるけど、これはなんと逆パターン。この作品が世に出た後に似たような事件が発生するというなんとも恐ろしいいわくつきの映画。大竹しのぶさんの定まらない目線が危険過ぎてクセになること間違いなし。

7 『鉄男』

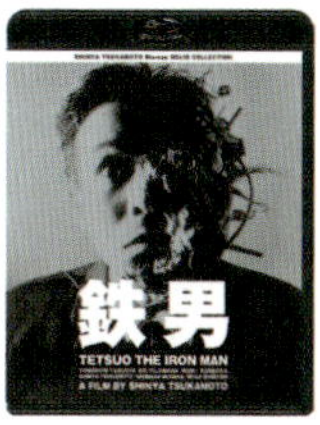

監督：塚本晋也／出演：田口トモロヲ、藤原京、叶岡伸、石橋蓮司、六平直政、塚本晋也／1989年

あらすじ：平凡なサラリーマンがある朝、目覚めると、頬に金属のトゲのようなニキビができていた。激しい痛みを伴いながら、彼の肉体は金属に侵食されていく。

体が鉄になりかけたあなたに

キャラクターの造形がかっこいい……けどやっぱりトラウマ級に怖い。別にホラーではないのかもしれないけど夢に出てくるほど怖いから個人的にはホラーですね。得体のしれない不安がつきまとう感じがやみつきになること間違いないです。ちなみにこれメンバーと4人暮らししていた時に全員で観ました。個人的には青春のホラー映画でもあります。

8 『V/H/S シンドローム』

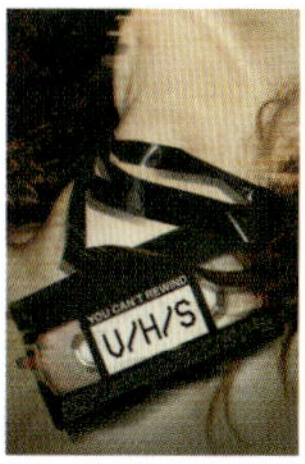

監督：デビッド・ブルックナー、グレン・マクウェイド、ラジオ・サイレンス、ジョー・スワンバーグ、タイ・ウェスト、アダム・ウィンガード／2013年

あらすじ：新世代の監督が集結したモキュメンタリー。ビデオテープ一本を盗む依頼を受け、不良グループが古い家に忍び込む。そこには大量のVHSテープと一体の死体があった。

VHSの映画を観るだけで恐怖を感じるあなたに

VHSの映像ってやっぱりなんか怖いよね。それは90年代流行った「ほんとにあった! 呪いのビデオ」の影響な気がしている。そのまんまのタイトルですが、かなりいい味を出してます。B級もB級だけど、安っぽくは感じない不思議。おそらくVHS風の映像を使っているからかバレない。なかなかの良作。エンディングで流れるThe Death Setというバンドの曲がかっこいい!

9 『残穢《ざんえ》 -住んではいけない部屋-』

監督：中村義洋／出演：竹内結子、橋本愛、佐々木蔵之介、坂口健太郎、滝藤賢一／2016年

あらすじ：小説家の「私」に、読者から「住んでいる部屋で奇妙な音がする」という手紙が届く。調査するうち、過去の住人たちが転居先で不幸に遭っていることが明らかになっていく。

事故物件ならぬ、事故土地を怖いと思うあなたに

ジャパニーズ・ホラーで久々のヒットでした（自分の中で）。題材が事故物件ということでちょうど引っ越すタイミングにピッタリだったというのもありかなり怖かった。あとはやっぱり安全な場所にいると思っていた人が呪われていく様が本当キツイ。そして竹内結子さんが出るホラーはやっぱりあたる。

7.ニューHDマスター Blu-ray 3,630円 発売・販売元：松竹 ©1989 SHINYA TSUKAMOTO/KAIJYU THEATER 8.写真：Everett Collection/アフロ 9.DVD発売中 4,620円 発売元：株式会社ハピネットファントム・スタジオ 販売元：ハピネット・メディアマーケティング ©2016「残穢-住んではいけない部屋-」製作委員会

10 悪魔を憐れむ歌

監督：グレゴリー・ホブリット／出演：デンゼル・ワシントン、ジョン・グッドマン、ドナルド・サザーランド／1998年

あらすじ：敏腕刑事ホブスは、逮捕した連続殺人犯リースの処刑に立ち会う。不気味な言葉を残してリースは死んだ。だが、その直後からリースと同じ手口の殺人事件が続発し始める。

得体の知れない悪魔を怖がりたいあなたに

幽霊は怖いけど、よく考えれば元は同じ人間。恨みから祟ったりする気持ちはわからんでもないなと。でも悪魔の気持ちは一切わからない。悪事を犯すことに喜びを感じているわけで、太刀打ちできない。欧米では悪魔は宗教的な概念。そうくるともう馴染みがなさすぎて怖く感じるのよなー。ストーンズの名曲と共に流れるエンドロールに救われるけど、かなり気味が悪い映画でした。

11 女優霊

監督・原案：中田秀夫／出演：柳ユーレイ、白島靖代、石橋けい、大杉漣、根岸季衣／1996年

あらすじ：初監督作品の撮影に臨む、新人映画監督の村井。しかし、テスト・フィルムに謎の別の映像が紛れていた。村井はその映像を子供の頃に見た記憶があり……。

貞子の顔が見たいあなたに

この映画がなければ世界に誇るジャパニーズ・ホラーというジャンルも誕生しなかったはず。怖い、とにかく怖い。日本人なら特にそう感じるのではないでしょうか。原点にして頂点……とは言えない理由として、この作品の反省点を活かしたものが『リング』だそう。荒削りな部分もあるかもしれないが、それも手伝ってか映画なのかドラマなのかドキュメンタリーなのか曖昧なところがさらに怖い。

12 ビバリウム

監督：ロルカン・フィネガン／出演：イモージェン・プーツ、ジェシー・アイゼンバーグ、ジョナサン・アリス／2021年

あらすじ：新居を探すカップル、トムとジェマ。不動産から紹介された住宅地に足を踏み入れた2人が、なぜかそこから抜け出せなくなってしまう。

緑色が好き過ぎなあなたに

こんな絶妙な緑の町並みに一生閉じ込められるとしたら……しかも不気味なガキと一緒に。そんなのいくらイモージェン・プーツと2人っきりになれるとはいえ……いや、意外とありか。コロナ禍に観たということもあり恐ろしい閉塞感が襲ってくる。閉所恐怖症の人は注意！

13 哭声／コクソン

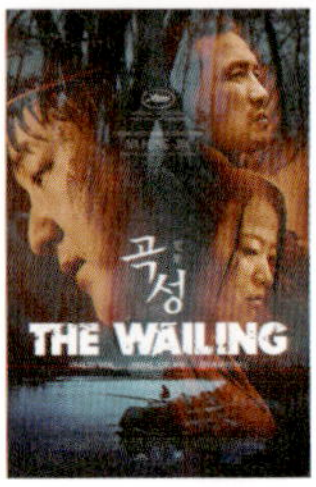

監督：ナ・ホンジン／出演：クァク・ドウォン、ファン・ジョンミン、國村隼、チョン・ウヒ／2017年

あらすじ：平和なある村に得体の知れないよそ者の男がやってきた。村で男に関する噂が広がるなか、村人が自身の家族を虐殺する事件が多発する……。

國村隼氏のおケツが見たいあなたに

心霊系というより宗教系ホラー。怖い。そして韓国の映画だけど、恐怖の対象物が我が国の○○ということでちょっと違う目線で楽しめると思う。とにかく國村さんの演技が怖すぎてトラウマになるはず。ご存知、國村隼さんが丸裸にされる映画。

14 呪詛

監督：ケビン・コー／出演：ツァイ・ガンユエン、ホアン・シンティン、ガオ・インシュアン、ショーン・リン／2022年

あらすじ：禁忌を破って呪いを受けた女性、ルオナン。離れ離れだった娘・ドゥオドゥオと暮らし始めるが、周囲で異変が起こり出す。呪いから逃れようとするルオナンだったが……。

呪いを広めたいあなたに

ここ最近のホラーで一番好き。和製ホラーの湿り気をきちんと継承し、さらにアップデートした台湾ホラー。リングのように観終わった後も引きずるギミックをしっかり入れるところにリスペクトを感じる。どうもPOV形式の映画は苦手なんだけどこれは好物でしたね。それにしても……日本のホラーにはもっと頑張ってほしいぜ。

15 CURE

監督：黒沢清／出演：役所広司、萩原聖人、うじきつよし、中川安奈／1997年

あらすじ：被害者の胸をX字型に切り裂くという手口だが、別々の犯人による殺人事件が連続して発生。なぜ特異な手口が共通するのか。刑事・高部は謎を追い始める。

催眠術をかけられて嫌いな人を○したいあなたに

高校生の時に観て、ちびるほど怖かった映画。やっぱりホラー映画の真骨頂は主人公が襲う側になること。この作品が私にとっての黒沢清作品初体験。ホラーとしてもサスペンスとしてもどっちも楽しめるけどやはり得体のしれないものとの戦いということでホラーに入れておきましょう。

大スクリーンの
醍醐味を一番
味わえるのは
このジャンル!

アクション ACTION

『1 ダイ・ハード／シリーズ』

監督:ジョン・マクティアナン／出演:ブルース・ウィリス、ボニー・ベデリア、レジナルド・ベルジョンソン、ウィリアム・アザートン／1989年

あらすじ:ニューヨーク市警の刑事が、高層ビルを占拠したテロリスト相手に、一人で立ち向かうことに……刑事ジョン・マクレーンの活躍を描く大ヒットアクション作。

絶体絶命のピンチをボヤきながら切り抜ける
タンクトップのおじさんを見たいあなたに

これ以前と以後でアクション映画の概念が変わります。それまでの主人公といえばマッチョで寡黙でいかにもヒーロー。でもこの主人公は刑事ではあるけど、どこにでもいそうな普通の男。奥さんとは別居中、特にマッチョでもないし、ひたすら憎まれ口を叩く。髪の毛も後退気味……でもそこがいい。親近感湧いちゃうんですよ。映画の楽しさを教えてくれた大事な作品です。

映画料金が1900円になって間もない。高いと思うか安いと思うか個人差はあれど、迫力満点の映像と音響を浴びせてくれる映画館にはそれだけの価値があると思う。その中でもアクション映画はその機能を存分に味わえるジャンルだと思う。やっぱりアクションものは家よりも、700インチ近いスクリーンで堪能したい。どうしても大味なものが目立ちますが、いくつかこぢんまりしたものも忍ばせておきました。

『3 ストレンジ・デイズ 1999年12月31日』

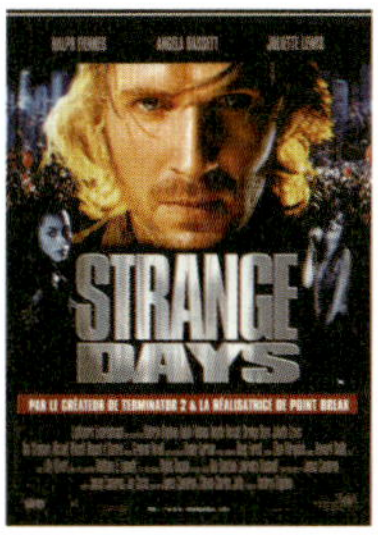

監督:キャスリン・ビグロー／出演:レイフ・ファインズ、ジュリエット・ルイス、マイケル・ウィンコット、グレン・プラマー／1996年

あらすじ:1999年、ロサンゼルス。他人の体験を感じられるディスクを密売している元警官のレニーは、元恋人に危機が迫っていることを知り、調査を開始する。

髪の毛あった頃のレイフ・ファインズに
惚れたいあなたに

ハリソン・フォード主演のSF映画『ブレードランナー』よりもっと身近な近未来。結局やってこなかった想像の世紀末。でも誰しも頭の中が漠然としていた90年代の浮ついた時代の終幕感がまさにここに描かれている。出演者、演出、サントラ全てがかっこいい。

暴力以上の殺戮アクションが
観たい危ないあなたに

『2 ザ・レイド』

監督:ギャレス・エバンス／出演:イコ・ウワイス、ジョー・タスリム、ドニー・アラムシャ、ヤヤン・ルヒアン／2012年

あらすじ:インドネシア・ジャカルタのスラム街を舞台に、警察の特殊部隊と無数のギャングたちが壮絶な戦いを繰り広げる、バイオレンス・アクション。

インドネシア発の映画。麻薬王が占拠する30階建てのビルにSWATチームが潜入するというファミコンのゲームみたいな設定ですが。殺戮方法が無慈悲なんですよ。エグい。ちょっとやり過ぎじゃない……? というぐらいの銃撃戦と肉弾戦がクセになってきます。ハリウッドもリメイクしようとしてるけど多分このエグさは再現できないんじゃないかな。それにしても鉈《なた》って怖い。

 1.写真:REX/アフロ 2.写真:Everett Collection/アフロ 3.写真:Collection Christophel/アフロ

7 ザ・シークレット・サービス

監督：ウォルフガング・ペーターゼン／出演：クリント・イーストウッド、ジョン・マルコヴィッチ、レネ・ルッソ、ディラン・マクダーモット／1993年

あらすじ：再選を目指すアメリカ大統領を狙う殺し屋のミッチと、ベテランのシークレット・サービス、ホリガン。2人の戦いを描いた、サスペンス・アクション。

おじいちゃんになってもモテたいあなたに

今や名監督でもあるクリント様の60代頃のアクションが拝める作品。とはいえそこまでド派手なアクションはない。だがミスター用心棒が演じるSPっぷりはやはり（眼光も含め）シャープだし、機敏。でも私がこの映画で一番よかったのはジョン・マルコヴィッチのサイコっぷりだ。殺し方や最期のあのシーンも強烈なインパクトを残す。怖かったなー。

8 ザ・ロック

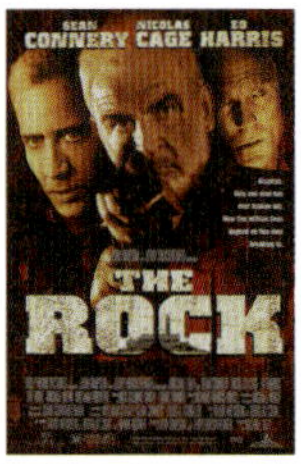

監督：マイケル・ベイ／出演：ニコラス・ケイジ、ショーン・コネリー、エド・ハリス、マイケル・ビーン／1996年

あらすじ：脱獄不可能な刑務所として知られたアルカトラズ島を、テロリスト集団が占拠。彼らを阻止する密命を帯び、島に潜入した2人の男の戦いが始まる。

緑のグミが好きなあなたに

脱獄不可能な監獄島が占拠され、そこに潜入するFBI。しかも相棒がそこから脱出経験がある元英国スパイの囚人というところが面白い。スケール感や悪役の大義名分など、中学生の私には大人なテイストが刺激的だった。しかし今観てもグロい描写もあるしトラウマになる人もいるんじゃないだろうか……。でもめっちゃおすすめ。ニコラス・ケイジのアクションで一番好き。

9 ヒート

監督：マイケル・マン／出演：アル・パチーノ、ロバート・デ・ニーロ、ヴァル・キルマー、トム・サイズモア／1996年

あらすじ：犯罪者ニールが率いるグループが、現金輸送車からの強奪事件を起こす。ロサンゼルス市警ビンセントは、犯人と突き止めたニールの追跡を開始する。

めっちゃキレながら電話をガチャンと切りたいあなたに

でました90年代のハードボイルド王者といえばこれ。なんてったってロバート・デ・ニーロとアル・パチーノが闘うわけですから。そりゃーもう『ゴッドファーザー』ファンからしたらもう垂涎《すいぜん》の的なわけです。ダークな雰囲気とリアルな銃撃戦。そして何より常に名優2人の緊張が走る会話劇。最高過ぎる。近い時期にバットマン役だったヴァル・キルマーが悪党役だったのですが痺れましたね。

4 ロング・キス・グッドナイト

監督：レニー・ハーリン／出演：ジーナ・デイビス、サミュエル・L・ジャクソン、パトリック・マラハイド、クレイグ・ビアーコ／1997年

あらすじ：過去の記憶を持たないまま、主婦として暮らすサマンサ。だが、事故をきっかけに、私立探偵と過去を探る冒険の旅に出る。実は彼女はCIAの特殊工作員で……。

天使なサミュエル・L・ジャクソンを見たいあなたに

『ラスト・ボーイスカウト』の脚本家と『ダイ・ハード』の監督による映画ということで間違いないアクション映画。興行収入こそそこまで振るわなかったけど当時父と一緒に観て楽しんだ記憶がある。主役が記憶を失った元CIAということで後の『ボーン』シリーズを先どったことになりますね。とにかくジーナ・デイビスのアネゴっぷりが痛快！

5 アンビュランス

監督：マイケル・ベイ／出演：ジェイク・ギレンホール、ヤーヤ・アブドゥル＝マティーン二世、エイザ・ゴンザレス／2022年

あらすじ：元軍人のウィルは、病の妻の治療費の為、犯罪に走る。血のつながらない兄ダニーと強盗を実行するが、不測の事態で警察に追われ、救急車で逃走することに！

令和のアクション映画を浴びたいあなたに

ドローンを駆使した映像がかっこよすぎるこの映画。本格的なアクションに馴染みがなかったジェイク・ギレンホールが主役ということだけでも観る価値がある。ここ最近では『エンド・オブ・ステイツ』シリーズと張るぐらい好きな作品。アクション好きなら誰もが満足するはず。

6 ラスト・ボーイスカウト

監督：トニー・スコット／出演：ブルース・ウィリス、デイモン・ウェイヤンズ、ノーブル・ウィリンガム、チェルシー・ロス／1991年

あらすじ：輝かしい過去を持つが、今は自堕落な生活を送り家庭も崩壊している私立探偵ジョー。恋人と共に、フットボール賭博に絡む事件に巻き込まれていく。

奥さんの浮気を見破りたいあなたに

ブルース・ウィリスの隠れた名作。推理ものではあるけど、ブルース&トニー・スコット監督作品ということでほぼ完全なるアクション映画です。アメフト選手の自殺、嫁と同僚が浮気など物騒な場面があるのも特徴。でも湿っぽくなりすぎないのはブルースとバディ役のデイモン・ウェイアンズのおかげ。ブレイク前のハル・ベリーもちょい役で出てるのも見どころ。

10 『レポゼッション・メン』

監督：ミゲル・サポチニク／出演：ジュード・ロウ、フォレスト・ウィテカー、リーブ・シュレイバー、アリシー・ブラガ／2010年

あらすじ：高価な人工臓器が開発された近未来。人工臓器の支払い不能者からの取り立てを生業とするレミーだったが、重傷を負ったことをきっかけに社会に疑問を抱く。

ローン滞納しちゃおうかなと思っているあなたに

ジュード・ロウの本格アクションが拝める作品としては貴重だし、SFアクションとしてはかなりスタイリッシュで斬新だと思っています。特にUNKLEの曲が突然流れ出す場面は銃撃戦シーンランキング史上かなり上位に食い込む。アクションシーンに劇伴ではなく曲を流すのはかなり難しいと思うのですがこれは成功しています。

11 『エンド・オブ・ステイツ』

監督：リック・ローマン・ウォー／出演：ジェラルド・バトラー、モーガン・フリーマン、ジェイダ・ピンケット・スミス／2019年

あらすじ：英雄として名を馳せる、シークレット・サービスのマイク。大統領を襲撃した容疑者として陥れられた彼が、仕組まれた陰謀を暴く為に奔走し始める。

アクション映画好きな父親がいるあなたに

『エンド・オブ～』シリーズの3作目にしてベストだと思っています。3作目が一番面白かった作品ってなかなかない。何がよかったって笑えるプロットが散りばめられていたからです。クスっとした笑いだけでなく、結構声が出るレベルでの笑いを盛り込んでくるアクション映画は近年珍しい（『キングスマン』とか以外で）。父親とのバディものなのも結構味があっていいですよね。

12 『犯罪都市／シリーズ』

監督：カン・ユンソン／出演：マ・ドンソク、ユン・ゲサン、チョ・ジェユン、チェ・グィファ、チン・ソンギュ／2018年

あらすじ：ソウル南部・衿川（クムチョン）。地元のヤクザの縄張りを、中国の犯罪集団が荒らし始めた。警察、ヤクザ、中国マフィア、三つ巴の争いが街で勃発する。

ピンチなしで敵を倒しちゃうおじさんを見たいあなたに

『ダイ・ハード』感もありつつ、オリジナリティのある韓国発のアクションシリーズ。まず何よりマ・ドンソクさん演じる主人公が魅力的。安心感。この人ならどんな輩が出てきても退治してくれるでしょうと。ハラハラ感はむしろいらない。ジェイソン・ステイサム先輩と同じくらいピンチ知らず。

13 『スピード』

監督：ヤン・デ・ボン／出演：キアヌ・リーブス、デニス・ホッパー、サンドラ・ブロック／1994年

あらすじ：時速80キロ以下にスピードを落とすと爆発する爆弾が、バスに仕掛けられた！SWAT隊員のジャックは、バスの乗客を救うために戦うことに。

退職金が金の腕時計だったあなたに

走行速度が80km以下になると爆発するバスに閉じ込められる設定が斬新だったこの作品。やっぱりシンプルな設定ってスマートですよね。ブレイク前のキアヌ・リーブスとサンドラ・ブロックの名コンビが初々しくてキュンキュン映画でもあるかなと思っていますが私だけでしょうか？

14 『処刑人』

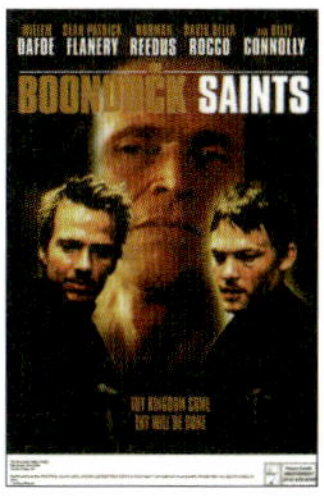

監督：トロイ・ダフィー／出演：出演：ショーン・パトリック・フラナリー、ノーマン・リーダス、ウィレム・デフォー／2001年

あらすじ：コナーとマーフィーのマクマナス兄弟。正当防衛でマフィアたちを殺したことをきっかけに、神の啓示を受けた2人は、悪人を次々と"処刑"していく。

今年の冬はピーコート買おうと思っているあなたに

新たなるダークヒーロー誕生と当時思いましたね。主人公のコナーとマーフィーは兄弟ということでなんかOasis感も勝手に感じてました。とにかく2人がかっこいい。同じサングラスとピーコートを着て同じタイミングでタバコを吸うとか。殺人の前に祈りを捧げる姿なんか中二病心をくすぐられるはずです（私はそんな時代なかったですが）。

15 『アメリカン・ヒーロー』

監督：ニック・ラブ／出演：スティーブン・ドーフ、エディ・グリフィン、ルイス・ダ・シルバ・Jr.／2017年

あらすじ：超能力を持つが活かさず、自堕落に暮らしていたメルビン。だが、親権争いで息子と会えなくなったことをきっかけに改心し、街の悪と戦うことを決意する。

ジョン・マクレーンが超能力を持っていたらと思っているあなたに

『ダイ・ハード』のジョン・マクレーンがもっとやさぐれて、超能力が使えるようになったら……みたいな設定。とても好みでした。サイキック作品のよさって超人的なパワーを発揮しているのに普通に見えるところ。本当に物が浮いてる感が出てるというか。スプーン曲げレベルの日常感が大事。

うまくいかない
ラブストーリー
の方が好き

恋愛 LOVE STORY

恋愛系ほど感情移入してしまう映画のジャンルはない。恋する心というものは人種が違えど、理解出来てしまう。「わかるよ〜」と涙してしまう（だからどうしても男性目線の作品が多いのはご了承いただきたい）。列挙してわかったことだがどうやら私はあまり上手くいかない恋愛ものの方が好きなのかもしれない。そんな不遇な恋愛映画多めのリストをどうぞご覧あれ。

『1 her／世界でひとつの彼女』

監督：スパイク・ジョーンズ／出演：ホアキン・フェニックス、エイミー・アダムス、ルーニー・マーラ、オリヴィア・ワイルド／2014年

あらすじ：近未来のロサンゼルス。妻と別れて傷心のセオドアは、最新AI型OS「サマンサ」の声に魅かれたことをきっかけに、"彼女"と過ごす時間に幸せを感じ始める。

失恋して思いっきり情けなくなったあなたに（男性限定？）

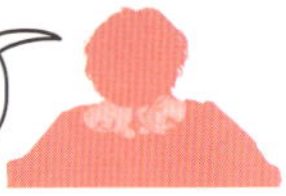

『ジョーカー』でホアキンを知った人が観たらその幅に驚くはず。それ程この主人公の情けなさと言ったら。でも男ならちょっと共感するはず。何故男って昔好きだった人を引きずるんでしょう。監督の私情が混ざり狂った作品です。余談ですが主人公の部屋に憧れて一時期カーテンを外したのですが、3日で丸焦げになったのですぐに付け直しました。

『2 リービング・ラスベガス』

もう全部投げ出したくなったけど恋はしたいあなたに

監督：マイク・フィギス／出演：ニコラス・ケイジ、エリザベス・シュー、ジュリアン・サンズ／1996年

あらすじ：酒が原因で仕事と妻子を失った脚本家・ベン。自棄になってラスベガスへ向かう彼は、娼婦・サラと出会う。

一番胸が締め付けられた映画。酒に溺れた主人公と娼婦の退廃的な恋愛模様に心が乾燥していく。舞台ラスベガスだし。もう絶対いい終わり方しない匂いが最初からするよね。それでもなんか……いいんよな。全てが終わりに向かって落ち始めたとしても、自分と似たような境遇の相手を最後に見つけることができたなら、それは幸せなのかもしれないなー。

『3 バッファロー'66』

監督：ビンセント・ギャロ／出演：ヴィンセント・ギャロ、クリスティーナ・リッチ、アンジェリカ・ヒューストン／1999年

あらすじ：刑期を終えたビリーは、故郷に帰る際、婚約者を連れて行くと嘘をついてしまい、少女を拉致するが……。

ボーリング場で踊っちゃうあなたに

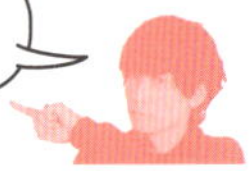

この映画をオンタイムで、ちゃんと映画館で観られてよかった。〝カルト的な人気〟と称されることが多いけど観終わればシンプルに素敵なラブストーリーだったと思えるはず。ヴィンセント・ギャロが着てたボーダーのノースリーブがかっこよすぎて真似したけど全然似合わなくて凹んだ過去。ポスターもセンス抜群。そして何よりこの時のクリスティーナ・リッチがかわい過ぎる。

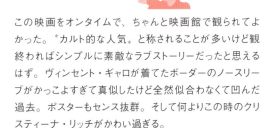

4 『ワイルドライフ』

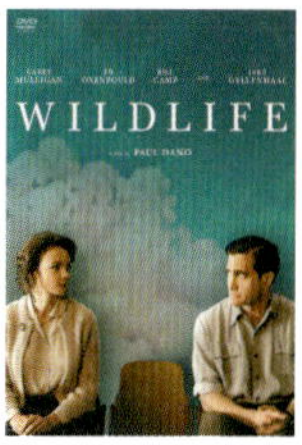

監督：ポール・ダノ／出演：キャリー・マリガン、ジェイク・ギレンホール、エド・オクセンボールド、ビル・キャンプ／2019年

あらすじ：1960年代、モンタナ州の田舎町。ジョーと父母は仲睦まじい3人家族だ。だが、幸福は徐々に壊れ始める。

親の夫婦喧嘩を思い出したあなたに

恋愛というより結婚映画。それも悪い方の。夫婦の崩壊していく様になんとも言えない気持ちに。観たら結婚したくなくなるかも。少なくとも僕はなった。でも時代背景もあるね。なんとも言えないけど。ポール・ダノの初監督作品。初作でこんないい映画撮れるなんてリドラーやります。重暗い雰囲気はあるけど、最後はなんとなくすっきりした気持ちになる。

5 『ボディガード』

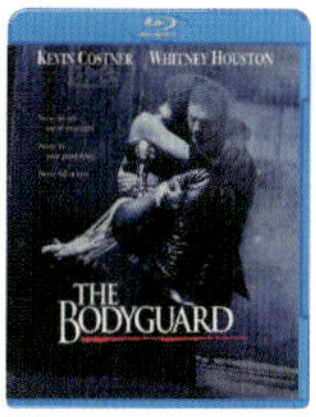

監督：ミック・ジャクソン／出演：ケビン・コスナー、ホイットニー・ヒューストン、ゲイリー・ケンプ、ビル・コッブス／1992年

あらすじ：敏腕ボディガードのフランクは、スター歌手・レイチェルの警護をすることに。脅迫を受けている彼女と、フランクの距離は徐々に近づいていく。

めっちゃ守られたいあなたに

私の恋愛映画初体験はこれです。ケビン・コスナー演じるジャックの不器用だけど仕事はきっちりこなす姿に「かっこいぃぃい」とガキながら惚れました。ホイットニーの楽曲も全部ハマっているし、何より最後の「エンダーーーー」は誰しも一度は真似したくなるよね。私もあれを真似しすぎて、声が高くなった。ありがとうホイットニー。

6 『きみに読む物語』

監督：ニック・カサベテス／出演：ライアン・ゴズリング、レイチェル・マクアダムス、ジーナ・ローランズ／2005年

あらすじ：記憶を失った初老の女性の元を、ひとりの男性が訪れる。彼が読み聞かせるのは、1940年代アメリカ南部、小さな町で出逢った令嬢と地元の青年の物語で……。

最初の恋人を思い出したあなたに

ベタと言われようがこれは恋愛映画のキング。本当に素晴らしい。爆発的に売れる前の主役2人の真っ直ぐな演技に心を打たれる。なぜ俺は学生の時友だちと観てしまったんだ……と未だに後悔している。それにしても観る度に泣く。Bruno Majorの歌詞に“17回観たけど毎回泣く”という節があるけど「わかる〜〜!」となるよね。

7 『シティ・オブ・エンジェル』

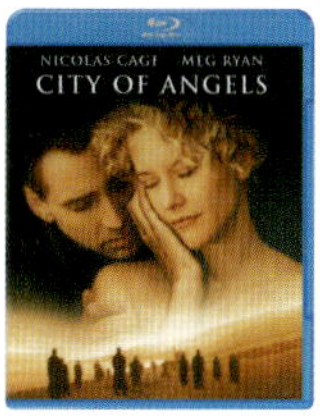

監督：ブラッド・シルバーリング／出演：ニコラス・ケイジ、メグ・ライアン、アンドレ・ブラウアー、デニス・フランツ／1998年

あらすじ：天使のセスは、ある日、女医・マギーに恋をしてしまう。セスは彼女のために永遠の命を捨て、人間になることを決意する。

相手が死ぬ運命とわかっていても近づきたいあなたに

またまた登場ニコラス・ケイジ。天使が人間に恋をして、永遠の命と引き換えに人間界に舞い降りるという展開。最後はベタ過ぎません？と思うけど、「もしこうなることがわかっていたとしても天使から人間になっただろう」というセリフが美しい。予告で使われていたポーラ・コールの「I Don't Wanna Wait」がいい歌過ぎてエンドロールずっと待っていたのに最後まで流れず怒った過去。

8 『マイ・ブルーベリー・ナイツ』

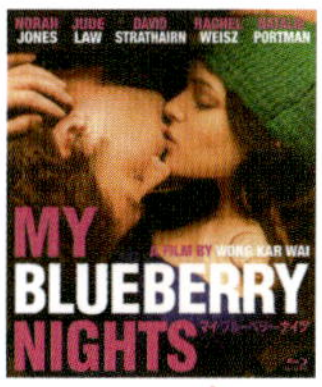

監督：ウォン・カーウァイ／出演：ノラ・ジョーンズ、ジュード・ロウ、デビッド・ストラザーン、レイチェル・ワイズ／2008年

あらすじ:NYに住む、失恋したエリザベス。カフェオーナー・ジェレミーが焼くパイに癒されていくものの、元恋人への想いを振り切れず、ひとり旅に出ることを決意する。

失恋から立ち直りたいあなたに

当時ノラ・ジョーンズに恋していた私はそれだけで観ました。あとはジャケもなんかオシャレだったので。もう観たら大好物。NYの街角から失恋の旅に出る主人公。洒落ていてちょっぴり大人な雰囲気にハマりました。ウォン監督作初体験がこれでした。好きすぎてタイトルを文字って「My Blueberry Morning」という曲を作ったことをここに記します。

9 『ベニスに死す』

監督：ルキノ・ビスコンティ／出演：ダーク・ボガード、ビョルン・アンドレセン、シルバーナ・マンガーノ／1971年

あらすじ:20世紀初頭、作曲家・アシェンバッハは、静養に訪れたベニスで出会った美少年・タジオに心を奪われる。その頃、街に疫病が蔓延し始めていた。

世界一美しい人を見たいあなたに

私はなんとなく世捨て人の叶わぬ恋物語が好きなのかもしれない。でもこれほど叶わぬ恋もないなー。初老のゲイが世紀の美少年に片思いするということで気味悪く感じる人もいるだろうが、決して手を出さず見つめるだけの（いやそれが気味悪いのか）健気さにやられる。正直ぼーっとしちゃう映画だけど、それだけ映像も音楽も美しい。ということにしておこう。

ゆるーいSFを
ご紹介

SCIENCE FICTION SF

『1 エスケープ・フロム・L.A.』

監督：ジョン・カーペンター／出演：ステイシー・キーチ、スティーブ・ブシェーミ、ピーター・フォンダ、クリフ・ロバートソン／1996年

あらすじ：大地震によって孤島化したロサンゼルスは、犯罪者や反逆者の流刑地となっていた。その政策に異議を唱えた大統領の娘が、国家機密と共に島に逃亡し……。

今夜はB級SF映画に
どっぷり浸かりたいあなたに

これぞハリウッドが誇る最高のB級SF映画。怒られるかもしれませんが流石にこのCGのクオリティとセットのチープさはそう言わざるを得ないでしょう。でもだからこそいい。カート・ラッセルのムキムキやさぐれヒーローがなんともかっこよい。『フィフス・エレメント』よりもこれを推します。おそらく少数派でしょうがぜひ！

私が好きなSFは現実味を帯びているものです。どこか「ありえるんじゃないか?」と思わせてくれるような、まさに藤子不二雄先生が言うところの「S=すこし F=不思議」ぐらいのSFが好きです。なので近未来ものや管理社会もの。もしくはこぢんまりした世界観のものが多いですね。寝る前のぼんやりした頭で没入できるぐらいの作品が多いかも。深夜におすすめ。

『3 CODE46』

監督：マイケル・ウィンターボトム／出演：サマンサ・モートン、ティム・ロビンス、オム・プリ、ジャンヌ・バリバール／2004年

あらすじ：管理社会となった近未来、世界は都市と無法地帯である砂漠に区別されていた。違法の滞在許可証を扱うマリアと調査員ウィリアムは恋に落ちるが……。

管理社会で
密かに恋に落ちたいあなたに

もう近未来の街の雰囲気。抑え目なアンビエントな音楽。雰囲気が最高にかっこいい。そして静かでひんやりとしたラブストーリーが下地に敷かれているのでとにかく浸れます。最後に流れるColdplayの「warning sign」という楽曲。彼らの中では一番好きな曲です。

スパイごっこがしたいあなたに

『2 カンパニー・マン』

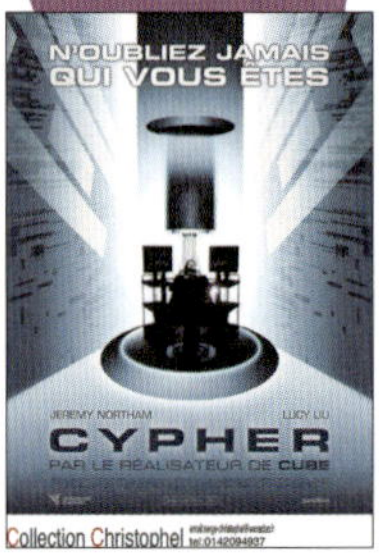

監督：ビンチェンゾ・ナタリ／出演：ジェレミー・ノーサム、ルーシー・リュー、ナイジェル・ベネット／2003年

あらすじ：刺激を求め産業スパイになったモーガン。任務を成功させていくが、頭痛と奇妙なフラッシュバックに見舞われ始める。彼の前に謎めいた女性が現れて……。

スパイごっこしたいなーと常々思っているあなた。でも『007』や『M:I』みたいなのはちょっと非現実的だし。ということで産業スパイがテーマのこの映画はいかがでしょう？　低予算感は否めないですが、ストーリーとか本当よく出来ていて、名作SFだと思う。

4 12モンキーズ

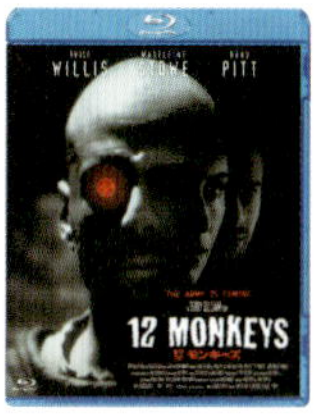

監督：テリー・ギリアム／出演：ブルース・ウィリス、マデリーン・ストウ、ブラッド・ピット、クリストファー・プラマー、ジョン・セダ／1996年

あらすじ：近未来、謎のウィルスによって人類の大半が死滅し、生存する人々は地下で生活していた。ウィルスについて探るため、囚人・コールは過去の世界に行くことに。

狂った ブラピが見たいあなたに

コロナ禍があってからこの映画を観直した人も多いんじゃないでしょうか。そして影の立役者は劇伴ですね。奇妙でいて少しノスタルジー。なんとも不気味なこのテーマは頭にこびりつくこと間違いなし。ブラピ様のトチ狂った演技がイカしてます。

5 レッド プラネット

監督：アントニー・ホフマン／出演：バル・キルマー、キャリー＝アン・モス、トム・サイズモア、ベンジャミン・ブラット／2001年

あらすじ：環境汚染によって地球が破壊された近未来。人類の新天地として、地球化計画が進行している火星に降り立った科学者たちの、サバイバル模様を描く。

こんな宇宙服見たことないって
言わせてみろと思っているあなたに

文字通り星の数ほどある“惑星へのミッション系映画”のうちの一つ。だけど、なんだか一味違うんすよね。たとえばコバルトブルーの宇宙服、不時着する時に無数の風船で宇宙船を囲ったり。CM業界で名を馳せた監督ということで納得のビジュアル効果。ビジュアル面でちょっと変わったのをみたい時にぜひ。

6 地球が静止する日

監督：スコット・デリクソン／出演：キアヌ・リーブス、ジェニファー・コネリー、ジェイデン・スミス、キャシー・ベイツ、ジョン・ハム／2008年

あらすじ：宇宙からの使者として地球に降り立った、エイリアン・クラトゥ。彼の使命は、地球という惑星の存続のために人類を滅亡させることで……。

多分人間のせいだけど、そのせいで
世界を滅ぼされたくないあなたに

キアヌ・リーブスが宇宙人役として登場するんだけど、その静寂な雰囲気がクールでとてもハマり役。『マトリックス』よりもさらにクールなキアヌが観たい人にはぜひ。意外と迫力もあるのでパニックムービーとしても楽しめるはず。

7 月に囚われた男

監督：ダンカン・ジョーンズ／出演：サム・ロックウェル、ケビン・スペイシー、ドミニク・マケリゴット、カヤ・スコデラーリオ／2010年

あらすじ：宇宙飛行士のサムは、月に三年契約で赴任した。資源が枯渇している地球に燃料を送る、単調で孤独な生活を過ごす彼だが、ある日、事故を起こしてしまう。

出張期間がまもなく終わるあなたに

なんだかぼーっと一人で深夜に宇宙空間を漂いたいなーって時に観るのに最適です。今やアカデミー俳優のサム・ロックウェルですが、この頃はまだいい意味のゴロツキ感が滲みでており進化を感じますね。インディーズ系SFの代表格でもあるこの映画。

8 ゼロの未来

監督：テリー・ギリアム／出演：クリストフ・ワルツ、デビッド・シューリス、メラニー・ティエリー、ルーカス・ヘッジズ、マット・デイモン／2015年

あらすじ：天才コンピュータ技師コーエンは、謎の数式を解明するため、孤独な生活を送っていた。魅力的な女性と出会ったことで、彼は生きる意味を知っていくが……。

ゲームのコントローラーの
扱いが下手なあなたに

まじで意味がわからん。けど、なんか好き。謎の情報量とギリアム風の近未来の描き方。『12モンキーズ』、『未来世紀ブラジル』のそれを期待して観ると裏切られる。クリストフ・ヴァルツが一所懸命コントローラーをカチカチする姿に悶えた私です。

9 光の旅人 K-PAX

監督：イアン・ソフトリー／出演：ケヴィン・スペイシー、ジェフ・ブリッジス、メアリー・マコーマック、アルフレ・ウッダード／2002年

あらすじ：精神科医の元に送られてきたプロートは、自分は惑星・K-パックスから来た異星人だと主張する。宇宙に詳しく神秘の力を持つ彼は、本当に異星人なのか？

おそらく自分は宇宙人だと
思っているあなたに

一風変わったSFが観たい方にはこれ。というより、これはSFなのかはたまた……？と人によって解釈が分かれる一本です。淡々とはしているけど結構感動しました。ケヴィン・スペーシーはいろいろありましたがやっぱり演技力は恐ろしいぐらい。

コメディ
COMEDY

観ると
元気になるのは
やっぱりこれ

笑いのジャンルって結構ありますよね。普通に笑えるものもあればブラックジョークや、なんだか間抜けなオフビート系の笑いもあります。大笑い。小笑い。鼻笑い。いろいろな笑いがありますが、毒を排出してくれるコメディ映画はどうしたって元気をもらえます。映画館はおしゃべり禁止ですが、面白かったら大笑いしちゃいましょう。というわけでいろんな笑い方をさせてくれる映画を選んでみました。

『1 大逆転』

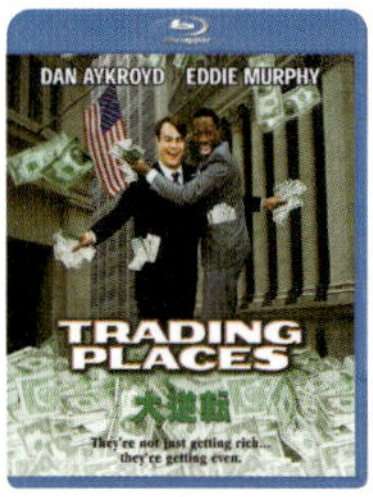

監督：ジョン・ランディス／出演：ダン・エイクロイド、エディ・マーフィ、ラルフ・ベラミー／1983年

あらすじ：大富豪デューク兄弟は「環境は人間にどんな影響を与えるか」と賭けをする。彼らの計画に巻き込まれ、立場が入れ替わった2人の男が繰り広げる喜劇。

クリスマスにとにかくオシャレにスカッとしたいあなたに

『ビバリーヒルズコップ』を演じる前のエディ・マーフィの出世作。とはいえ彼はこの映画ではどちらかというと2番手。主役はエリートから物乞いに転落してしまう男を演じたダン・エイクロイド。タイトルの通り自分たちを陥れた人間に"復讐＝大逆転"する痛快コメディ。面白いしとにかくスカッとする映画です。

『2 ファニー・ページ』

監督：オーウェン・クライン／出演：ダニエル・ゾルガードリ、マシュー・マー、マイルズ・エマニュエル、マリア・ディッツィア／2023年

あらすじ：カートゥーン作家になる決意をした高校生のロバート。高校生活も受験も放棄し、引っ越した地下アパートで中年男性たちと共同生活を始めるが……。

漫画家になろうかなと思っている あなたに

途中で「俺は一体観ているんだ？」という気持ちになるけど楽しめる。オフビート中のオフビート。ギリギリアウトな衛生面にかなり好みが分かれると思いますし、自分も正直ちょっとそこは顔をしかめますが楽しめる。

『3 ナポレオン・ダイナマイト』

監督：ジャレッド・ヘス／出演：ジョン・ヘダー、ジョン・グライス、アーロン・ルーエル、エフレン・ラミレッツ／2013年（ソフト発売）

あらすじ：アイダホに住むオタク高校生ナポレオン・ダイナマイト。いじめられてばかりの彼が、転校してきた移民の青年と友達になり……田舎の高校生の日常学園コメディ。

なんか世間とリズムが合わない あなたに

オフビート映画の申し子。かつてはどちらかというとロック寄りだったMTV制作というところがイイ。アメリカのアニメ『Beavis and Butt-Head』を彷彿とさせる。初見では何が面白いのかわからないかもしれないけど、とにかくリズム感のとれた会話劇がクセになります。そして何気に青春モノでもあり、後半はなかなかに熱い展開になっていきます。

1.Blu-ray 2,075円 発売元：NBCユニバーサル・エンタテイメント　2.写真：Everett Collection/アフロ　3.写真：Photofest/アフロ　4.Blu-ray 2,619円 発売元：ワーナー・ブラザース ホームエンターテイメント 販売元：NBC ユニバーサル・エンターテイメント

4 ハングオーバー! 1、2

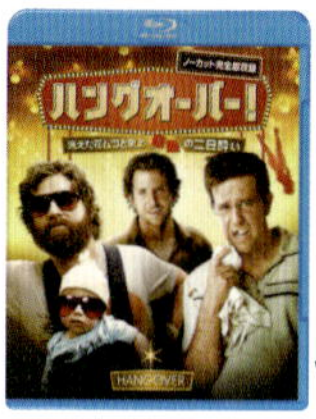

監督：トッド・フィリップス／出演：作品賞を受賞。主演はブラッドリー・クーパー、エド・ヘルムズ、ザック・ガリフィアナキス／2009年、2011年

あらすじ：結婚式を控えたダグは、悪友たちと新婦の弟と4人、ラスベガスでバカ騒ぎ。翌日、二日酔いで目覚めた皆は前夜の記憶をなくしており、予測不能の事態が発生!

マリッジブルーなあなたに

もうとにかく面白い映画といえばこれ。日本では放送出来ないギリ……いや余裕でアウトなおバカジョークが満載で最高。好きすぎてパート1のラスベガスのホテルにメンバー全員で泊まりにいったことあります。正直3はディープになり過ぎてしまい心の底から笑えなかったのですが、後に同監督が『ジョーカー』を撮ったので納得。"稲中"の最終巻のソレを感じた。

5 ビバリーヒルズ・コップ2

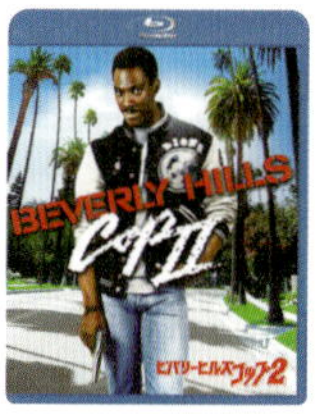

監督：トニー・スコット／出演：エディ・マーフィ、ブリジット・ニールセン、ジャッジ・ラインホルド、ジョン・アシュトン／1987年

あらすじ：刑事アクセルは、世話になったビバリーヒルズ警察の刑事が重傷を負ったと知り、現地に向かって捜査を始める。切れ者刑事が活躍するアクション・コメディ。

リフォーム中の家に忍び込もうと思っているあなたに

アクション映画なんですが、作中で一番テンションが上がるのはアクセル・フォーリーという主人公のまくしたてるギャグ。とにかく面白いし、早口だし、そして悪ガキ。でも憎めない。周りが全員「あのアクセルの野郎!」と怒りながらも最終的には彼のペースにハマっていく。日本の漫画にもそんなコップいますよね。

6 僕らのミライへ逆回転

監督：ミシェル・ゴンドリー／出演：ジャック・ブラック、モス・デフ、ダニー・グローバー、ミア・ファロー／2008年

あらすじ：レンタルビデオ店のビデオテープの中身が、電磁波の影響で全消失。原因を作ったジェリーと、アルバイト店員マイクは、2人で名作映画をリメイクしていく。

ケミカルブラザーズのMV好きなあなたに

なんだかとてもいい雰囲気のコメディ映画。やや無理矢理な展開だけど。監督のミシェル・ゴンドリーはケミブラやホワイト・ストライプスのMVを撮っている天才。パン、パンパンのやつ。だからかギミックがさりげなく施されていたりして眺めているだけでも楽しい。笑顔になれるコメディですね。

7 コカイン・ベア

監督：エリザベス・バンクス／出演：ケリー・ラッセル、オシェア・ジャクソン・Jr.、オールデン・エアエンライク、レイ・リオッタ／2023年

あらすじ：コカインを食べたクマが狂暴化! 麻薬王一味、クマと出会った子供たち、警察などの思惑が絡みあう。実際の事件に着想を得たパニック・アドベンチャー。

ある日森の中ブンギマリのくまさんに出会ったあなたに

洋画と邦画の笑いの違いはたくさんあるけど、一番の違いは題材によくおクスリ系が使われるかどうかだと思います。この映画は森のくまさんが飛行機から落ちてきたコカインを吸い込んで暴れまくるわけですが、これを映画館で爆笑していいものかどうかまず悩むと思います。というわけで配信でこっそり笑ってくださいな。

8 神様メール

監督：ジャコ・バン・ドルマル／出演：ブノワ・ポールブールド、カトリーヌ・ドヌーブ、フランソワ・ダミアン、ヨランド・モロー、ピリ・グロワーヌ／2016年

あらすじ：世界を管理している神様のパソコンを、家出しようとした娘が誤操作してしまって……? ベルギーで暮らす神様の一家が引き起こす大騒動!

神様なんていないんじゃないかと思っているあなたに

ファンタジーの要素も強いベルギー発のコメディで、主人公がかわいらしい女の子と思いきや、まぁまぁダークなネタが出てきます。あの世とこの世を繋ぐギミックとして洗濯機が使われているのが斬新。やっぱり国が違うと発想も少し違いますね。アカデミー賞外国語映画賞のベルギー作品に選ばれる社会派な一面も持つこの映画結構おすすめです。

9 アイアン・スカイ

監督：ティモ・ブオレンソラ／出演：ユリア・ディーツェ、クリストファー・カービー、ゲッツ・オットー、ペータ・サージェント／2012年

あらすじ：第二次大戦後、月の裏側に秘密基地を作り潜んでいたナチスの残党。2018年、UFOの大群を率いて、彼らが復讐のために地球を侵略し始める。

とにかくブラックジョークで笑い死にたいあなたに

月の裏側にナチスが逃げ隠れていて……! とブラックな設定のこの映画はクラファンで制作資金を集めたそうです。世界情勢のアレやコレが盛り込まれておりなかなか風刺の効いた内容。そういうのが好きな人にはたまらないはず。『マーズ・アタック』とかそういう感じのノリを思い出したなー。めっちゃ笑える。

5.Blu-ray 2,619円 発売元：NBCユニバーサル・エンタテイメント 6.写真：Album/アフロ 7.Blu-ray 2,075円 発売元：NBCユニバーサル・エンタテイメント ©2023 Universal Studios. All Rights Reserved. 8.写真：Everett Collection/アフロ 9.写真：Photofest/アフロ

ハードボイルドな
キャラクターの
生きざまに
惚れよう

ハードボイルド HARDBOILED

1 『ア・フュー・グッドメン』

監督：ロブ・ライナー／出演：トム・クルーズ、ジャック・ニコルソン、デミ・ムーア、ケビン・ベーコン／1993年

あらすじ：キューバの米海軍基地で海兵隊員が殺害された。犯人の軍人たちは起訴されるが、若き弁護士が、事件の背後にある軍隊の真相を探り始める。

登場人物たちの生き様に惚れてしまうことがあります。マフィアだろうが殺し屋だろうが、自分の職業には命を賭けているぜ、というキャラクターたちが活躍する映画。そんな職人的なキャラクターたちを堪能したいあなたの願望を叶える映画を挙げていきます。まぁどうしても、あまり褒められたもんじゃない職業のキャラが多くなるのはツッコまないでいただければ。

カニを食べたいあなたに

内容はもちろん面白いし、ジャック・ニコルソンのふてぶてしい演技も引き込まれるものがあるが、何といってもトム・クルーズのポップ性が映画に艶を与えている。それでいてデミ・ムーアといい感じになるかなと思いきやいかないところがいい。法廷もので1番迫力がある！

3 『L.A.コンフィデンシャル』

監督：カーティス・ハンソン／ケビン・スペイシー、ラッセル・クロウ、ガイ・ピアース／1998年

あらすじ：元刑事を含めた6人の男女が惨殺された事件の捜査にあたっていたロス市警の刑事バド。仲間とぶつかり合いながらも、警察内部の汚職に立ち向かうことに……。

ラッセル・クロウとケヴィン・スペーシーの
見分けがつかないあなたに

俳優陣が全員主役級だけど、クセが強い人たちで固められているところにキャスティングの妙がある。これがいかにもな主演俳優がひとりいたらバランスが崩れていたはず。そして50年代のLAが雰囲気がいい。登場するマーキュリークーペという車が渋くてかわいい！

警察に追われてでも
海に行きたいあなたに

2 『ノッキン・オン・ヘブンズ・ドア』

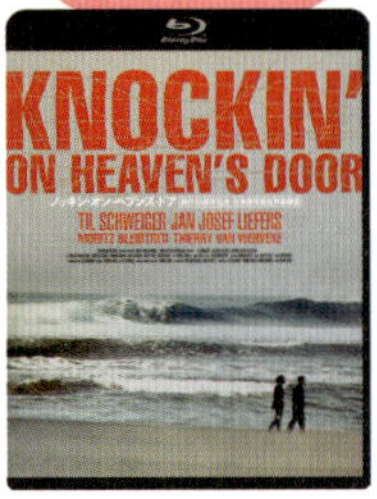

監督：トーマス・ヤーン／出演：ティル・シュワイガー、ヤン・ヨーゼフ・リーファース、ティエリー・ファン・ベルフェーケ／1999年

あらすじ：死期の迫ったマーチンとルディ。2人は死ぬ前に海を見ようと病院を抜け出し、ベンツを盗んで旅に出る。実はそのベンツにはギャングの大金が積まれていた。

全てがかっこいい。余命いくばくという設定も。海を見に行こうぜという設定も。なんかシリアスなのにコメディなところもジャケも音楽もハマキも。これが本当の青春パンクだぜと言いたくなる。海に行きたいね。

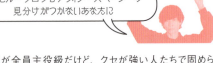

7 JFK

監督：オリバー・ストーン／出演：ケビン・コスナー、シシー・スペイセク、トミー・リー・ジョーンズ、ローリー・メトカーフ／1992年

あらすじ：1963年、遊説中のアメリカ大統領ジョン・F・ケネディが暗殺された。さらに、容疑者も護送中に射殺されてしまう。実際の事件の謎に迫る社会派ドラマ。

ケネディ暗殺付近のアメリカの世界史が好きなあなたに

ケネディ暗殺の真相を追う検事の奔走っぷりがハードボイルド。ハードボイルドはやっぱり家族から不満を言われてナンボ。資料がいろいろ出てくるのだが、かなり生々しくてショッキング。あんまり出ていないけど、オズワルド役のゲイリー・オールドマンが何気にハマり役だったというか、かなり似ていた気がする。

8 アンタッチャブル

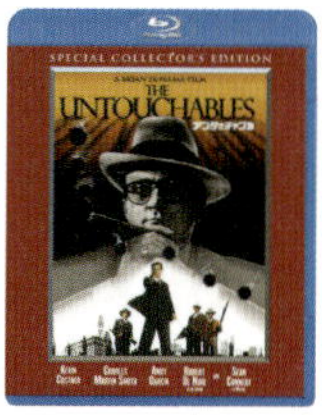

監督：ブライアン・デ・パルマ／出演：ケビン・コスナー、ショーン・コネリー、アンディ・ガルシア／1987年

あらすじ：1930年、禁酒法下のシカゴ。財務省から派遣された特別捜査官エリオット・ネスは、ギャングのボスであるアル・カポネに戦いを挑む。

カミソリ負けしがちなあなたに

この映画のよさは役者を観る面白さにあります。ロバート・デ・ニーロ VS ケビン・コスナーということで。しかもその脇を固めるのがジーン・ハックマンに元祖『007』ことショーン・コネリー。もう怪獣大決戦みたいな集まり方がとにかくワクワク感しかありません。禁酒法時代のアメリカという日本人にはなかなか馴染みのない時代設定も興味深い。

9 ドライヴ

監督：ニコラス・ウィンディング・レフン／出演：ライアン・ゴズリング、キャリー・マリガン、ブライアン・クランストン／2012年

あらすじ：天才的テクニックを持つ「ドライバー」。昼は映画のカースタントマンをし、夜は強盗の逃走を請け負う彼が、愛する女性を守るため、裏社会を相手に戦う。

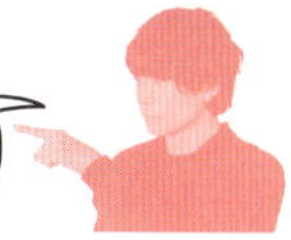

髪の毛ある方のトランスポーターを見たいあなたに

『ラ・ラ・ランド』を経て今でこそ皆大好きライアン・ゴズリングですが、その昔はインディーズ作品でハードボイルドな役柄が多かった印象ですが、この映画は真骨頂。全身入れ墨姿。マッチョ。無口。ポーカーフェイス（元々か）。最高にハードボイルドで無骨なライアンに痺れます。

4 ガンパウダー・ミルクシェイク

監督：ナボット・パプシャド／出演：カレン・ギラン、レナ・ヘディ、カーラ・グギーノ／2022年

あらすじ：犯罪組織に立ち向かう女たちの死闘を描く、バイオレンスアクション。かつて殺し屋だった3人の図書館員が、ネオンきらめくクライム・シティで激しい戦いへと身を投じていく。

半熟ぐらいのハードボイルドが好きなあなたに

カレン・ギラン大ファンな私であるが、一番の理由はなんだかファニーなところ。べっぴんさんなのに、何かハリウッド女優然としない、いい意味での垢抜けなさが魅力的なのだ。大作にも出ているがインディーズ作品がとても似合っている。この映画もそう。女性が主人公であると、自分が男性なので完全に没入することは難しいが、これは没入することができた。

5 グッドフェローズ

監督：マーティン・スコセッシ／出演：ロバート・デ・ニーロ、レイ・リオッタ、ジョー・ペシ、ロレイン・ブラッコ／1990年

あらすじ：マフィアに憧れるNYの下町育ちのヘンリー。彼は地元を牛耳るポーリーの下で働き始め、兄貴分ジミーや仲間と犯罪を重ねて、組織での地位を高めていく。

ホーム・アローン好きのあなたに

スコセッシ監督自身も「ドキュメンタリー的な映画である」と言っているようにシーンがかなり生々しい。ジョー・ペシ演じるトミーが仲間内でいじられた時にキレるシーン好きなんですが、こういうめんどくさい奴いたよなぁ。

6 レッド・オクトーバーを追え！

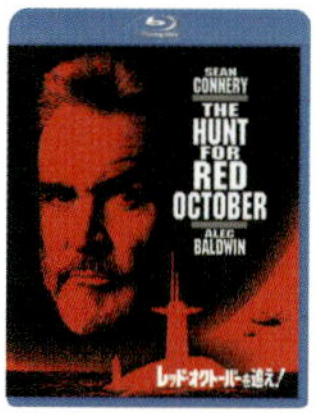

監督：ジョン・マクティアナン／出演：ショーン・コネリー、アレック・ボールドウィン、スコット・グレン、サム・ニール／1990年

あらすじ：米国に接近するソ連の原子力潜水艦「レッド・オクトーバー」。艦長のラミウスは、密かに亡命を決意していた。東西冷戦を背景としたポリティカル・アクション。

潜水艦物の映画の名作をみたいあなたに

父親からすすめられたということもあって半ば強制的に見せられてしまい、当時は純粋に楽しめなかった気もするけど改めて見返すととにかく緊迫感がすごい。タイトルがいいよね。

6.Blu-ray（レッド・オクトーバーを追え！ スペシャル・コレクターズ・エディション）2,075円 発売元：NBCユニバーサル・エンターテイメント　7.写真：ALBUM/アフロ　8.Blu-ray（アンタッチャブル スペシャル・コレクターズ・エディション）2,075円 発売元：NBCユニバーサル・エンターテイメント　9.写真：Everett Collection/アフロ

人の数ほど
感情の
種類がある

ドラマ DRAMA

感情の揺れ方は人によって違うわけです。感情の種類は何千とあるわけです。と、いうわけで絶妙な人の感情の揺れを描いた作品をメインに選んでみました。「こういうことを思っているんだけど言い表せない」みたいな気持ちを見事映像化してくれているものが多いかな。大味なものも好きなので選びました。

『1 スリング・ブレイド』

監督:ビリー・ボブ・ソーントン／出演:ビリー・ボブ・ソーントン、ドワイト・ヨーカム、J・T・ウォルシュ、ジョン・リッター／1997年

あらすじ:少年時代に殺人を犯したカール。25年過ごした精神病院から解放され、故郷へ戻った彼は、少年フランクとその母リンダと親しくなる。

フレンチフライが好きなあなたに

自分の母親と浮気相手を殺して捕まった過去を持つ男の話。しゃくれながら「ンーフー」と頷き独特な演技がクセになる。フライドポテトが好物ということで結構食べるシーンがあるんだけど、その持ち方が結構独特で真似しながら食べていました。元々短編映画版がシネフィル・イマジカで放送されまくっていて、何度も観たけど、映画化されるって聞いた時は嬉しかった。

『2 リアリティのダンス』

放尿系が好きな
ちょっと変態さんなあなたに

監督:アレハンドロ・ホドロフスキー／出演:ブロンティス・ホドロフスキー、パメラ・フローレス、イェレミアス・ハースコビッツ／2014年

あらすじ:映画監督ホドロフスキーによる自伝の映画化。1920年代、軍事政権下にあったチリの田舎町を舞台に、幼少期のホドロフスキーの生活を幻想的に描く。

常に悪夢なのか夢なのかわからない描写が続くとはいえ、昔のチリの雰囲気だったりが垣間見れてそれだけでも楽しめる作品。ユダヤ人ということでいじめられた過去を持つ監督ならではの視点や傷が表現されており、なんだかちょっと切ない気持ちが込み上げてきます。ホドロフスキー監督の自伝的作品ということもあり、同監督作品の中では一番流れがわかりやすいのではないかと思います。

『3 コンパートメント No.6』

監督:ユホ・クオスマネン／出演:セイディ・ハーラ、ユーリー・ボリソフ、ディナーラ・ドルカーロワ、ユリア・アウグ／2023年

あらすじ:1990年代、モスクワ。留学生のラウラは、恋人に断られ、一人旅に出発。寝台列車で乗り合わせた炭鉱労働者リョーハと、長い旅の中で互いの魅力に気づいていく。

寝台列車で恋してしまったあなたに

好きになるかならないかギリギリのところの恋愛感情ってあると思うんですが。そんな絶妙な心の揺れをうまーく描いた作品です。いや本当に見事。90年代のヨーロッパの寝台列車の雰囲気も好きだし、なんだか旅にでかけたくなりますね。一冬の絶妙な恋ものがたり。いいじゃないですかー。

4 aftersun／アフターサン

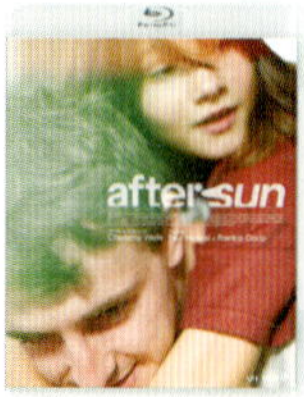

監督：シャーロット・ウェルズ／出演：ポール・メスカル、フランキー・コリオ、セリア・ローソン＝ホール／2023年

あらすじ：夏休み、離れて暮らす父と11歳のソフィはリゾート地を訪れた。2人はお互いカメラで撮影しあう。20年後、映像を振り返るソフィは父との記憶を蘇らせていく。

「blurはやっぱり13」だなという中期blurファンなあなたに

とある父と娘のかつての輝きと関係性をレトロな映像で描いた作品。物静かな映画ですが、ゆっくりと大きな感情の波が後半にかけて覆いかぶさってくる。めっちゃいい映画。映画の作りとしてもユニークだなと。

5 ブレイブハート

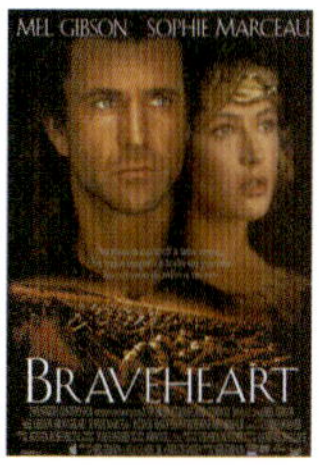

監督：メル・ギブソン／出演：メル・ギブソン、ソフィー・マルソー、パトリック・マクグーハン／1995年

あらすじ：13世紀末のスコットランド。少年ウォレスは、イングランド王の侵略により家族を殺された。成人した彼は、民衆を率いて立ち上がり、自由を求めて戦う。

我々の楽曲「For Freedom」が好きなあなたに

スコットランドの英雄のお話。メル・ギブソンが主演と監督を兼任し、かなり意欲的に作った作品。なにより独立を望むスコットランド人の気持ちを高めた90年代後期の時代背景に大きく影響しているところはかなり興味深い。時代劇ですね。

6 アマデウス

監督：ミロス・フォアマン／出演：F・マーレイ・エイブラハム、トム・ハルス、エリザベス・ベリッジ／1985年

あらすじ：天才音楽家モーツァルトの半生を、宮廷音楽家サリエリを視点として描く。サリエリは、モーツァルトの才能を誰よりも認めながらも、嫉妬心から破滅へと追い込んでいく。

なんかめっちゃ天才なライバルがいるあなたに

「モーツァルトってこんな奴だったん!?」と衝撃を受けた覚えがあります。タイトルはモーツァルトのファーストネームから取られてるけど、主人公は彼の天才っぷりに嫉妬するサリエリ。こいつがまた根性悪いんだけど……なんか憎めないんよね。長尺映画ですがぜひ。

7 PERFECT DAYS

監督：ヴィム・ヴェンダース／出演：役所広司／2023年

あらすじ：東京・渋谷でトイレの清掃員として働く平山。繰り返しの日々に見える毎日だが、常に喜びを感じていた。大好きな木々の写真を撮っていた平山は、ある日、思いがけない再会を果たす。

毎朝缶コーヒー飲んでるあなたに

あるトイレ清掃員のなんてことない日常を丁寧に着実に描いた作品。なんでこんなに見入ってしまうんだろうと考えるけど、映画の作りのよさはもちろんだけど、もしかしたら“日常”というものをないがしろにしていたからではないかと思う。だからとても現代にハマっているんだと思う。作品そのものがメッセージ。

8 はじまりへの旅

監督：マット・ロス／出演：ビゴ・モーテンセン、フランク・ランジェラ、ジョージ・マッケイ、サマンサ・アイラー／2017年

あらすじ：現代社会から隔絶したアメリカ北西部の森のなかで暮らす、風変わりな一家。亡くなってしまった母の葬儀のために、ニューメキシコを目指し、彼らは旅に出る。

遺灰は〇〇〇に捨ててほしいと思っているあなたに

世捨て人家族の映画です。たまに山や海に行くのはいいけど、一生暮らすとなるとどうもな……と思ってしまうシティーボーイな私ですが、ちょっと気持ちがわかってしまう部分もあった。最後に死んでしまったお母さんの遺灰を捨てる場所が最高すぎて泣き笑いしてしまった。俺もこんな感じがいいかもしれない。

9 ペルシャ猫を誰も知らない

監督：バフマン・ゴバディ／出演：ネガル・シャガギ、アシュカン・クーシャンネジャード、ハメッド・ベーダード／2010年

あらすじ：イランのアンダーグラウンド・ミュージックの世界が舞台。西洋文化が規制される中、バンド活動を行う若者たちの姿をリアルに描いた青春群像劇。

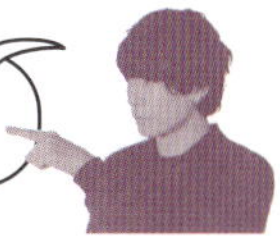

スタジオ代高いな……と思っている甘ったれたバンドマンに

イランのバンドマン事情を垣間見ることができる作品ですね。「デビュー出来ないなー」の前に「バンドが出来ないなー」という悩みがある国のバンドマンもいるわけで。こんなに切なく本当の意味での反骨精神見たことない。

6.日本語吹替音声追加収録版 Blu-ray & DVD 6,369円 発売元：ワーナー・ブラザース ホームエンターテイメント 販売元：NBC ユニバーサル・エンターテイメント
7.DVD 5,280円 発売元：ビターズ・エンド 販売元：TCエンタテインメント 発売協力：スカーレット 8.DVD 4,180円 発売・販売元：松竹 9.写真：Everett Collection/アフロ

ひねくれ
ヒーローたちが
大集結

ヒーロー HERO

ヒーローって言い切れない奴らが多いなと。私はやっぱりどこか捻くれてるなと思った。やっぱり正義の味方過ぎると若干ひいてしまう私。でもそのどれもが自分の中の正義、ある種のスタイルを持つカリスマであることは間違いないです。あまりにもヒーロー映画が蔓延る時代にカウンターパンチを与えてくれるひねくれたヒーロー作品を選んでみました。

『1 バットマン』

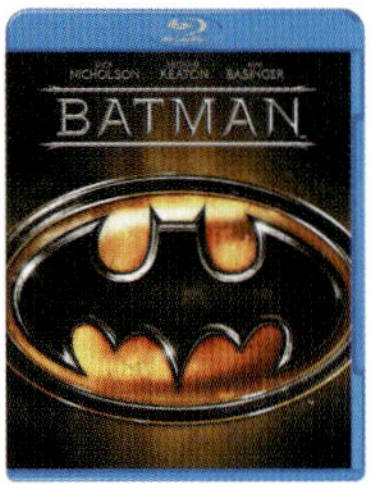

監督：ティム・バートン／出演：マイケル・キートン、ジャック・ニコルソン、キム・ベイシンガー／1989年

あらすじ：架空の都市ゴッサムシティで悪を退治するヒーロー・バッドマン。その正体を突き止めようと報道カメラマンのビッキーは取材を開始する。

マーベルじゃない方を見たいあなたに

優等生な正義の味方が苦手。超能力使えちゃうとか反則っしょとか思ってるあなたにぴったりなヒーロー、バットマン。今も昔も変わらず、監督や中の人が変われど、何故かこのヒーローだけは小学生の頃から私の心を掴んで離しません。

『3 ロボコップ3』

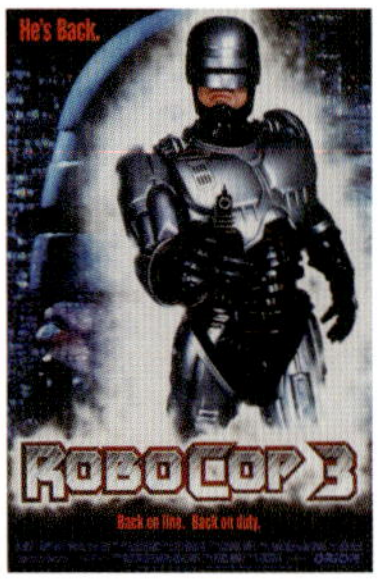

監督：フレッド・デッカー／出演：ロバート・ジョン・バーク、ナンシー・アレン、ジル・ヘネシー／1993年

あらすじ：犯罪が横行する近未来のデトロイト。凶悪犯に殺された警察官・マーフィはオムニ社が開発したサイボーグ・ロボコップとして復活し、次々と犯罪を取り締まる。

ニンジャのロボットを見たいあなたに

かなり評価の低い3ですが、アイアンマンばりに空を飛んだり、忍者ロボと死闘を繰り広げたり、ポップ感満載で一番ワクワクすると思う。シリーズ初期は結構グロいし、心が痛む（それはそれで見応えあるけど）。ヒーローものとしては3に軍配が上がるのでおすすめです。

コスプレしながらソファで情事に耽っていたいあなたに

『2 スーパー!』

監督：ジェームズ・ガン／出演：レイン・ウィルソン、エレン・ペイジ、リブ・タイラー、ケビン・ベーコン／2011年

あらすじ：冴えない男・フランクはセクシーなドラッグディーラーに奪われた妻を取り戻すため、自前のコスチュームに身を包み、悪に立ち向かう。

キック・アスよりもっとへなちょこなヒーロー観たい! って方にピッタリの映画です。ただもっとグロいしかなり下品。でもそこがいいんよね。監督のジェームス・ガンはこの後に『スーサイド・スクワッド』とか撮りますが、正直これが彼の一番最初のヒーロー作品だと思っていますが、だから彼のヒーロー作品に一癖も二癖もあるキャラが多いのが納得です。

1.Blu-ray 2,619円 発売元：ワーナー・ブラザース ホームエンターテイメント 販売元：NBC ユニバーサル・エンターテイメントBATMAN and all related elements are the property of DC Comics TM & ©1989. ©1989 Warner Bros. Entertainment Inc. TM & ©1998 DC Comics. All rights reserved. 2.写真：Everett Collection/アフロ 3.写真：Everett Collection/アフロ 4.Blu-ray 2,075 円 発売元：NBCユニバーサル・エンターテイメント ©2010 Universal Studios. All Rights Reserved.

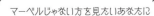

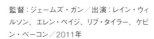

7 リベリオン

監督：カート・ウィマー／出演：クリスチャン・ベール、エミリー・ワトソン、テイ・ディグス／2003年

あらすじ：第三次世界大戦後、人間の感情を抑制させる精神に作用する薬が開発された。警察官のプレストンは、非情の殺人マシーンとして反乱者を取り締まっていたが……。

拳銃を持ちながら片手間に
アクションをしたいあなたに

クリスチャン・ベール初のアクション映画。この映画の経験がなければ『ダークナイト』シリーズに出演しなかったんじゃないだろうか。拳銃を持ちながらの肉弾戦は「ガン＝カタ」と呼ばれるもので、なかなか斬新なアクションが観られる。ほぼドイツで撮影されたということで無機質なビルやセットがムード満点。

---

8 キック・アス

監督：マシュー・ボーン／出演：アーロン・ジョンソン、クロエ・グレース・モレッツ、ニコラス・ケイジ／2010年

あらすじ：NYに住む冴えない少年デイブ。何の特殊能力もなく傷だらけになりながら「Kick-Ass」を続ける彼の前にビッグ・ダディとヒット・ガールが現れる。

007になるかもしれない俳優の
出世作を観ておきたいあなたに

所謂“アベンジャーズ”系のヒーローものには飽きたけど、ちゃんとかっこいいシーンは観たいなという方におすすめ。ヒーロー映画は子供向けという概念を壊してくれた作品でもあります。なのでswear words（fuckとか）もバンバン使われるし（しかもまだ若かったクロエ・グレース・モレッツが）、エグい描写も出てきて結構笑えます。

---

9 ウォッチメン

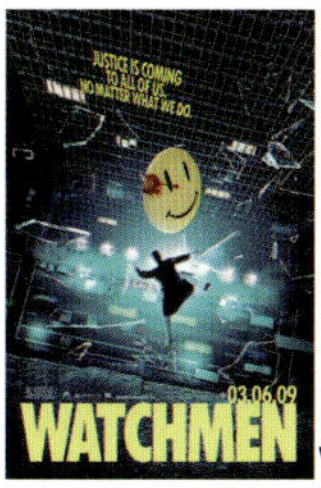

監督：ザック・スナイダー／出演：ジャッキー・アール・ヘイリー、パトリック・ウィルソン、ビリー・クラダップ／2009年

あらすじ：かつて数々の事件の陰にはウォッチメンと呼ばれる監視者の存在があった。しかし、活動が禁止された1985年、元ウォッチメンのコメディアンが変死する。

ヒーロー映画観すぎて、「ヒーローとは」と
考え込んでしまっているあなたに

『アベンジャーズ』よりももっとリアルなヒーローものを観たいならこれ。何人ものヒーローが登場するんだけど、普段の姿はかなりイケてない。そして結構残虐だったりする。職業としてヒーローに就業するなら意外とこんな精神状態になるのかもしれないなーと想像が膨らむ。間違いなく子供向けのヒーローものではないのでご注意を（笑）！

---

4 スコット・ピルグリム VS. 邪悪な元カレ軍団

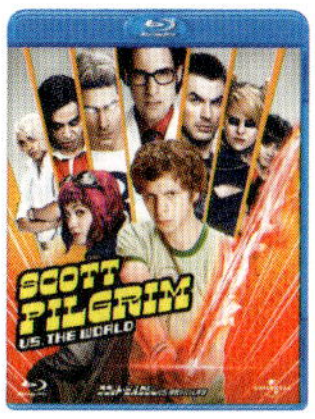

監督：エドガー・ライト／出演：マイケル・セラ、メアリー・エリザベス・ウィンステッド、キーラン・カルキン／2011年

あらすじ：売れないバンドのスコット・ピルグリムは不思議な女性ラモーナに恋をする。しかし、ラモーナと付き合うためには元カレ7人を倒さなければならなかった。

意中の人の昔の恋人が
気になるあなたに

タイトルからして失敗しそうな映画ですが、意外と面白い。いきなりジェットコースターに乗せられて知らぬ間に冒険に連れていかれるような感覚。映像演出の怒涛の襲撃がすごい。実際わけわからんけど最後までノリで観てしまう。でも最終的にはちゃんと青春映画。

---

5 シン・ウルトラマン

監督：樋口真嗣／出演：斎藤工、長澤まさみ、有岡大貴／2022年

あらすじ：「禍威獣（カイジュウ）」と呼ばれる謎の巨大生物の存在が日常になった日本。禍威獣対策のスペシャリストを集結し、通称・禍特対を設立し任務に当たっていた。

初代ウルトラマンの何が好きかって、隊員たちの
コッコッコっていう足音だよなというあなたに

ちゃんと静と動があるのがいいし、どこのドラマにもない奇妙な間合いが“シン”シリーズのクセになるところです。ウルトラマンはヒーローものというよりSFものなんだなということを思い出させてくれる映画。ちなみにウルトラマンは初代とウルトラマン80（エイティ）が好きでした。

---

6 ディフェンドー 闇の仕事人

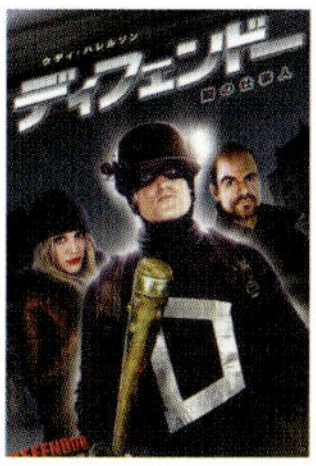

監督：ピーター・ステッビングス／出演：ウディ・ハレルソン、カット・デニングス、サンドラ・オー／2010年（ビデオ発売）

あらすじ：道路工事現場で働くアーサー・ポピントンは、夜になると自作のヒーロー・ディフェンドーに変身し、平和を守っていた。ある日、実の母を殺した人物の居場所が判明し……。

誰でも気持ちさえあればヒーローに
なれるんだと思いたいあなたに

軽度の知的障害を持つ男がヒーローという設定は他にない。予告を観るとコメディのように思えるし実際笑えるんだけど、それ以上にかなり泣ける作品。「ディフェンダー」じゃなくて「ディフェンドー」なところがミソ！

よくわかんない
けど観ちゃう!

よくわかんない系 WTF?

『1 マグノリア』

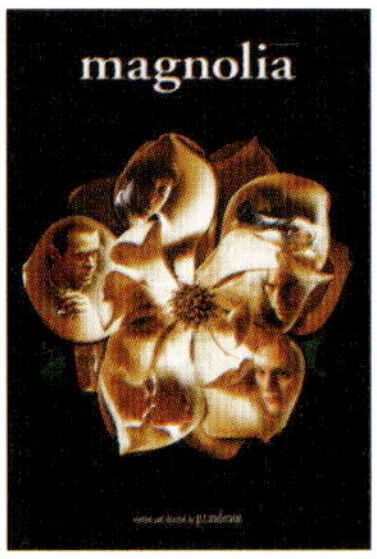

監督：ポール・トーマス・アンダーソン／出演：ジェレミー・ブラックマン、トム・クルーズ、メリンダ・ディロン、エイプリル・グレイス／2000年

あらすじ：ロサンゼルスのマグノリア・ストリート周辺に住む、12人の人々の群像劇。一見互いに無関係な彼らの人生が、ひとつの物語へと繋がっていく。

カエル好きのあなたに

さまざまな悩みや傷を抱えたキャラクターたち（全員主役級）の群像劇であり、終盤でひとつの線で繋がっていく。エイミー・マンの「Wise Up」という曲が本当に素晴らしいので、思わずトム・クルーズたちと一緒に口ずさんでしまう。これも長尺ですがぜひ観てほしいな。「一番好きな映画はなんですか?」と聞かれたらこれ、と答えます。

ジャンルわけできない、謎な映画をご紹介します。やっぱり娯楽とはいえアート作品であり、解説やあらすじで言い表せないものを人は思いつき、なんとか形にしたくなるものです。そして解釈を観る人に委ねたい。一見意地悪と思われるかもしれませんが、受身ばかりが正義ではないはず。さぁ一緒にちょっぴり狂気な世界へ迷い込みましょう（大丈夫そこまでじゃないです）。

『3 逆転の トライアングル』

監督：リューベン・オストルンド／出演：ハリス・ディキンソン、チャールビ・ディーン、ウッディ・ハレルソン、ビッキ・ベルリン／2023年

あらすじ：人気モデルのヤヤと、落ち目のモデルのカール。2人は招待され豪華客船の旅に出た。しかし、船が難破し、海賊に襲われ、乗船していた一行は無人島に流れ着く。

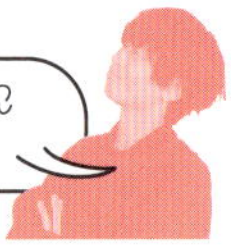

「男性は女性に奢るの当たり前論争」に参戦したいと思っているあなたに

男女、職業、国籍間での差別。笑いを交えて、半ば諦めさえ漂わせながら描いた作品。社会批判、というより社会皮肉映画でしたね。後半はとてもディープに酔っ払いのおっさん2人の頭の中に溶け込むような感覚になります。個人的にはちゃんとドラマチックに描かれていて最後はスッキリ観れました。

バキバキに理系なあなたに

『2 プライマー』

監督：シェーン・カルース／出演：シェーン・カルース、デビッド・サリバン、ケイシー・グッデン／2005年

あらすじ：エンジニアのアーロンは、自宅のガレージで友人たちとオリジナル製品の開発を行っていた。研究に行き詰まっていたある日、エイブは起死回生のアイデアを思いつく。

大学生の頃観て、途中で寝ました。でも一緒に観ていた理系の友人が「いや、この映画とても面白かった」というので頑張って2回目説明されながら鑑賞し、やっと理解できました。所謂タイムリープもの。ノーラン監督よりも不親切だし、淡々とはしているけど、かなり面白い。でも正直に話すと全てを理解したとはまだ言えないのでもう一度観ます（笑）。

4 セックスと嘘とビデオテープ

監督：スティーヴン・ソダーバーグ／出演：ジェームズ・スペイダー、ローラ・サン・ジャコモ、スティーブン・ブリル／1989年

あらすじ：弁護士のジョンと妻のアンは一見、理想の夫婦。だが、ジョンは妻の妹と不倫関係にあった。ジョンの学生時代の友人の出現で、嘘に満ちた日常が崩れていく。

なんだか"部屋とYシャツと私"を
思い出してしまうあなたに

タイトルがかっこいい。タイトル買いしますよね。かなり哲学的です。男とは。女とは。そういった話が延々と語られる。高校生時の私には感覚でしかわからなかった。けど観ておいてよかった。『オーシャンズ』シリーズのスティーヴン・ソダーバーグ監督とは思えないデビュー作。

5 ハイ・ライズ

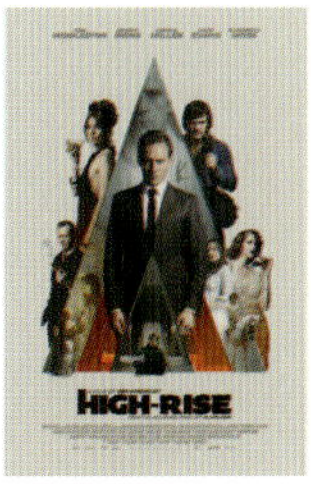

監督：ベン・ウィートリー／出演：トム・ヒドルストン、ジェレミー・アイアンズ、シエナ・ミラー、ルーク・エバンス、エリザベス・モス／2016年

あらすじ：1975年のイギリス。上層階に行くほど富裕層となるタワーマンションに引っ越してきた医師は、徐々にマンション内の階級争いと異常事態を知っていく。

トム・ヒドルストンのセクシーさに
やられたいあなたに

閉塞感がとにかくキツイ映画。タワマンに住むのを検討している人に観てほしいですね。めちゃくちゃ面白いかと聞かれたら正直なんとも言えないが、なんか不思議な魅力がある。創られた不気味さってやっぱり嫌いじゃない。そしてトム・ヒドルストンぱいせんの色気が半端ない。

6 LUCKY

監督：ジョン・キャロル・リンチ／出演：ハリー・ディーン・スタントン、デヴィッド・リンチ、ロン・リビングストン／2018年

あらすじ：ふと、人生の終わりが近づいていることを思い知らされた、90歳のラッキー。「死」について考え始めた彼は、毎日の生活の中で「それ」を悟っていく。

飼っている亀が
帰ってこないあなたに

90歳の爺さまが"死"を意識するところからはじまる。雰囲気はオフビートだけど芯を突いたような強い作品。逃れられない人生の終幕に直面した時、人はどうすればいいのか？ その答えをさがすロードムービーですね。主演は『パリ、テキサス』のハリー様。公開翌年に亡くなったわけですが、どういう表情をしたのだろう？と考えてしまうエンディングでしたね。

7 プラットフォーム

監督：ガルデル・ガステル＝ウルティア／出演：イバン・マサゲ、アントニア・サン・フアン、ソリオン・エギレオル／2021年

あらすじ：ゴレンは目覚めると「48階層」にいた。その塔のような建物では、穴で繋がる上階から降りて来る残飯を食べるしかない。階層は一カ月ごとに入れ替わるが……。

食べ残しがちなあなたに

食べものグロ映画ではかなり上位クラス。『ハイライズ』と同じく階級制度を皮肉った作品ですが、もっとSF。でも設定も面白いし、ちょっとした脱出ものとしても観れる。とりあえず食事中はやめたほうがいいです。

8 ニンフォマニアック

監督：ラース・フォン・トリアー／出演：シャルロット・ゲンズブール、ステラン・スカルスガルド、ステイシー・マーティン／2014年

あらすじ：年配の独身男性セリグマンは、怪我をして倒れていた女性ジョーを家に連れ帰り介抱する。ジョーは彼に、幼少期からの性的欲求と数奇な人生を語り始める。

「違うの。エロビデオを観たいわけじゃないの」
と言い訳をしがちなあなたに

何故性欲というものは尽きないのか？ そこを深く狂気的に前編と後編に分けてたっぷり4時間描いております。朝から晩までセックスにふけったような感覚に陥るどエロ映画です。

9 マルコヴィッチの穴

監督：スパイク・ジョーンズ／出演：ジョン・キューザック、キャメロン・ディアス、キャサリン・キーナー／2000年

あらすじ：売れない人形使いのクレイグは、就職した会社のビルで、偶然、俳優ジョン・マルコヴィッチの脳に繋がる穴を発見した。そこで彼は、ひとつの商売を思いつく。

自分のマンションのエレベーターに
変な階があるあなたに

タイトル通り、ジョン・マルコヴィッチの脳内に15分だけ入る映画です。意味わからない。けどなんかいいよねというMVを撮らせたら天才のスパイク・ジョーンズ初監督映画。こういうの大好きな私です。当時イケイケだったキャメロン・ディアスが干物女風に描かれてるのも新鮮でいい。

6.写真：Collection Christophel/アフロ　7.Blu-ray+DVDセット 5,280円 発売元：クロックワークス 販売元：TCエンタテインメント 8.写真：Everett Collection/アフロ　9.Blu-ray 2,075円 発売元：NBCユニバーサル・エンターテイメント

好きな俳優・監督について。

人間性を隠してない感じの人が好き

さて、ここで私の中で好きな俳優と監督を何人かピックアップして、お話ししようと思います。まずそもそも映画俳優は皆好きです。嫌いな人がいない。なので私なりに思い入れのある俳優さんのお話しをします。共通点があるとすれば……カリスマ性。「この人が出てるから観よう」と思わせてくれる力。演技が巧いというより、スター性のある方たちを好きになっちゃいますね。

結局人間味が好きなんですよね。音楽もそうですが、人間性が曲やライブに出るアーティストが好きなので。特にロックはね。上手い下手じゃなくて、その人が歌うからいいんです、という風にね。

俳優さんも同じですね。人間性を隠してない、というか隠しきれない人が好きですね。

共通点は……みんなちょっと洒落てる

監督についても順不同ですが、エンタメ方面の人もいれば、作家性が強い人もいて方向性はバラバラですね。結構雑多に語っております。

ここに挙げている監督の作品を全部観ているわけではないですが、遭遇率が高い監督さんたちばかりです。

好きな監督の共通点は……みんなちょっと洒落てる。ですかね。あと品がある。でも熱い。

ブルース・ウィリス
Bruce Willis

1955年3月19日生まれ、ドイツ出身。大ヒット『ダイ・ハード』をはじめ、『フィフス・エレメント』『シックス・センス』『シン・シティ』など多彩なジャンルで活躍を続ける。

好きな俳優
—ACTOR—

映像作品とは総合芸術であると思います。脚本があって監督がいて。撮影監督もいて音楽担当もいる。数えきれない程のアーティストたちによって映像作品というのは作り上げられている、ということをたった2回ドラマに出ただけの人間ですが、強く思うわけであります。

ただ、やはり。やっぱり。その中でも役者は花形だと思うんです。職業格差、と批判されるかもしれませんが、そういうことではなく。観客が実際に目にする対象であるのはスクリーンに映る俳優さん。だからやっぱりそこには説得力が必要となってくる。どれだけ面白い脚本だろうが、素晴らしい映像技術だろうが、演じる役者が最終的に我々観客への伝道師となる。つまりその作品の最前線にいるわけだ。言ってしまえば営業マンである。スタッフさんの熱量と思いを背負っている存在と言っても過言ではないと思う。そりゃ観る者にとっては親近感が湧きやすい存在であるし、単純に好きになってしまう存在。それが役者なのだと思う。

というわけでその中でも好きな役者さんたちを語ろうと思いますが、これもまた多すぎて至難の業ですな。というのもまず嫌いな役者なんてこの世に存在しないわけだから。皆さんもよく仲間内で「〇〇さんが好き」「えーなんで?」「だって優しそうじゃん」「えー? でも実際わからないじゃーん」と、そんな身も蓋もないような話はよくされるだろうが、実際その空虚さこそが彼らの魅力なのではないだろうか。実際性格が悪かろうが、息が臭かろうが知ったこっちゃない。目に見えて迷惑をかけられない限り、スクリーンで楽しませてくれる限り、俺は多少息が臭かろうがどうでもいいのだ。むしろ裏側なんてあんまり知りたくない。

さて話を戻すと、どうしてもやっぱり好きな俳優は好きな作品に紐づく。そういう意味では**ブルース・ウィリス**はどうしたって最初に頭に浮かぶ俳優だ。私に映画の愉しさを教えてくれた作品『ダイ・ハード』の主演。なんでこの人に魅力を感じているのだろう? と考えた時に出た答えがありました。にじみ出る人間性がなんとなくね、自分の父親に近いんです。いや、知らないですよ、実際ブルースさんがどんな性格なのか。めっちゃ嫌な人かもしれないけど。でもスクリーンから醸し出される人間味溢れるキャラクターは親近感が湧く。皮肉混じりのボヤキ。けっして端正な顔立ちではないけど愛嬌のある顔立ち。そこがなんとなく自分の父親とかぶっていると感じます。そういうキャラクターを通じて好きになり、映画を好きになっていく、ということでいうとやっぱり役者さんの仕事は重大ですね。

“皮肉混じりのボヤキ”ということでいうと、**トミー・リー・ジョーンズ**も大好きですね。一番最初に彼を認識した映画が『逃亡者』ですが、主演のハリソン・フォードとは真逆のタイプの役者さん（役柄も）に

クリストフ・ヴァルツ
Christoph Waltz

1956年10月4日生まれ、オーストリア出身。『イングロリアス・バスターズ』でナチス将校役を演じ、アカデミー助演男優賞をはじめ数々の賞を総なめに。多くの作品で悪役として存在感を発揮。

トミー・リー・ジョーンズ
Tommy Lee Jones

1946年9月15日生まれ、アメリカ出身。映画デビュー以降、『メン・イン・ブラック』シリーズなど数々の作品に出演し、第一線で活躍。日本では“宇宙人ジョーンズ”のCMも話題に。

クリスチャン・ベール
Christian Bale

1974年1月30日生まれ、イギリス出身。スティーブン・スピルバーグ監督の『太陽の帝国』でスクリーンデビュー。『ダークナイト』、『ターミネーター4』など人気シリーズの顔を務める。

ジェイク・ギレンホール
Jake Gyllenhaal

1980年12月19日生まれ、アメリカ出身。青春ドラマ『遠い空の向こうに』の主演で脚光を浴びる。以降、『ゾディアック』、『複製された男』などで演技派俳優として活躍。

魅力を感じました。仏頂面でちょっと笑える〝ボヤキ〟を交えながら部下に指示を出していく刑事の姿がとてもかっこよくコミカルに感じました。数年後に彼が主演の『追跡者』というスピンオフ映画が公開されましたが、それだけあのキャラクターが人気だったんでしょうね。さて同じボヤキでも、ヨーロピアンな役者さんでいうと**クリストフ・ヴァルツ**。独特なセリフ回しと、驕慢《きょうまん》な雰囲気がとてもやみつきになりますが、名門舞台俳優の出。どんな悪役を演じてもどこか品のよさが滲み出るんですよね。演技力はもちろん折り紙付きなのですが、しっかりとスター性も持ち合わせている。先程のトミー・リー・ジョーンズと同じく、助演俳優の仕事が多いと思いますが、この人が出てたら観る！　と思わせてくれる俳優さんですね。

親近感でいうと年齢が近いというところで**ジェイク・ギレンホール**を挙げます。彼の年齢付近の役者さんでいえば、ライアン・ゴズリングやジョセフ・ゴードン＝レヴィットも大好きですが、ジェイクに関しては私が高校生ぐらいの頃から結構映画に出ており、同年齢の役を演じていました。例えば『ドニー・ダーコ』や『遠い空の向こうに』では高校生役ですが、当時私も同じように学生だったので、照らし合わせながら観れたのです。やっぱり年齢が近いというのはそれだけ没入できますね。逆に自分とは正反対だなと思わされる俳優さんもいます。つまり憧れの存在。所謂男前の俳優さんを挙げましょう（いやジェイクも死ぬほど男前だけどさ）。**クリスチャン・ベール**はもうその中では最高峰ですね。常に緊張感で覆われているようなムードが立ち込めてますよね。悪者なのか良者なのかわからない。だからこそノーラン版の『バットマン』を演じた際には、単純な正義の味方として映らなかったんだと思うし、映画に陰影を与えたんだと思います。では実際に完全なる悪役ということでいうと**ハビエル・バルデム**が演じた『ノー・カントリー』の殺し屋は映画史上3本の指に入る悪者でした。てか怖い！　それまで正直ハビエルのことを知らず、「なんかいきなりトミー・リー・ジョーンズとかジョシュ・ブローリンが出てる映画の悪役やってるけど誰だこの人!?」と驚きました。私が無知だっただけですが、他の作品を漁ると、その演技幅の広さに感服するし、今では大ファンになりました。けどやっぱり頭のどこかで「でもこの人いざとなったら空気銃で人の頭撃ち抜くんだよな……」と思ってしまいます。でも役者さんってそういうハマり役にあたりたい分、抜け出せないこともあるだろうから、躊躇することもあるのでしょうね。それこそハビエルの悪役っぷりが黒光っていた『００７』シリーズなんていうのはジェームズ・ボンド役の色が付きすぎてしまう怖さもあるでしょうし。そういう意味でいうと**エドワード・ノートン**はハマり役を活用している気がする。〝怪演〟を得意とする役者さんですが、それはやっぱり『真実の行方』で観

エドワード・ノートン
Edward Norton

1969年8月18日生まれ、アメリカ出身。デビュー作『真実の行方』でいきなりアカデミー助演男優賞にノミネート。以降『ファイト・クラブ』など出演作多数、監督業にも進出。

ハビエル・バルデム
Javier Bardem

1969年3月1日生まれ、スペイン出身。アメリカ進出作『夜になるまえに』でスペイン人俳優初のアカデミー主演男優賞にノミネート、『ノーカントリー』で同助演男優賞を受賞。

ジュリアン・ムーア
Julianne Moore

1960年12月3日生まれ、アメリカ出身。『SAFE』で初主演を務める。14年公開の『マップ・トゥ・ザ・スターズ』ではカンヌ国際映画祭の女優賞を受賞し、世界3大映画祭の女優賞を制覇。

アンソニー・ホプキンス
Anthony Hopkins

1937年12月31日生まれ、イギリス出身。『羊たちの沈黙』でアカデミー主演男優賞を受賞。20年公開『ファーザー』では83歳での受賞は最高齢受賞記録を更新し、2度目の主演男優賞を受賞。

た者を最後に全員騙した経緯があるからなのではと思います。だから『レッド・ドラゴン』では犯人を追う刑事役でしたが「え、大丈夫だよね、この人最後の最後で豹変しないよね？」という緊張感が常にまとわりついていました。それでもいろんな役を求められるからすごいよな。逆の役者さんもいます。『レッド・ドラゴン』といえば『羊たちの沈黙』ということで**アンソニー・ホプキンス**のことを語らずに素通りはできません。「羊〜」のレクター博士役は本当に怖かったけど、他の映画ではその色に引っ張られない。レクター博士のことを忘れるぐらい新しいキャラクターが入ってくる。それはアンソニーが脚本家が描いたキャラクターの性格を観察し、追求する演技法をとっているからかもしれません。だからくどい演技にならず、余計なものがない軽やかな演技ができているのかもしれない。ただただすごい方です。ところで『レッド・ドラゴン』『羊たちの沈黙』とくれば『ハンニバル』の話もしたくなります。舞台がイタリアということでジャンカルロ・ジャンニーニさんが出てきたり、1作目よりも一気にワールドワイドな作品になったなぁと寂しさと嬉しさを同時に感じたことを思い出します。同映画には**ジュリアン・ムーア**が1作目のジョディ・フォスターからクレア役を引き継いで出演しています。ジョディがアカデミー賞を取った役、ということでプレッシャーはすごかったのかと思います。実際にもいろいろな声があったと思いますが、個人的にジュリアン・ムーア版のクレアも逞しさがプラスされてすごく好きでした。余談ですが、続編に出演する際、前作の役者が降板してしまい、役柄を引き継ぐという裏エピソードはよくありますが、やっぱり難しいんでしょうね。『スピード2』ではキアヌが1作目で演じたジャックと同じく刑事役ということでジェイソン・パトリックが演じていますが、ジャックのイメージが強すぎたので散々な結果になってしまいました（個人的には結構楽しめましたが）。『ハンニバル』では新しいクレア像を確立したように思えます。その後の作品でも確かな演技力が評価されたし、多才な方として知られていますが、その実力からようやく近年アカデミー賞を受賞し、私も感動しました。同じくアカデミー賞女優でいうと、もう一人列挙したいのが**オリヴィア・コールマン**。この人はまず出ている作品がとても自分にハマる。先程のアンソニー主演の『ファーザー』もそうだし、静かな怒りと狂気を感じる『ロスト・ドーター』も大好き。表情がコロコロ変わるタイプの俳優さんではないけど、曖昧で人間臭い演技をする。伝わってくるものがあるんです。とてもいい表情なんですよね。インタビューではイギリス人らしい自虐を交えたコメントが笑えるし、好感度もとても高い方です。さて、同じヨーロッパでもイギリス程の注目度はないけど、スペインやイタリアの映画は結構面白くてよく観ます。そして素晴らしい俳優さんも多いです。アルゼンチン出身の**リカルド・ダリン**もその一人。先程のハビ

リカルド・ダリン
Ricardo Darin

1957年1月16日生まれ、アルゼンチン出身。『瞳の奥の秘密』がアルゼンチンで大ヒットし、米国アカデミー賞外国語映画賞を受賞。俳優、映画監督、映画プロデューサーでもある。

オリヴィア・コールマン
Olivia Colman

1974年1月30日生まれ、イギリス出身。コメディ番組で人気を集め、以後数々の映画に出演。『女王陛下のお気に入り』でアン王女役を熱演し、第91回アカデミー賞で主演女優賞を受賞。

カレン・ギラン
Karen Gillan

1987年11月28日生まれ、イギリス出身。人気SFドラマ『ドクター・フー』のエイミー・ポンド役でブレイク。全米大ヒット作『ジュマンジ ウェルカム・トゥ・ジャングル』など多数出演。

ビル・スカルスガルド
Bill Skarsgard

1990年8月9日生まれ、スウェーデン出身。『ダイバージェントFINAL』でハリウッドデビュー。大ヒットホラー『IT イット “それ”が見えたら、終わり。』で殺人ピエロ・ペニーワイズを熱演。

エル・バルデムが主演した『誰もがそれを知っている』や『人生スイッチ』にも出ていたし、個人的に遭遇率が高いのです。なのでいつのまにか好きになって、他の作品も掘り下げるようになりました。ところでヨーロッパの映画のいいところはあまり馴染みのないEU諸国の日常生活、それも結構しみったれた生活感が垣間見れ、なんだかちょっと旅行した気分になれるところですかね。アメリカの生活感は映画とかで結構馴染みがあるけど、アルゼンチン人が親戚で集まって、何を食べて、どんなパーティーをするのかイメージが湧かないですもんね。そういう意味ではその案内役としてもありがたい存在です。**ビル・スカルスガルド**はヨーロッパ出身の若手俳優さんですが、ハリウッド作品にどんどん攻めており、めきめきとその存在感を高めています。一番有名なのはやっぱり『ITイット“それ”が見えたら、終わり。』でのペニーワイズでしたが（お子様はトラウマレベルに怖かったはず）、私が一番最初に観たのは『シンプル・シモン』というスウェーデン映画。これがとても良作だっただけでなく、スウェーデンの色味や生活スタイルがとてもよく映し出されていて旅行気分にもなりました。ちなみにお兄さんのアレキサンダーは『ターザン：REBORN』の主演でしたが、私、日本語版主題歌の曲を提供したということで贔屓目でいつも見ています。

さて贔屓目ということでいうとやっぱり恋心が芽生えてしまう俳優さんもいます。仕方ないでしょう。というわけで列挙していくと**カレン・ギラン**はもう出演する映画も含めて全てが好き。顔ファンであるのは間違いないのですが、それだけでなくかっこいいんですよ。コミックス系の大作にも出演していますが、マイナーな作品にも出演しています。プロデュースまで務めるし、精力的な活動をしているところが尊敬に値します。インタビューではスコティッシュな発音になるところもギャップ萌えしてしまいます。ギャップ萌えでいうと**イモージェン・プーツ**はもうなんでこんなヘンテコな映画ばかりでるの!? とびっくりしてしまうぐらいインディー作品の女王として君臨しつつある。『フライトナイト』で恋をしたのですが、『恐怖のセンセイ』では謎めいた空手の黒帯美女を演じ、『ビバリウム』での妙な街に迷い込んでしまう演技は迫力満点でした。あとはスクリーンにちょっとしか出てこなかったのに何故か頭から離れない役者さんって結構いると思いますが。そういう意味でいうと映画『オデッセイ』の最後の最後に出てくるNASAの職員役の**マッケンジー・デイビス**には文字通り一目惚れしました。でもそれだけでなく『ターミネーター』でのタンクトップショートヘアでショットガンをぶっ放す姿は超かっこいい。思わず真似したくなるぐらいのカリスマ性も持ち合わせております。

マッケンジー・デイビス
Mackenzie Davis

1987年4月1日生まれ、カナダ出身。『オデッセイ』『ブラック・ビューティー』『ブレードランナー2049』などSF大作に出演。19年公開の『ターミネーター』シリーズ新作にも出演している。

イモージェン・プーツ
Imogen Poots

1989年6月3日生まれ、イギリス出身。『Vフォー・ヴェンデッタ』でスクリーンデビュー。『28週後…』で注目を浴び、『CHATROOM チャットルーム』、『ジェーン・エア』などに出演。

1

好きな監督

—DIRECTOR—

幼い頃から映画が好きではあったけど、作り手・監督が誰かはそこまで気にしていなかった。まずは作品。そして俳優。だけどいつの頃からか監督が気になり始めた。監督で観る映画を決めるようになっていった。裏方という言い方が合っているのかわからないが、「画」を最初に思いついた人のことを知りたくなったのだ。

その想いは**クリストファー・ノーラン**の劇伴に対する考えをインタビューで見てさらに強くなった。彼は映画を作る時にテンポトラック（仮あての音源）を使わないそうだ。例えば、あるシーンに既存の音楽を編集段階でとりあえず仮あてし、のちに音楽担当に〝こんな感じのを頼むよ〟と言えないそうだ。というのも最初にそこにあてたものがベストだからそれを超えることができない。だから彼は作曲者に脚本を渡して0から一緒にイメージを膨らませるのだそう。だから彼の映画の劇伴はシーンと乖離していない。シーンありきの音楽なのだ。だから正直メロディー的にいえばティム・バートン版の『バットマン』の劇伴（私の一番好きな劇伴作家ダニー・エルフマン作）の方がポップであり、口ずさめる。まぁもちろん主観ではあるが。でもノーランの劇伴は〝そのシーン〟との相性は完璧なのだ。ノーラン監督のよさは数えきれない程あるが、私が一番好きなところはそこにあると思う。スクリーンには出演していないのに、自分の血を通わせている監督はやっぱりどうしたってかっこいいし、惚れてしまう。**M・ナイト・シャマラン**監督でいえば映画の終盤にとてもポップなカラクリを設けていたりするが、彼のカラーであり、ファンはそこに期待をするわけだ。星新一的なシンプルなギミックが用意されたお話が大好きな私にはツボなのである。でもだからこそ彼の場合はファンの期待を背負い過ぎてしまうこともあるのだろうし、逆に職業・監督として務める時はわかりやすくそのカラーが出ないわけで（『エアベンダー』や『アフター・アース』とかね）。チャレンジが果敢過ぎるが故に120点or10点に転びがちなのも愛してやまないポイントである。そしてこの一見全く違う両監督に共通しているのはほとんどの作品で脚本も兼務しているところである。

脚本だけでなく音楽や出演までしちゃっているといえば**ホドロフスキー**監督なんてもう点数が付けられる人ではない。もう完全に映画の全てが彼の独特過ぎる視点で構成されており、作品イコール彼自身になっている。彼の作品は観てしまったらもう以前の自分に戻れなくなってしまうような衝撃を与えてくれる。海外で言うところのMIND FUCK、映画と性行為をしているような感覚に陥ること間違いないだろう大味な作品もちゃんと好き『ダイ・ハード』の監督である**ジョン・マクティアナン**監督は現代のハリウッド映画の基礎を作った人だと思っている。『プレデター』でマッチョなシュワルツェネッガーを起用してヒットをかましたあとに「なんとなくもうマッチョが無言で敵と闘うのは飽きたな」ということでそこらにいそうな頭が薄くなったおじさんを起用し、ちょっとコメディの要素を取り入れたのはもうエポックメイキング。と思いきや『レッド・オクトーバーを追え！』のような超絶シリアスハードボイルドな作品を撮る。その後自ら「アクション映画」に対する自虐的な『ラスト・アクション・ヒーロー』でファンを困惑させたり。大きな枠ではアクションだけど、少しずつ様相が違い、決して1つのところに留まらない（だからこそ失敗するときも大爆発する）監督だなと思います。

映画業界の歴史でいうと、テレビが登場して人々が映画館に足を運ばなくなったのが60年代で、ようやくまた盛り上がってきたのが80年代の終わり頃、そして90年代後半にかけてさらに盛り上がっていったそうです。行くだけでなんだか楽しい気持ちになれるシネコンができたり、内容でいうとCG技術が顕著に発達したりと、「テレビでいいや」というムードがここら辺で変わったからだと思っています。そしてそんな業界を盛り上げたのが先程のジョン・マクティアナンをはじめとする90年代の監督たちでした。例えば**ロブ・ライナー**監督。彼もまたそれまでにないアプローチを編み出した監督だと思っています。「泣ける」「笑える」だけでない、もっと複雑な感情を揺さぶってくれるような作品を作っています。そして『ア・フュー・グッドメン』で私の心を完全に鷲掴みにしました。今と

なっては政治発言おじさんになってしまったが、また新しい作品を期待している人は私だけじゃないはず。高校生から大学生になるとちょっとインディーズ系のような作品が好きになります。なんだか物足りなくなっていったんでしょうね。自分の好みを確立させた監督の一人でいうと**コーエン兄弟**の作品は大きかった。単純なサスペンスやコメディでもない。所謂ドル箱スターではなく、クセ強めの俳優たちが登場する。刺激が強い映画にハマっていった。その中でもコーエン兄弟は大衆受けの作品もたくさんあるが、殺し合いが結構出てくる。そして何かちょっと。笑えてしまうのだ。いかに人間が重大な罪を非常に軽はずみに犯してしまうかを皮肉っている。タランティーノ監督もそのうちの一人だけどどちらかというとアップダウンのそこまで激しくないもう少し陰のアートが好きであるということに気づく。それはUSロックよりもUKロックが好きであることに起因している気がする。それでいうとfromUKの**ガイ・リッチー**の初監督作品『ロック、ストック&トゥー・スモーキング・バレルズ』なんてもう好み中の好みだ。ウィットに富んだジョーク、小刻みなシーン転換、まるでスタンダップコメディがずっと続いていくような作風はとても粋で洒落ていた。

そう、時に人は人の大真面目さをリスペクトを込めて笑ってしまうことがある。ここまでやっちゃうんかい！ と。もう笑うしかリアクションが取れなくなる時があります。それでいうと『岬の兄妹』は涙と笑いで心がぐちゃぐちゃになってしまう映画であった。監督の汗のにおいがする。**片山慎三**監督は『パラサイト』を撮ったポン・ジュノ監督の助手を務めていたということですが、描き殴るような撮り方がかっこよかった。2018年に初監督作品ということでこれからの日本の映画を背負っていくんだろうなと思う。日本の映画でいえば**黒沢清**監督が個人的には一番ドンピシャであり、フェチでもある。私はホラーやサスペンスが大好きなのだが、人は何故怖いと感じるのだろう？ とよく考える。基本的には得体の知れない対象物に恐怖を感じるからであろう、という答えにたどり着くが、よくよく考えるとその対象物・幽霊は、元は同じ人間である。ということを考えるとその対象物の現象理由は何かに対する恨みつらみだったりと、なんとなく理解ができる、共感できることだったりするわけで。紐解いていくと実はそこまで怖くないのではないかと思えてくる。しかし、そこにもし理由がない場合はどうなるだろう？ おそらく映画を観終わった後もずっと引きずってしまうのではないか。シャワーを浴びている時に後ろに何かがいるかも！ という単純な恐怖ではなく、理由なき恐怖というのはもっと深いところにトラウマを植え付けてくるのだ。その第一人者が黒沢清監督であると思う。幸運にも黒沢監督にその部分をお伺いする機会があったが、やはり謎めいた恐怖の方が粘度が高く、引きずるというようなことを仰っていた。『CURE』を最初に鑑賞した時に感じた〝なんだかよくわからないけどとにかく怖すぎる〟という感覚は間違っていなかった。

1.『エアベンダー』
監督：M・ナイト・シャマラン／出演：ノア・リンガー、デヴ・パテル、ニコラ・ペルツ／2010年／米TVアニメ「アバター　伝説の少年アン」を実写映画化したアクション・ファンタジー。
写真：Splash/アフロ

2.『アフター・アース』
監督：M・ナイト・シャマラン／出演：ウィル・スミス、ジェイデン・スミス、ソフィー・オコネドー／2013年／ウィル・スミスとジェイデン・スミスの親子共演作SFサバイバルサスペンス。
／写真：Photofest/アフロ

3.『ダイ・ハード』
監督：ジョン・マクティアナン／出演：ブルース・ウィリス、ボニー・ベデリア、レジナルド・ベルジョンソン／1989年／ブルース・ウィリスを一躍スターの座に押し上げたアクションシリーズ第1作。
写真：Album/アフロ

4.『ア・フュー・グッドメン』
監督：ロブ・ライナー／出演：トム・クルーズ、ジャック・ニコルソン、デミ・ムーア／1993年／トム・クルーズ主演、豪華キャスト共演で描く軍事法廷サスペンス。
写真：Everett Collection/アフロ

5.『ロック、ストック&トゥー・スモーキング・バレルズ』
監督：ガイ・リッチー／出演：ジェイソン・フレミング、デクスター・フレッチャー、ニック・モラン／1999年／鬼才ガイ・リッチー長編デビュー作にしてジェイソン・ステイサムの俳優デビュー作。
写真：Album/アフロ

2020.07 — 2024.03

[Alexandros] 川上洋

ポップコーン、バター多めで -Part 2-

おすすめ映画について語る、エンタメ特化型情報メディア『SPICE』の映画連載『ポップコーン、バター多めでPART2』。

2020年7月から自身の誕生日6月22日にちなんで、毎月22日に記事を公開している。

本書にはPART2の2024年3月までの連載を掲載。

書籍化するにあたり、ほんのり（？）手直ししました。ご了承ください。

ポップコーン、バター多めで -Part 2-

[Alexandros] 川上洋平の

ポップコーン、バター多めで

-PART2-

[Alexandros] 川上洋平の
ポップコーン、バター多めで
-PART2-

mid90s ミッドナインティーズ 2020

『マネーボール』と『ウルフ・オブ・ウォールストリート』でアカデミー賞助演男優賞にノミネートされた名優、ジョナ・ヒルの監督デビュー作『mid90s ミッドナインティーズ』について。

この『mid90s』が監督デビュー作になるジョナ・ヒルって、83年生まれで僕の一個下なんですよね。彼が過ごした90年代当時のLAを描いた作品なんですけど、同世代ということもあり、登場するアイテムと音楽がどんぴしゃでした。まず、主人公の13歳のスティーヴィーの部屋のベッドのシーツや枕が『(Teenage Mutant) Ninja Turtles』で。僕は9歳から14歳まで中東の国に住んでいたんですが、スティーヴィーと同じ歳の頃に一番ハマってたマンガが『Ninja Turtles』だったんです。その後Oasisが好きになってからは、アニメは全部卒業して音楽にハマったんですけど。

音楽の話でいうと、序盤でかかる曲がシールの「Kiss from a Rose」で、95年に公開されてヒットした『バットマン フォーエバー』の主題歌のバラードなんですが、懐メロですよね。あと、NIRVANAとかサイプレス・ヒルとかファーサイドとか、USの僕の好きなアーティストの曲もたくさんかかる。その後、僕はOasisだったりUKロックに傾倒していったから枝分かれはしていくんですけど、全部わかるものばかりだったんで共感でしかな

あらすじ：1990年代半ばのロサンゼルス。13歳のスティーヴィーは兄のイアン、母のダブニーと暮らしている。小柄なスティーヴィーは力の強い兄に全く歯が立たず、早く大きくなって彼を見返してやりたいと願っていた。そんなある日、街のスケートボード・ショップを訪れたスティーヴィーは、店に出入りする少年たちと知り合う。彼らは驚くほど自由でかっこよく、スティーヴィーは憧れのような気持ちでそのグループに近づこうとするが…。

監督・脚本：ジョナ・ヒル／出演：サニー・スリッチ、キャサリン・ウォーターストン、ルーカス・ヘッジズ、ナケル・スミス／製作総指揮：スコット・ロバートソン、アレックス・G・スコット／製作：イーライ・ブッシュ／音楽：トレント・レズナー、アッティカス・ロス

Blu-ray 5,720円 発売元：トランスフォーマー 販売元：TCエンタテインメント

かったですね（笑）。少年たちが着てる服のブランドもショーティーズだったり、僕も当時めちゃめちゃ着てたからすごく懐かしかったです。

僕も主人公とお兄ちゃんと全く一緒のことやってました（笑）

スティーヴィーのお兄ちゃん役がルーカス・ヘッジズで。『マンチェスター・バイ・ザ・シー』にも出演していますが、若手ではトップクラスの注目株俳優だと思います。スティーヴィーよりお兄ちゃんに共感するシーンが多かったですね。弟には強気でいけるんだけど、抱えてるものは弟と変わらなかったりして。その感じにぐっときましたね。弟は逆に勇ましいというか、まっすぐ向かっていく。

あと、スティーヴィーがイケてるグループに入って行くんだけど、スティーヴィーが仲間たちと距離を縮めていくのに嫉妬する坊主頭のルーベンにも共感しました。でも割とどのキャラクターに対しても「わかるなあ」って思いましたね。レイ役のナケル・スミスはOdd Futureの創立メンバーでプロのスケートボーダーってこともあってかっこよかったですね。

アメリカンスクール時代でいうと、同学年にイケてる子がいるわけじゃなくて、結局先輩なんですよね。そこもスティーヴィーと一緒で。これくらいの世代って学年が2つ違うだけで、身長が20センチくらい違ったりして、ビックリする。尊敬と恐怖を感じながら接するわけですけど、同学年が戦隊ごっこをしている時に、先輩はちょっとギターを弾いたり、バスケしたり、タバコ吸ってたりするのを見て憧れを感じたり。スティーヴィーにとってはそれがスケボーだったけど、僕はギターであり音楽でしたね。

僕にも兄がいるので、スティーヴィーがお兄ちゃんの部屋に勝手に入って、飾ってあるスニーカーやCDを眺めるシーンはリアルに感じました。お兄ちゃんが持ってるギターを勝手に触って怒られたこともあったし。でもその直後に仲よくゲームをやったりもしてたから……スティーヴィーとお兄ちゃんと全く一緒のことやってましたね（笑）。

いろんな考えがごっちゃになってる90年代の雰囲気がうまく出てる

とにかく90年代のムードがよく出ていた。僕の一個前の世代がヤンキーブーム。僕の一個後の世代があまり好きな言葉じゃないけどゆとり世代と言われていて。で、僕の世代はどちらでもないというか、ふわっとした世代なんですよね。「キレる17歳」と言われていたけど全体感ではそうでもなかった。割と平穏ではありつつ、刺激がなんとなく足りないなぁと感じている世代でもあったのかなと思っています。

でも音楽の雑多さは誇れますね。音楽番組のチャートもロックやR&B、ヒップホップが混在していましたもんね。どういう気持ちでカルチャーに対して愛を育めばいいのかとか、ぼんやりしていた時代な気がする。「とりあえずツッパっていたらいいよ」って感じでもない。いろんな思想がごっちゃになってるあの雰囲気も、『mid90s』には出ています。

監督がコンプレックスと向き合った感じに共感する

監督のジョナ・ヒルのことは最初は『40歳の童貞男』でコメディ俳優として知りました。面白い俳優さんだなと印象に残っています。その後『マネーボール』でアカデミー賞の助演男優賞にノミネートされたりして、演技の実力も確固たるものにしていきました。

けど、彼は昔から自分の体型にコンプレックスを持っていたそうです。不安障害にも悩んでいるそうです。いろいろなコンプレックスを抱えて、向き合った結果、コメディ俳優というところからどんどん変化してきてるんじゃないかなって最近の作品を観ると感じます。いろいろ感じるものがあって自分が可能性を広げてきたのかなあって。

『mid90s』はジョナ・ヒルの13歳当時の自伝的要素も入っていますが、スティーヴィーがイケてるグループに入ろうとする勇気だったり、入ってからも努力するところは、おそらくジョナ・ヒルは自分を重ねているのでしょう。華々しい映画業界に入ってからもそういう努力をしてきたんだろうなって。ハリウッドなんてもうイケてるオブ・ザ・イケてるグループなわけですから。だから、90年代当時の気持ちだけじゃなくて、ハリウッドで感じた気持ちも入ってるのかもしれない。

まぁでも、初監督作品ということでまだまだこれから、とも思いました。去年観たポール・ダノの初監督作品の『ワイルドライフ』が僕は２０１９年のトップ3に入るくらい好きなんですね。雰囲気はすごく地味なんですけど素晴らしくて。比べちゃいけないかもしれないけど『mid90s』はひとりの男の子の成長物語&90年代に対するラブレターというのは伝わってきたんですけど。僕としては「ここまできたら泣かせてほしかった」と思うところもあった。ベタにいかないのがいいっちゃいいんですけど、個人的な好みとしてはもっとやっちゃってほしかったなって。

でも、全体的にわざとらしくなく、かつ90年代が舞台なのに古臭くなく、懐古映画じゃなかったのがとても匠だなと思いました。自分も自分の世代の映画撮ってみたいなって勘違いしちゃいそうになりましたね。

グッバイ、リチャード！ 2020

主人公は、突然のがん宣告によって余命１８０日の生活に突入してしまう、真面目で裕福な大学教授・リチャード。演じているのはジョニー・デップです。

アメリカでは２０１８年に公開された作品で、アメリカ人の映画好きの友達から「あまり評価は高くなかったんだよね」という情報を聞いてたんですけど。僕はすごく好きでした。

余命いくばくもない主人公が残りの人生をどう過ごすかっていうテーマはありがち。でもそれをあのジョニー・デップが演じているっていうこと自体がいい。『パイレーツ・オブ・カリビアン』とか『チャーリーとチョコレート工場』とか『ファンタスティック・ビースト』など、アイコニックな主人公を演じるイメージが強いジョニー・デップ。キャラが立ちまくっている役を選んでいる気がしていたのですが、そんなジョニー・デップがこういう役をやるのがちょっと新鮮だったし、身近に感じました。

というわけで僕がこの映画を観たいなと思ったのは「ジョニー・デップが出演している」ということが大きな決め手でした。本人のイメージにも程よく近いキャラクターでありつつ、かなり控えめな演技をかましていて。ここ最近で一番好きなジョニー・デップの映画でした。

でも1番好きなシーンは結構冒頭で。余命宣告されたリチャードが自暴自棄になって、「ＦＵＣＫ」って連発しながら池に入っていくところ。〝悲劇とは遠くから見たら喜劇〟とでもいうような衝撃的に笑えるシーンだと思いました。リチャードは突然の余命宣告に打ちひしがれて、死の重さを感じています。が、同時に生きることはとても重いものなんだということも描かれてる。そこが冒頭で伝えられていて。あそこでリチャードがめちゃくちゃに暴れてい

あらすじ：大学教授・リチャードに告げられた突然の余命宣告。博学でエレガント、真面目な夫として美しい妻と素直な娘との何不自由ない暮らしを送っていたはずのリチャードの人生は一変。追い討ちを掛けるかのように妻に上司との不倫を告白された彼の日々は予期せぬ展開を迎える。死を前に怖いものなしになったリチャードは残りの人生を自分のために謳歌しようと決心。あけすけにものを言い、授業中に酒やマリファナを楽しむ。ルールや立場に縛られない新しい生き方はリチャードにこれまでにない喜びを与え、人の目を気にも留めない彼の破天荒な言動は次第に周囲にも影響を与えてゆく。しかし、リチャードの"終わりの日"は着実に近づいていて…。

出演：ジョニー・デップ、ローズマリー・デウィット、ダニー・ヒューストン、ゾーイ・ドゥイッチ／監督・脚本：ウェイン・ロバーツ

Blu-ray発売中 5,280円 発売元：キノフィルムズ／木下グループ 販売元：株式会社ハピネット・メディアマーケティング

たら軽く見えるのかもしれないけど、そうじゃないのがリアルでした。

そのあとリチャードは一気に吹っ切れて、マリファナを吸ったり、生徒の前でナンパをしたり、タガがはずれたような行動をするわけなんですけど。この映画を観て僕も、「今までしてこなかったことってなんだろう?」って考えましたね。俺にとって生徒の前でナンパってなんだろう……ファンの前でナンパとか?とかね。

こういう映画は年を重ねるごとに観たくなくなってきてる

コロナ禍ということもあって、多くの人に響く作品だろうなとも思いました。やっぱり自分の生きてる刹那みたいなものをより強く意識するようになった。

僕は生にわりと執着していて、行けるところまで行きたいとずっと思ってるので、こういう映画は歳を重ねるごとにあんまり観たくないなーと思い始めているんです。正直暗くなるから。

うちの家系はがん家系なんですよね。父親が2回がんを患っていて、2回とも初期段階で見つかって治っているけど。縁起でもないけど、自分もそうなるんかなーとどっかで思っているから、こういうテーマにはすごく敏感になっちゃいます。だから、この映画のこと気になってはいたけど、観るのをずっと躊躇っていました。でもYouTubeを観ていたら、何故か予告編がおすすめに頻繁に入ってきたりして……(笑)。「なんで俺にこれすすめてくるん……」ってね。でももうここまですすめられたらもう観るしかないって気持ちになって。

ちょっと恐怖がありましたけど、今観ておいてよかったと思いました。誰もが死ぬんだから、その準備をしておくっていうことを改めて考えたし。実際に死が近くなった時、どうやって死をリスペクトして迎えるんだろう?って。

著名人でもコロナを患い、亡くなった方たちがいる。それもあって、死が迫る主人公をジョニー・デップが演じている様が妙にリアルに感じたわけです。あのジャック・スパロウでさえも、病気になって死が間近に迫ることもあり得るわけですからね。

僕はなるべく健康診断に行くようにしてるんですけど、今年はサボっていて。鑑賞後、すぐに予約を取りました。

ジョニー・デップだからこそ、余計まっすぐなセリフが響いた

あ、あと、リチャードのセリフがいちいちよかったですね。生徒たちに向けて言った、「君たちの才能を無駄にしないで、全力で生きろ」みたいなセリフがストレートすぎて痺れた。セリフ回しというよりも声のトーンがよかったんですよね。やっぱりそういう意識を持って生きているかどうかはそこに宿ると思います。

コロナ禍において、特段なにもしなくてもいい職業の人も多かったと思います。ミュージシャンもそうでした。ライブも出来ないわけですし。でもそこでなんとか工夫して、自分の表現と向き合い、新しいアクションを起こそうとした人たちもいました。コロナ禍での流れとこのセリフが自分の中でリンクしましたね。

これがもしジョニー・デップじゃなくて、ロビン・ウィリアムズが主演だったら、もっと感動的な映画になっていたかもしれない。『いまを生きる』じゃないですが、教室で生徒に熱く説いて、みんな机の上に立って、みたいな。あれはあれでもちろん素敵なんですが。でもそれが『グッバイ、リチャード!』だと、マリファナ吸って、生徒の前でナンパしてっていう、逆ロビン・ウィリアムズみたいな行動を取るんですが。でもだから余計、まっすぐなセリフが響いた。

アメリカ特有の抑圧された生活に嫌気が差して、感情が笑えるほど爆発しちゃう映画でいうと『アメリカン・ビューティー』とかも好きでしたね。ケビン・スペイシーが演じる善良な主人公がとあることがきっかけで吹っ切れて、妻が不倫しているのをいいことに、自分も娘の同級生と不倫しちゃったり。渋滞に巻き込まれたサラリーマンがキレてしまって大暴走が始まるマイケル・ダグラス主演の『フォーリング・ダウン』もタッチは全然違うけどスカッとした。勝手な偏見ですが、〝FREEDOM!〟なアメリカもやっぱり抑圧があって、でも「ストレスなんて感じてませんよ」ってアメリカ人を演じることを強いられているのかもしれないと思いました。

『アメリカン・ビューティー』も『フォーリング・ダウン』も『グッバイ、リチャード!』も、主人公に共通しているのは結婚がうまくいってないってことなんですよね。アメリカの家族は毎朝シリアルを一緒に食べているようなイメージですが、本当はちゃぶ台ひっくり返したいと思っているメンバーが常に潜んでいるのかもしれません。そりゃどの国でもそうですよね。

やっぱり映画は観るタイミングも公開するタイミングも大事

やっぱり映画って、観るタイミングとか、公開するタイミングもすごく大事ですよね。僕の場合、[Alexandros]の2日間のライブが終わって、自宅で一人、猫に囲まれながら『グッバイ、リチャード!』を観たんですけど、ストーリー的にもシチュエーション的にも、人前で演奏してるライブとの急な落差が激しくて、でもだからこそやたら響くものがありました。ぴったりのタイミングでこの映画が観れたんじゃないかと思っています。

今の世界の状況を鑑みると、これから観る人にとっても、この映画は沁《し》みるんじゃないかなと思いますね。

TENET テネット 2020

日本でも9月18日に公開された全世界待望のクリストファー・ノーランの新作『TENET テネット』を鑑賞直後に語ります。

いやー、ちょっと放心状態ですね。ノーラン監督の作品はIMAXで観ないとっていうのがあって。IMAXの完成披露試写会もあったんですけど、残念ながら仕事の都合で行けなくて。でも通常の試写会だとIMAXじゃないし……。ということで公開まで我慢していましたが。……いやー、IMAXで観てよかったです！ いろんな意味で世界を救ってくれる映画だなと思いました。ただ理解したとは言っていません。ぶっちゃけちょっと難しすぎた。でも面白かった。「難しかった」「でもなんだかとてもおもしろかった」という理由で10回は観たいレベルです。

前提として、このコロナ禍で世界中の映画館がクローズしてしまって、でも徐々に再開しているっていう状況がありますよね。そこであの名匠ノーラン監督の最新作『TENET』がいつ公開されるのか、そもそも映画館で公開されるのか？というのが今後の映画ビジネスを左右するっていうところもあったわけです。で、結局『TENET』がコロナ禍において初めて公開される大作になったわけですけど、結果的に〝映画館での鑑賞〟というエンターテインメントはやっぱり素晴らしい！と思わせてくれる作品になったと思います。

入口で熱を測るし、隣の席は空いてるんだけど、「またいつもの世界を取り戻そうぜ」って言ってくれている気がしましたね。何度も公開延期になったり、さまざまな批判もあった中で、映画館で公開すると決断してくれた。まずはその勇気に拍手を送りたいです。

映画って「生なんだな」って思った

でも結局、映画館での公開を断念した映画もあります。『ムーラン』とかは結局「Disney＋」配信されたり。もちろん配信でも楽しめる映画はありますが、「映画館ファン」としては複雑な気持ちにもなりますよね。映画は舞台と違ってその場ではやっていない。でも『TENET』を観たら「あ、でも生なんだな」って思いました。というのも映画館という空間には自分以外の人もいるし、これはまさしく舞台や音楽のライブに近いなと。でもいざ場内が暗くなって映画が始まると、1対1の〝映画と自分だけの世界〟になる。そのスイッチの切り替えを楽しむ没入感は二

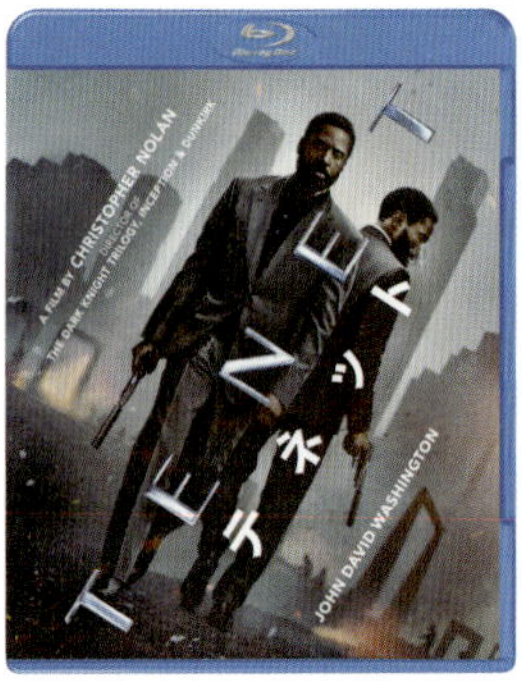

あらすじ：ミッション：〈時間〉から脱出して、世界を救え――。名もなき男（ジョン・デイビッド・ワシントン）は、突然あるミッションを命じられた。それは、時間のルールから脱出し、第三次世界大戦から人類を救えというもの。キーワードは〈TENET テネット〉。名もなき男は、相棒（ロバート・パティンソン）と共に任務を遂行し、大いなる謎を解き明かすことができるのか!?

監督・脚本・製作：クリストファー・ノーラン／出演：ジョン・デイビッド・ワシントン、ロバート・パティンソン、エリザベス・デビッキ、ディンプル・カパディア、アーロン・テイラー＝ジョンソン、クレマンス・ポエジー、マイケル・ケイン、ケネス・ブラナー

Blu-ray 2,619円 発売元：ワーナー・ブラザース ホームエンターテイメント 販売元：NBC ユニバーサル・エンターテイメント

刀流だなと思った。映画館が再開してから足繁く通っていますが、大画面でこのスケールの大作を観るのは、やっぱり何にも代えがたい〝生〟の体験でした。

アフターコロナとかニューノーマルって言葉が使われ始めて、「ミュージシャンもそういう風潮についていかなあかんのかな」と思ったりもするんですけど、コロナ禍にリリースした[Alexandros]の「rooftop」っていう新曲には、〈新しい世界とか　いまいちピンとこないけど〉とか〈古ぼけたスタイルで　僕は君を愛していたい〉っていう歌詞があって。僕としては、やっぱりできる限り昔からのスタイルで人前でライブをやっていきたいし、音楽をやっていきたいんです。おこがましいんですけど、今回の『TENET』を映画館で公開した事件には近い気持ちを感じました。すごく心を揺さぶられた。鑑賞し終わってみてさらに強く感じました。とまず、公開そのものについて熱い想いをぶちまけさせてください。

これまでの集大成でありながら、すごく深くなってるし、圧倒的に新しい

さぁ、難しいこの映画の感想ですが(笑)まず時間の逆行がテーマになっています。順行と逆行が入り混じっていて、逆行してる時はマスクを装着するとか……。説明はできるんですが、観てる最中はもう速すぎて。説明の密度とかスピード感が異常。「今回ちょっと説明少なすぎません?」「難しさを極めてません?」って何度も心の中のノーラン師匠を呼びました。「タスケテ……」と。もう一回観て、この話の続きをやりたいくらいです。

個人的に『TENET』の楽しみ方としては2つあるんじゃないかと。まずはセリフでもあったように、感じてただ圧倒されるっていう楽しみ方。次はわからなかったところを確認するためにもう一度観る。いや、だって出演者も「よくわかんない」って言ってますやん!

ノーランの作品は全部観てますけど、時間の逆行というテーマは『メメント』と近くて。『インターステラー』は時間が逆行してるわけじゃないけど地球と5次元の時間軸が鍵になっている。そういう意味では『インセプション』も時間の〝経過〟が重要になっています。『ダンケルク』は歴史物なイメージだけど、3つの時間軸が存在していますね。わかりきったことですが、ノーラン作品において〝時間〟は大事な小道具。が、今回は久々に時間そのものをテーマに、かなり遊んでいます。難しいけど、楽しい。そう、楽しいんですよね。ノーランの遊び方が。

冒頭のテロのシーンにいろんなことが凝縮されている

僕は、冒頭の劇場でのテロのシーンにまず心を持っていかれました。観客がドミノ倒しみたいに倒れていくシーンが圧巻だった。『ダークナイト ライジング』でも、スタジアムでアメフトの試合中、ボールを持って走っている選手の真後ろでグラウンドの地面がどわーって崩れて沈んでいき、大量の観客が逃げ惑う。『ダンケルク』の橋の上にたくさんの兵士がいて空から銃撃されるシーンもそうですし。実際にあれだけの人が一気に動く不気味さ。まずその冒頭のシーンで震えました。そこからはずっと震えてましたね。時間の順行と逆行が入り混じりながらの激しいカーチェイスや銃撃戦も勿論すごかったけどね。観終わると冒頭のシーンにいろいろなものが凝縮されているとも思うし。

『TENET』を観ると、ノーランは別にアカデミー賞とかあんまり気にしていないんじゃないかと思う。とにかく映画体験の究極を目指しているのだろうと思う。時間がいったりきたりしている中、アツい人間ドラマが繰り広げられます。恋愛や友情物語。でも、なんとなく主人公が透明に感じるのです。まず主人公には名前がついてないんです。でもそれによって〝視点〟に移入しやすくなって、さらに没入でました。いかにして新しい映画体験を創出するかを大事にしているんだなと。そういう意味でも〝生〟だなーと思わされました。

何かを作ってる最中に『TENET』を観たら、生半可な熱量で作ってはダメだって思う

トム・クルーズがロンドンの劇場で『TENET』を観たよ!みたいな動画があったんですが。「どうでした?」って訊かれて、"I loved it!"って答えていました。丁度『ミッション:インポッシブル』の撮影がコロナの影響で中止になり、ようやく再開したタイミングだったので『TENET』の熱量を自分のクルーに伝えたんだろうなと勝手に思いました。撮影現場で「おい、TENETすごかったぞ。気合い入れ直さないとヤバいぞ」とかね。

僕でいうと今日3人で『TENET』を観に行ったんですけど、全員まず感想が出てこなかった。圧倒されすぎてね。「どうだった?」って訊かれてもどこから何にコメントをすればいいのか。難しいっていうのもあるんだけど、こんな映画観たことないですからね。だからトム・クルーズ様がこの映画を観て「I loved it!」って言っていたけど、「本当っすか……?」って疑っちゃいました(笑)。

クリエイターが観たら間違いなく刺激される作品

「生半可な熱量で作っていてはダメだな」って誰しも思うはず。僕もそうでした。やっぱりね、ノーランはすごい。映画もすごいんですが、ノーラン自身がすごい。早くまた観なきゃいけません。

ストレイ・ドッグ 2020

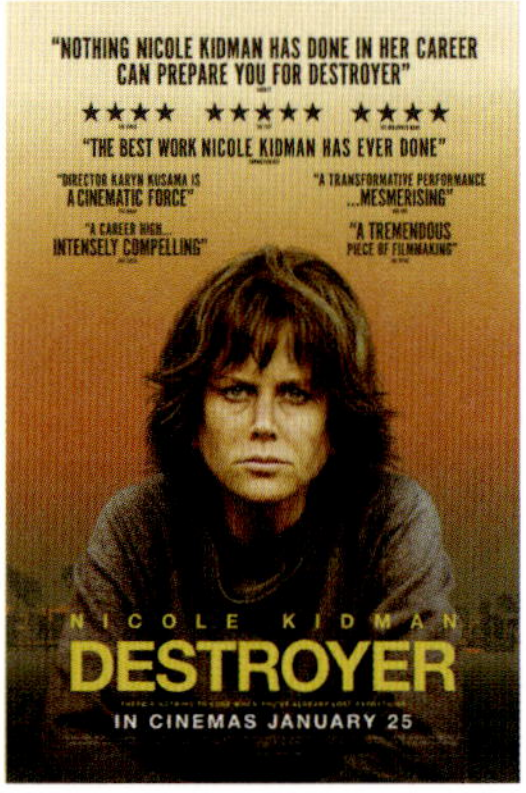

あらすじ：ロサンゼルス市警に勤める女性刑事エリン・ベル。若き日の美しさはすでに遠い過去のものとなり、今は酒に溺れ、署の同僚や別れた夫、16歳の一人娘からも疎まれる孤独な人生を歩んでいる。ある日、エリンの元に差出人不明の封筒が届く。17年前、FBI捜査官クリスと共に砂漠地帯に巣食う犯罪組織への潜入捜査を命じられたエリンは、そこで取り返しのつかない過ちを犯し、捜査は失敗。以来、彼女に取りついた罪悪感は今なおその心身をむしばみ続けていた。封筒の中身は紫色に染まった1枚のドル紙幣――それはかつて逃がした組織のボスから届いた挑戦のメッセージだった。その目的は復讐か、贖罪か。忘れることのできない過去の出来事に決着をつけるため、犯人を追う一匹の野良犬（ストレイ・ドッグ）と化したエリンは、再び灼熱の荒野へと車を走らせるが…。

監督：カリン・クサマ／出演：ニコール・キッドマン、トビー・ケベル、タチアナ・マズラニー、セバスチャン・スタン／脚本：フィル・ヘイ&マット・マンフレディ

写真：Everett Collection/アフロ

ニコール・キッドマンがやさぐれた刑事役で新境地を見せた『ストレイ・ドッグ』について語ります。

ニコール・キッドマンが刑事役。レザージャケットを着て、銃を構えたビジュアルだけ見ると、「お、アクション映画なのかな」って思うんですが、かなりドラマ要素が強い映画でした。新境地には踏み入れているんだけど、やっぱりニコール・キッドマンはドラマ性が強い俳優だなと。この作品で、ニコール・キッドマンはゴールデングローブ賞の主演女優賞にノミネートされました。他にもいくつも賞を受賞していますね。監督のカリン・クサマはシャーリーズ・セロンの『イーオン・フラックス』も撮っていますけど、今回はアクション寄りのドラマという印象。そして女性がヒーローの作品を描くのが巧いです。でもこの映画はとにかくニコール・キッドマンがすごかった。

ニコール・キッドマンの演技に圧倒された

ニコール・キッドマンが演じるエリン・ベルは17年前にかかわった潜入捜査で過ちを犯してしまう。それによって愛する人を失ってしまい、それ以来ずーっとやさぐれているわけです。小汚い格好で、アル中。前半、エリンが男性のオナニーを手伝うシーンがあったりするんだけど。とにかくニコール・キッドマンのすごみのある演技に圧倒されましたね。まずこんな彼女は見たことない。ちょっとアクション映画もやってみようかな、というレベルでやっているわけではないのでまずそこに偏見がある方は騙されたと思って観てほしいです。

鑑賞後、頭の中で振り返ってみると、内容もかなり面白かったなと。『ユージュアル・サスペクツ』的な終盤のどんでん返しの展開もあって、「あそこはそういうことだったんだ」って気づく。結構難しい箇所はあるので、もう一度観ても楽しめる、そんな映画にもなっています。

最後までスカッとする感じにはならないけど、渋いままで終わるのもいいなって思いましたね。監督はマイケル・マンの作品も参考にしたそうです。なのでハードボイルドな雰囲気が充満していますね。ハードボイルド映画はクールに客観的な視点の中で、主人公は感情を表に出すべから

ず。『ストレイ・ドッグ』の描き方もまさにそうでした。痺れます。

母と娘ならではの関係性も伝わってきた

エリンの目的は、復讐だったりいろいろと想像できるんですけど、結局は自分の娘に幸せになってほしいってことなんだろうなって思いました。娘に対し17年前の罪滅ぼしをしたいっていう気持ちもあって、まずはそれを果たさなきゃいけない。その目的を達成するためだけに生きてるっていうか。「私はこの戦いで死ぬかもしれない。何なら死んでもいい。でも、目的は達成するために生きよう」という執念を感じました。

褒められた過去を持っているわけじゃないけれど、娘への愛情が感じられるシーンもいくつもあり「いいお母さんだなって」と随所で感じられました。母と娘ならではの関係性が伝わってきたのもよかったですね。

最近観た映画で近いなと思ったのは『ガルヴェストン』。僕が大好きなメラニー・ロランの監督作品なんですけど、末期がんと告げられたヒットマンがある少女と出会って。今まで人を殺してきたっていう負い目からか、最後に何かできることはないかという思いからその少女を救おうとするんですね。『ストレイ・ドッグ』とはまた構成は違うんですけど、過ちを犯してしまった人間の最後の罪滅ぼし、というところは重なっているなと思いました。『ストレイ・ドッグ』と同じで、やさぐれた状況の中で見つけた目的に向かって邁進《まいしん》するっていうね。好きなタイプです。

やさぐれた状態になると自分を見つめ直せる

僕の話でいうと、目的を失ってやる気が途切れることはあんまりないんですが、疲れちゃう時はやっぱりあります。そこでいじけが生まれて、それが続くとやさぐれになる。で、毒を吐く。でもだからこそ〝怒り〟みたいなネガティブな要素が自分から抜けていく。そしてその毒を見つめると同時に己を見つめ直せたりするんです。「あー自分ってこうなのか」ってね。諦めにも近い感情になったりもしますが、そこで初めて等身大の曲が生まれたりするんです。ほんとに吐き出してるって感じなんですよね。誰に共感してもらいたいってわけでもないし、応援ソングでもラブソングでもない、「俺ってこうだよな」という類の。けっこうそういう曲が多い気もします。ハードボイルドではないですね（笑）。

エリンは「過去からは逃げられないし、私はこういう生き方しかできない。こうやって生きていくしかないんだ」って受け止めている。僕の場合は、そういう時間はやっぱりひとりになろうとするし、レザージャケットを着てドライブをして、初心を思い出せる場所に向かったりする。自分に酔っちゃってるのかもしれないですけど（笑）。でもそんな気分もうまく活用することはあります。

どんな仕事をしていても見つめ直す瞬間って必要だと思うんです。それこそ営業マン時代はすごくやさぐれてたし（笑）。でもやっぱりその度に毒を吐くようにそのままの感情を書き出して、1stアルバムの『Where's My Potato?』に入っている曲たちが生まれた。やっぱり気持ちの持ちようで、やさぐれたとしても決してネガティブなことだけじゃないなって思いますね。

ニコール・キッドマンはアクション映画に移行しなさそうでいい

『ストレイ・ドッグ』でちょっと面白かったプロットがありまして。エリンが愛する人を失った後に結婚した元旦那の役名がイーサンなんです。となるとやっぱり思い出してしまうのがご存知ニコール・キッドマンの元旦那、トム・クルーズの『ミッション：インポッシブル』。そう、トムの役名は〝イーサン・ハント〟です。単なる偶然だと思うんですが、下世話な話、ちょっと意識しちゃったのはここだけの話です。

ただ、僕はトム・クルーズと結婚していた時代のニコール・キッドマンが特に好きなんです。トム・クルーズと共演した『遥かなる大地へ』は映画自体も好きですが、とにかくニコール・キッドマンがかわいくてね。それで知ったという思い入れもあるのですがやっぱり意識しないわけにはいきませんでした。

『ピースメーカー』があったとは言え、やっぱりニコール・キッドマンはこれまでアクションのイメージがほぼないと思います。これだけキャリアを重ねて、このタイミングでアクションをやるっていうの……僕が今ぱっと思いついたのはリーアム・ニーソンですね。『シンドラーのリスト』など、作家性の強いドラマ作品に出演する俳優ってイメージでしたが、『スター・ウォーズ』の頃からそのアクションスターっぷりは発揮され始めました。

その後、『96時間』に出演し、一気にアクション俳優のイメージがついた印象があります。何を隠そうトム・クルーズだってそう。初期の頃はアクション映画のイメージはなかったけれど、『ミッション：インポッシブル』からどっぷりアクションにハマって、今では誰もが認めるアクション俳優です。

でも、『ストレイ・ドッグ』を観て思ったのはニコール・キッドマンはアクション俳優にはならなそうだなと思いました。似合わないとかそういうことではなくね。その必要がないというか。勝手にそう感じました。なんか偉そうなこと言ってますが。

シカゴ7裁判

2020

名優たちの演技のぶつかり合いが見どころの法廷劇『シカゴ7裁判』について語ります。

すごくおもしろかったですね！　久々に実の詰まった、脂の乗った映画を観ました。オリバー・ストーン監督の『ＪＦＫ』とかを思い浮かべるような重厚感プラス、『マネー・ショート 華麗なる大逆転』とかのブラック・コメディ・タッチがあいまった、見応えのある法廷映画です。同じくアーロン・ソーキンが脚色を手がけた『ア・フュー・グッドメン』も思い出しましたね。Netflixで独占配信されていたので、深夜1時くらいに観たんですが、最後まで止められなかったです。死ぬほど眠かったんですが。展開のスピード感が気持ちよかった。そして何より俳優陣のセリフの応酬がかっこよかった。

テーマはシリアスだけど、深刻にならずに楽しめるエンターテインメント

ここの映画の舞台は、ベトナム戦争に反対する抗議デモが行われている１９６８年。まず冒頭で、当時のニュース映像とかが、ザッピングみたいに、どんどん画面が切り替わるようにしてたくさん流れてくるんですね。最近だと『ワンス・アポン・ア・タイム・イン・ハリウッド』の舞台が１９６９年のハリウッドで近い時代設定でしたが、ウッドストックが開催されたり、ベトナム戦争に反対する動きの中でヒッピー文化が生まれたりして。なんとなく時代の空気感は知っていても、実際の戦争反対デモや人種差別がどれだけシリアスだったかとか、導入としては情報量が多くて、難しく感じるかもしれません。だから、さすがに基本的な知識を得てから観たほうが入りやすいとは思います。でも途中から、そういった知識を抜きにしても飽きさせない展開が見事だと思いました。

とにかくテンポがすごく心地よい。セリフが数珠《じゅず》つなぎにどんどん繋がっていく演出もウィットに富んでいて面白かったし、皮肉を交えた笑いもあるので、テーマはシリアスだけど、そこまで深刻にならずに楽しめるエンターテインメントになっていますよね。僕はどちらかというとブラック・ジョークが楽しめる映画が好きなんですけど、そういう意味でもバランスがちょうどよくて、ハマりました。

今にも通じるところがたくさんある

そもそもは、今回のアーロン・ソーキンが１９６８年に実際に起きた〝シカゴ・セブン裁判〟を題材に脚本を書き始め、スピルバーグが監督をやる予定だったんですよね。でも、ストライキの影響で制作が中断されたりして、結局アーロン・ソーキンが監督もやることになったんです。いきなり脚本と監督兼任。公開に関してもすったもんだありました。最初アメリカで今年の9月に劇場公開される予定だったのが、コロナの影響で断念。しかし、公開を延期するのではなくて、Netflixが一部の劇場で公開することを約束した上で、権利を獲得して、配信に至ったという。

そうやって今公開された背景には、１９６８年という僕が生まれるずっと前の話だけど、今にも通じるところが

あらすじ：1968年、シカゴで開かれた民主党全国大会。会場近くでは、ベトナム戦争に反対する市民や活動家たちが抗議デモのために集結。当初は平和的に実施されるはずだったデモは徐々に激化していき、警察との間で激しい衝突へと発展。デモの首謀者とされたアビー・ホフマン（サシャ・バロン・コーエン）、トム・ヘイデン（エディ・レッドメイン）ら7人の男〈シカゴ・セブン〉は、“暴動を煽った”罪で起訴されてしまい、歴史に悪名をとどろかせた。“類を見ないほどの衝撃的な裁判”が幕を開けることに。

監督・脚本：アーロン・ソーキン／出演：サシャ・バロン・コーエン、エディ・レッドメイン、ジョセフ・ゴードン=レヴィット、マイケル・キートン、マーク・ライランス、アレックス・シャープ、ジェレミー・ストロング、ヤーヤ・アブドゥル=マティーン2世、ジョン・キャロル・リンチ、フランク・ランジェラ、ノア・ロビンズ、ジョン・ドーマン、ベン・シェンクマン

写真：Everett Collection/アフロ

たくさんあるからっていうのがありますよね。人種差別がずっと昔からの根深い問題なんだということが改めてわかる。戦争反対デモの首謀者として、7人の男性が暴動を煽ったっていう罪で起訴されるわけなんですが、その〝シカゴ・セブン〟のうちのひとり、黒人でブラックパンサー党のボビー・シールには弁護士をつけてもらえなかったり、法廷内で猿ぐつわをつけられたりする。それにはさすがの検察官（ジョセフ・ゴードン＝レヴィット）も「いやそれはないんじゃない？」っていう行動を取るわけですけど。現在も根深く存在するアメリカの闇がうすーく生活レベルで根付いているのはこういう歴史があったから、というのもわかるので、結構世界史の勉強にもなります。高校生の頃にこういう映画があればよかったのに……。

史実をベースに必要最低限のことを描いていて潔い

ところでベトナム戦争を汚点だと思っているアメリカ人は多くて。だからその辺の史実をほじくり返されると嫌がるんだろうなと思う反面、しっかり向き合って描く姿勢はすごく潔いと思う。こういう作品を作ることで、「二度とこういうことが起きないように」っていう教訓にしようという意志を感じました。

ただ、僕が個人的にこういう映画に不安を感じるのは、「共和党はこう」「民主党はこうだよね」って、何かしらの特定の見方が生まれることで。どっちが正しくてどっちが間違っているかっていうのは一概には言えないことだと思うんです。僕としては、〝共存しよう〟っていう気持ちが強いので。だから、政治的な特定の思想については僕としてはなかなか難しいところはある。[Alexandros]の「Beast」という曲にも、何が正しくて何が間違ってるかとか、何が正義で何が悪かっていうテーマを歌っているんですけど、なんか重ねてしまいました。でも、論争は大事だし、映画としては本当に素晴らしいと思っています。

ソーキンが監督した『モリーズ・ゲーム』と比べても、スピード感があるし、わかりやすい。ドラマチックなことがあるわけじゃないから派手ではないんだけど、史実をベース、余計なものは削ぎ落としました！という姿勢。必要最低限のことを濃く描く！という意思がとても現れていて。いやぁ潔いなって。脚本と監督兼任しただけあって、軸がブレなかったんでしょうね。なんだかずっとズレてないんですよ。まぁでも演出のアプローチがちょっとドラマっぽい感じはあったので、そういう意味では、劇場でも公開されつつ、Netflixで配信されたのはよかったんじゃないかなとも思いましたね。

出てくる俳優陣の演技が本当に見どころ

そして何より登場する俳優陣全員の演技のぶつけ合いがとにかく見ものです。中でも、マイケル・キートンの出方はおいしかったですね。『シカゴ7裁判』にはエディ・レッドメインも出てますけど、マイケル・キートンが『バードマン あるいは（無知がもたらす予期せぬ奇跡）』で初めてアカデミーの主演男優賞にノミネートされた時、エディ・レッドメインも『博士と彼女のセオリー』でノミネートされていて。結局、エディ・レッドメインが主演男優賞に選ばれたっていう因縁の相手なんですよね。「バットマン」時代からのファンとしてはマイケル推しではありましたが。でもその2人がこういう形で共演するのもなんかよかったです。

マイケル・キートンってすごく雰囲気のある人で、コメディ作品に多く出ていて、コミカルな動きや表情をする。偏見覚悟ですが、僕の中ではこれぞ〝アメリカ人〟という感じで大好きなんです。今回はドスの利いた声の演技がよかったですね。ブルース・ウェイン到来ですね。主役のアビー・ホフマンっていうヒッピーの社会活動家を演じたサシャ・バロン・コーエンも素晴らしかった。昔、マドンナの「MUSIC」のMVに出ていましたね。そこからアリ・Gとボラットとして人気でした。なので俳優っていうよりはキャラクターのイメージが強かったんだけど、今回はそれとは全然違うアプローチで、すごくよかった。アカデミー賞取ってほしいですね。

あと、検察官役のジョセフ・ゴードン＝レヴィットもおさえた演技がよかったですね。ほんとはいい奴なんだろうな感も出てて、おいしいなって思いました。横暴な裁判長にドン引きしてる感じもよかったですよね。好き。その裁判長を演じたフランク・ランジェラも素晴らしい俳優。ジョージ・クルーニーが監督した『グッドナイト&グッドラック』とか印象的でした。悪役が多いイメージですけど、この人もすごく好きです。

でも、僕の中での今回の一番の役者は、弁護士役を演じたマーク・ライランスでした。トム・ハンクス主演『ブリッジ・オブ・スパイ』でアカデミー助演男優賞を受賞した彼ですが、その作品でもすごく慎ましく丁寧に役を演じていました。僕の中では〝元祖抑えめ俳優〟。そんな抑えめの演技で魅了する俳優さんですね。

『シカゴ7裁判』だと、アビーに向かって「俺は命を懸けてでもこの裁判をやりきる」と、決意を表明するシーンも、裁判長の横暴さに対して判例集か何かの分厚い本をバンって机に投げつけるシーンもすごくよかった。それまでは冷静におさえ気味に振る舞ってたのに、だんだん熱がこもってきて、感情を爆発させていく。この人は自分の熱意に突き動かされてシカゴ・セブンの弁護をしてるんだっていうことが伝わってきて、とてもぐっときました。今作のカワカミー賞はこの人でしたね。

聖なる犯罪者 2021

第92回アカデミー賞国際長編映画賞にノミネートされたポーランド映画『聖なる犯罪者』について語ります。

殺人罪で少年院に入っていた二十歳のダニエルっていう青年が仮釈放されて、身分を隠して聖職者になって、人の心を動かしていくっていう話で。「誰が悪いのか」とか「差別とは何なのか」とかいろんな問題提起がされているメッセージ性の強い映画でもあるんですが。小難しいことは置いておいて、個人的には表面的なストーリーの流れのまま単純に楽しめた映画でした。はい。

〝犯罪者が神父さんとして偽る〞という設定だけ聞くとドタバタコメディかなと思ってしまった私です。正体を偽って周りを騙す、ということでロビン・ウィリアムズ主演の『ミセス・ダウト』とかやっぱり思い出しますね。ちょっと違いますが、エディ・マーフィー主演の『大逆転』とかも好きでした。ま、そういうのとは全然違いましたね。完全にシリアスな映画です。

主人公の言葉には余計なことがない分、はっとさせられた

ダニエルは熱心なカトリック教徒で、少年院で定期的に行われているミサに参加する中で、「神父になりたい」って気持ちを抱き始める。でも前科者は神父になれないっていう決まりがあるそうなんですよね。それでも仮釈放後、どこからか司祭服を手に入れたことがきっかけで「自分は司祭だ」って嘘をつき、小さな村の教会で司祭として生活し始めるわけです。面白くなってきた。

ダニエルは聖職者になる資格すらなくて、司祭の知識もない。スマホで調べて見よう見真似で村人に対して告解をやったり、しきたりも無視して行動する（やっぱここまで読むとちょっとコメディ要素ありません？）でも、神様のことを本当に信じているし、ミサがどういうことなのかも

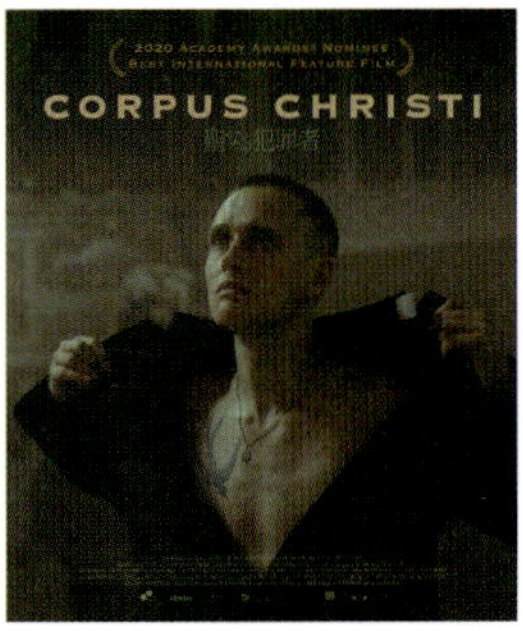

あらすじ：少年院で出会った神父の影響で熱心なキリスト教徒となった20歳の青年ダニエルは、前科者は聖職者になれないと知りながらも、神父になることを夢見ている。仮釈放が決まり、ダニエルは少年院から遠く離れた田舎の製材所に就職することになった。製材所への道中、偶然立ち寄った教会で出会った少女マルタに「司祭だ」と冗談を言うが、新任の司祭と勘違いされそのまま司祭の代わりを任された。司祭らしからぬ言動や行動をするダニエルに村人たちは戸惑うが、若者たちとも交流し親しみやすい司祭として人々の信頼を得ていく。一年前、この村で7人もの命を奪った凄惨な事故があったことを知ったダニエルは、この事故が村人たちに与えた深い傷を知る。残された家族を癒やしてあげたいと模索するダニエルの元に、同じ少年院にいた男が現れ事態は思わぬ方向へと転がりだす……。

監督：ヤン・コマサ／出演：バルトシュ・ビィエレニア、エリーザ・リチェムブル、アレクサンドラ・コニェチュナ、トマシュ・ジィェンテク、レシェク・リトホタ、ルカース・シムラット／脚本：マテウシュ・パツェヴィチ

デジタル配信中 Blu-ray 5,280円 発売元：ハーク 販売元：ポニーキャニオン ©2019 Aurum Film Bodzak Hickinbotham SPJ. - WFSWalter Film Studio Sp. z o.o. - Wojewódzki Dom Kultury W Rzeszowie - ITI Neovision S.A. - Les Contes Modernes

本質的には理解しているからこそ発する言葉には説得力があるんですね。で、なんと村人たちは心を動かされていくわけですよね。

ダニエルの言葉には余計なことがない分、はっとさせされるところがすごくあるわけなんです。余計なことに捉われていた登場人物が感銘を受けていく。で、どんどん周りが動かされていく様は爽快だったし、僕自身「なるほど！」と思うところも多かったです。ダニエルのピュアなところはすごく素敵だなと思いましたね。

エンディングで目くらましをする感じもおもしろかった

そもそもダニエルが少年院で尊敬していた神父さんが、ダニエルにミサのまとめ役を任せたりしてかわいがってる感じがあったのも、「この子は人を殺したけど、信仰ってものをちゃんとわかってる」と思っていたからだと思いますし。それもあって、のちのちダニエルが司祭だって偽っていることを知っても、周りには知られないように配慮してくれたんでしょうね。「素性を周囲にばらすぞ」とダニエルを脅した少年院で一緒だった青年も、ダニエルの言葉の力は認めていたわけですしね。

だからこそ、彼が人を殺して少年院に入った背景についても、もしかしたら何かしらやむにやまれぬ事情があったのかなとか思ったり。そこは実は映画で具体的には描かれてなかったので、気になるところではありました。でもそこまで説明的な映画ではないんですよね。ダニエルが最期どうなったかも結局わからない。エンディングでいきなり目くらましをする感じ。嫌いじゃなかったです。結構いろんな解釈があると思うので、観た人同士で話し合うのも楽しいんじゃないかなと思います。バッドエンドにもハッピーエンドにも取れる。

境遇は戻ってしまうんだけど、ダニエルの中では「自分は間違ってなかったんだ」っていうやり切れた感じがあったんじゃないかなと思いましたね。素性がばれてしまうことを恐れて、なんならどこかに逃げれたのに逃げなかったわけですし。やり遂げたことがちゃんとあって、それによって成長できたのかなって思いました。

ポーランドの実情を知らないと、ちゃんと理解したとは言えないかもしれない

脚本は、実際にポーランドで神父の振りをして生活していた少年の事件（まさかの実話ベース）から着想を得たらしいんですけど。身分を偽って司祭になるっていう出来事はポーランドでは珍しくないみたいですね。信仰が強いと逆に騙されちゃうんだっていう。あともうひとつ物語の鍵となっているのが、村で起きた7人が亡くなった自動車事故。十分な証拠がないにもかかわらず、加害者とされている運転手の飲酒運転が事故の原因だと被害者の遺族は思い込んでいる。それによって、加害者の遺灰を墓地に埋葬することが拒否されていたり、その未亡人が嫌がらせをされてたりして。事情を知ったダニエルがいろいろと奔走したことによって、その同調圧力から抜け出す人もいて。そういう救いが描かれているところもまさに救われました。

この自動車事故のエピソードは、10年くらい前にポーランドの大統領が亡くなった飛行機の墜落事故に関連づけられてるんですよね。誰に責任があるのかとか、誰が加害者で被害者なのかとか、その根拠は何だとか、いろんな議論が起こった事故で。だから、そういうポーランドの最近の実情も知らないと、この映画をちゃんと理解したとは言えないかもしれないなと。あとからいろいろ調べると思いますね。

大筋としてはすごく普遍的でシンプル

僕は、中東から日本に帰国する直前の中2の頃にポーランドに行ったことがありますが、第二次世界大戦の傷跡が深く残ってる印象がありましたね。第二次世界大戦はドイツ軍がポーランドに侵攻したところから始まっているわけで、そういうところから来る陰も正直感じました。素敵な国ではあるんですが。今は、保守的な意見が強い中で、若者の不満が高まっているそうです。ヨーロッパの中でもそんなに洗練されていなかったり、新しい文化が入って来づらい国なのかなと。そういう内情を知らない日本人の僕とポーランド人がこの『聖なる犯罪者』を観るのとでは、大きく印象が違ったりするでしょう。

この映画は、ポーランドのアカデミー賞とされているORL Eagle Awardsで11部門もの賞を受賞しているそうなんですが、ポーランド人にとってはもっと響く説得力があって、問いかけを詰め込んだ映画なんだろうなと思います。それに加えて、アカデミー賞国際長編映画賞にノミネートされてるということは、母国がこの作品をプッシュしたってこと。だから、これによってポーランドの内情を知ってほしいっていう思いもあるとは思うんですよね。でも、大筋としてはすごく普遍的で洗練された作品だと思いました。だからポーランドの知識がなくても、軽い気持ちで観ても楽しめるエンタメになってると思います。

監督のヤン・コマサにとってこれが3作目なんですが、2作目の『リベリオン ワルシャワ大攻防戦』がポーランドで１８０万人を動員するヒット作ですね。それもおもしろそうだし、最新作の『ヘイター』もNetflixで配信されて話題になってるので、これからいろいろ掘り下げてみるので報告を待たれい。

ズーム／見えない参加者
2021

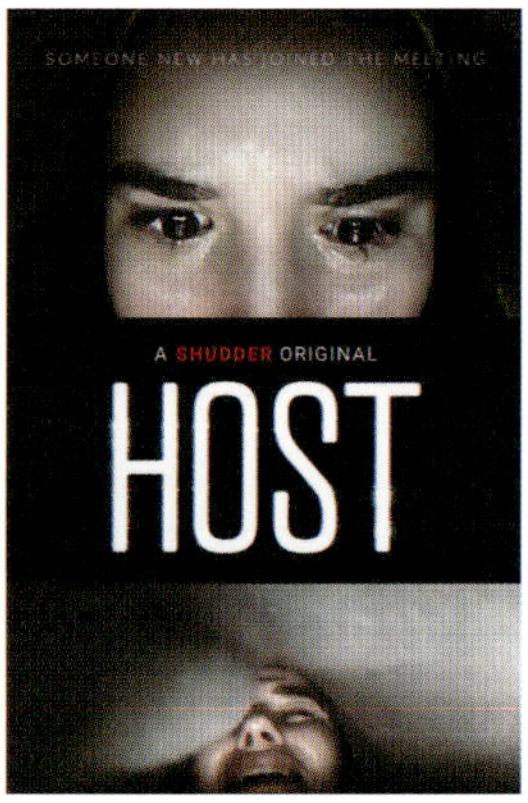

あらすじ：新型コロナウイルスでロックダウン中のイギリス。6人の友人グループはロックダウン中も週に1度はZoomを介して定期的に集まろうと約束を交わす。ある時、グループのひとり、ヘイリーが霊媒師をゲストに招き、みんなで「Zoom交霊会」をしようと提案する。メンバーはヘイリーの新しい提案にのり、いつもの飲み会のノリで和気あいあいと交霊の儀式を始める。部屋の照明を落とし、ろうそくを用意して、霊媒師の先導で進行していたが、そのうちそれぞれの部屋で異変が起こり出す。霊媒師は除霊を試みたが効果はなく、不気味な現象は次第にエスカレートしていく。彼らは暗闇に潜む何かから逃れることができるのか――?!

監督：ロブ・サヴェッジ／出演：ヘイリー・ビショップ、ジェマ・ムーア、エマ・ルイーズ・ウェッブ、ラディーナ・ドランドヴァ、キャロライン・ウォード、エドワード・リナード

写真：Everett Collection／アフロ

イギリスで全編Zoomで制作された史上初のZoomホラー『ズーム／見えない参加者』について語ります。

結構怖かったですね！　簡単なあらすじを話しますね。コロナ禍でロックダウン中のイギリスが舞台。で男女6人のグループが実際にみんなで集まれないから、ちょっとしたお遊びのノリでZoomで交霊会をやろうよっていうところから始まります。そのうちそれぞれの部屋でいろいろな怪奇現象が起こっていく……っていうもの。で、基本的にはストーリーはその交霊会の参加者のPC画面で展開されていくのですが。最近だと『search／サーチ』とかが有名ですよね。でも『search／サーチ』はかなり作り込まれてましたけど、『ズーム』はインディーズ感がかなり強いです。役者さんたちもいい意味で素人感があり、それが妙にリアルでしたね。

本来の撮影ができない中でも映画を作る熱意が詰まってる

本来の撮影ができない状況でも「火を消さずに何とか映画を作るんだ」という熱意のもとに作られた作品だけで、アツいものを感じます。だから贔屓目《ひいきめ》で観てしまいます（笑）。Zoomっていうツールを使って何度も会議をして、キャストもスタッフも安全のために接触せずに撮影を行った。だから、出演者それぞれが撮影監督的な役割も担ったわけですよね。想像を絶する大変さだろうな。我々もリモートで作ったアルバム『Bedroom Joule』というのがありますが。

コロナ禍に自宅で作ったホラー短編動画がよく出回りました。『ライト／オフ』とか『シャザム！』の監督のデヴィッド・F・サンドバーグが、家で奥さんと2人で過ごす生活を強いられてる中で、家の中だけで3分弱のホラーのショートフィルム『Shadowed』という作品を作っているんですが面白すぎて全部観ました。主演は俳優でもある奥さんで、セットや演出、編集とかも全部自分たちでやって。そのこぢんまりとした感じも好みだったんですが、やっぱりホラーは逆に手作り感がリアルさに作用しますね。『ズーム』もそういう手作り感があります。

ホラー映画には B級感のある笑いが欲しい

僕はホラー映画が大好きなんですけど。やっぱりホラーはいかにリアルに見せるかが鍵になってくるジャンルだと思ってるんです。それこそノーラン監督のような大掛かりな実写撮影のホラーもなんか違うだろうし、バリバリCGで作り込まれた幽霊が出てきても、正直鼻で笑ってしまう。ホラー映画においてはあまりに手が込みすぎてしまうと、僕は逆に冷めちゃったりもします。なんならチープさのある方が好きで。例えば、僕がすごく好きな『イット・フォローズ』は絶妙なハンドメイド感があって。映画自体も素晴らしいですが、その撮影方法自体が面白さに繋がっているわけですね。

有名所でいうと『ブレア・ウィッチ・プロジェクト』は低予算ならではのよさがありましたよね。あれぞまさにホームビデオ感。あれは続編が作られましたけど、手が込んでしまいよさが全くもって消えてしまいました。

あとはB級ホラー映画には〝笑い〟が不可欠です。『ズーム』も結構そういうシーンは散りばめられています。いや、ありえへんやろ、っていう感じのね。あとは〝お約束〟も。交霊会に招かれた霊媒師の人がいきなり画面から消えた時の「接続のせいじゃない?」ってやりとりだったり、ベタベタな展開ですが「これぞ」をやっぱり期待している自分がいます。お面を顔認証機能が認証するシーンとか「なんでそのお面やねん」って感じで笑いました（でも不思議と怖さが勝ってその場では笑えないんよね）。

ただただ怖がらせることを 追求している方が潔い

尺が68分っていうところもよかったです。ホラーってそんなに掘り下げるものでもないと思っているので。これが1時間半とかになってくると、またいろんな要素が入ってこないとあとがもたない。でも僕はヒューマンドラマの要素は全く要らない。ただ怖がらせることを突き通している方が潔くて好きです。

日本の作品でいうと、昔『怪談新耳袋』っていう1話5分くらいのホラードラマがあったんですけど、それも大好きでした。5分っていう短さなんで「あれは何だったの?」ってもはやモヤモヤする時間もないくらい、ただ怖いだけで〝パンッ〟てな感じで終わる。そのスピード感がいいんですけど、『ズーム』はその映画版みたいでした。

説明できないものが相手だと やっぱり怖い

恐怖は、そこに理由が存在しない時に湧き出てしまう感情なんだと思います。例えば幽霊ってそもそもは人間や動物なわけで。劇中はその存在が曖昧だったり、襲ってくる理由が謎なわけだから怖いわけで。でも終盤でその理由が判明すると、腑に落ちたり、むしろ親しみが湧いちゃうんです。

『呪怨』シリーズとか『リング』シリーズとか、怖いし素晴らしい大名作ですが、最終的には結構貞子さんや伽椰子さんに共感しちゃうんですよ。「いや、そりゃあんな井戸に突き落とされたら腹立つよ」という具合にね。でもその恐怖の対象に動機がなかった時はどうしようもない不安を感じます。

たとえば悪魔。なんだか悪魔と聞くと黒いタイツを履いてとんがった靴を履いて大きな耳をしているみたいなかわいい風貌が浮かびますが。よくよく考えると怖くないですか。だってただただ悪事を働くためだけに生まれてきた存在なわけで。動機がないんですよ。だから感情で訴えかける勝負ができないわけです（だからとにかくぶっ〇せ！ってなるわけですね）そもそも感情があるのかさえ不明だし。なのでもちろん感情移入なんてできるわけありません。でもだから怖い。圧倒的に怖い。恐れおののけるのは悪魔系のホラー映画の醍醐味だと思います。

『ズーム』でいうと、その怪奇現象を起こしている正体が何なのかがわからないのが怖かった。その正体が明かされないんです。いくら途中まで怖くても、最後の最後でいかにもな姿をした宇宙人や化け物の類が登場すると、一気に真顔になります。この映画は最後まで何も明かされないところが大タイプでした。

霊感が全くないから ホラー映画が好きなのかもしれない

ホラーの話でいうと最近は『透明人間』は楽しめたし、ドラマですが『呪怨：呪いの家』は怖かったですね。『透明人間』はお金がかかっているとは思うんですが、やり過ぎてない感がよかった。今までの「透明人間」の映画の中で1番ホラーしていた気がします。もう少し前に遡るとやっぱり『イット・フォローズ』を挙げたくなります。心理的にすごく怖いけどそれだけじゃない独自のスタイルを持ち合わせているホラー。ディザスターピースっていう元々ゲーム音楽を制作していた人が劇伴を手掛けてるんですけど、いかにも怖がらせるようなおどろおどろしい曲じゃないんです。シンセが入ったアンビエント系で、神秘的な雰囲気もあるんですよね。なんかちょっとキューブリックっぽくもある。それが映画にサスペンスのタッチもまぶしていてシャレていた。あんなにシャレたホラー映画はそうそうにお目にかかれません。

ちなみに僕は霊感は全くありません。実際に何か霊的な体験をしたことはないです。だからこそホラー映画が好きなのかもしれないですね。でもめっちゃ怖がりですが。

ビバリウム

2021

大ファンであるイモージェン・プーツとジェシー・アイゼンバーグがマイホームを夢見るカップルを演じ、異世界のような住宅地から抜け出せなくなるラビリンス・スリラー『ビバリウム』について語ります。

まず大前提に僕が個人的にイモージェン・プーツの大ファンというのがありますが。「Claw」の歌詞にも登場していますけどね。それを差し置いても大好物の映画でしたね。好き。

とにかく雰囲気が気味悪くて最高。イモージェン・プーツ扮するジェマとジェシー・アイゼンバーグ扮するトムのカップルがマイホームを探すために不動産屋を訪ねるんですが。そこまではまぁ普通の映画の雰囲気。で、不動産屋のマーティンが登場した時からおかしくなる。というのもそいつの表情が気味悪いんですよ。CG？ ロボット？ってぐらい人間味が微妙に薄いんですよね。もうそこからすぐにその世界観に引きずり込まれました。

ジェマとトムはその不気味なマーティンに連れられて、ヨンダー（変な名前だ笑）という住宅地に見学に連れて行かされる。その街がこれまた不気味。なんともいえない緑色をした家がたくさん立ち並んでいます。しかもどの家も色だけじゃなくて形も同じ。で、″9″って書かれた家に案内されるんですけど、急にあの不気味営業マンのマーティンがいなくなるんです。で、そこからジェマとトムはその不

あらすじ：新居を探すトム（アイゼンバーグ）とジェマ（プーツ）は、ふと足を踏み入れた不動産屋から、全く同じ家が並ぶ住宅地〈Yonder（ヨンダー）〉を紹介される。内見を終え帰ろうとすると、ついさっきまで案内していた不動産屋が見当たらない。不安に思った二人は、帰路につこうと車を走らせるが、どこまでいっても景色は一向に変わらない。二人はこの住宅地から抜け出せなくなってしまったのだ。そこへ送られてきた一つの段ボール。中には誰の子かわからない生まれたばかりの赤ん坊。果たして二人はこの住宅地から出ることができるのか――？

監督：ロルカン・フィネガン／出演：ジェシー・アイゼンバーグ、イモージェン・プーツ、ジョナサン・アリス

Blu-ray 5,720円 DVD 4,400円 発売元：竹書房

気味な街から抜け出せなくなります。車で来た道を戻っても、他の家の柵を越えても、いつの間にか9番の家に戻ってしまう。屋根に「HELP」って書いたり、家に火をつけたりするんだけど、何をしても抜け出せないっていう。妙に明るい人工甘味料のような街で暮らしが始まりましたが、もう頭がおかしくなりそうになります。ただこの時点で私はイモージェン・プーツと2人きりになれるなら全然いいかもと違う見方をしていたことを白状します。

子供の声がすごく低かったり、謎の映像をずっと観てるのも怖い

なんやかんや生活をしていると、やがて段ボールに入った赤ん坊が届けられます。「育てれば解放される」って書いてあるから仕方なく育てるんですよね。で、その子供がすごいスピードで育っていくんですけど、声が不気味過ぎるんです。なんかテープの遅回しみたいになっていて子供なのにひく〜い声。テレビには謎の模様みたいな映像がひたすら流れてて、それを子供がずっと観てるんだけどもう超怖いです。

一応食品と生活必需品は段ボールで届けられます。ただし味はしない。いちごを食べて「味がしない」って言うシーンがなんとなく好きでした。「どんな味なんだろう」って気になったし、味がしないごはんを食べる、ただ空腹を満たすための食事を延々と続けていく。それでもって気味の悪い子供と一緒に食べなきゃいけない。あの不気味だけどちょっとだけほっこりするシーンがよかった。

ロルカン・フィネガン監督のインタビューを読むと、「マーティンと子供は宇宙人かはわからないけど人間ではない」って話してて。映画の冒頭に、他の鳥の巣に卵を産んで代理親にそれを孵化《ふか》させるカッコーの習性の映像が流れる。だから、謎の子供を育てる代理親がヨンダーっていう巣に閉じ込められたトムとジェマっていうことですよね。ぞっとしますよね。

いろんな側面から掘り下げられるけど、単純なホラー映画としても楽しめる

でも段々とジェマにその不気味な子供に対する愛着が湧いてくるんですが。そこからその異世界にジェマはなんとなく慣れてくるわけです。でも夫のトムはそんなことはない。はやくここから脱出しようと奮起します。あの描写は、夫婦間の育児に関する問題提起のメタファーですかね。結婚して家を買って子供を産むっていう人生が必ずしも幸せなのか？と問いているような気がして、独身貴族の僕としてはなんとも複雑な気持ちで観ておりました。「幸せの価値観は人それぞれでよくないか？」とも言ってくれるような。意外とそんなメッセージもくっついている気がしました。

まぁでも単純にホラー映画としてすごく楽しめました。ところでヨンダーのビジュアルがいいんですよ。ヨンダーって名前もいいですよね。ミントグリーンの家もどことなく北欧っぽいかわいさがあって。でもその不気味な異次元空間から逃げられない。監督は『トワイライト・ゾーン』やデヴィッド・リンチを意識したみたいですけど、日本でいうと『世にも奇妙な物語』ですよね。あと、ルネ・マグリットからインスピレーションを得たっていうのも納得。空とか家とか、人さえもシュールな絵に見えました。

加工食品が定期的に届けられる恐怖を今まさに味わってる

加工食品が定期的に届けられるのは、便利だけど恐怖も感じますよね。僕は今まさにその気分を味わっています。コロナ禍になってから約1年ほぼ毎日Uber Eatsで食事を済ましているのですが、僕が帰宅する時間になると選択肢が結構少なくて、大体同じレパートリーになるんです。「またかすうどんか……」みたいな。写真で見るとすごく美味しそうなんだけど（実際美味しいんだけどさ）味気ないプラスチックの容器で運ばれてきて。若干冷めているから温め直すわけだけど、それも電子レンジだし。ドアの前にポンと置かれた食事を1年間食べ続けていると、餌を食べてるような感覚になってくるんですわ。ただ生きるために食べるっていう感覚。『ビバリウム』に近いなって思いました。

もし結婚したら家事は分担制にしたいですね。僕は料理するのが苦手なのでそれ以外の掃除とかを担当して、できれば相手には食事を担当してほしい。そんな余計なことを考えながら鑑賞していました。

いや、でも実際この『ビバリウム』は〝家族を持つこと〟を考えさせる映画です。妻とは。夫とは。子供とは。そういうことをユニークに問いている。僕でいうと「子供は怖い」という結論に達しました（笑）。

こういうタイプのジェシー・アイゼンバーグの演技は好きです

主演2人のカップリングもよかったですね。イモージェン・プーツは最初、『フライトナイト／恐怖の夜』というコリン・ファレル主演のヴァンパイアの映画を観て存在を知ったのですが。そこで一目惚れしてファンになりました（正直映画は全然おもしろくなかったんですが……）。ジェシー・アイゼンバーグは今回、早口な台詞回しじゃなかったのも新鮮でした。ジェシーさんの狂気演技でいうと『嗤《わら》う分身』も好きでしたね。『ビバリウム』はちょっとその時のジェシーの怪演を思い出しました。

ちなみに『嗤う分身』は僕の好きなミア・ワシコウスカも出ていて、なんだかジェシーには相変わらず嫉妬する私です。

RUN／ラン
2021

初の監督作『search／サーチ』でセンセーションを巻き起こしたアニーシュ・チャガンティの新作『RUN／ラン』。慢性の病気を患い車椅子生活を送るクロエが、自分を懸命にサポートしてくれる母に不信感を抱くことから物語が展開し始めるサイコ・スリラーです。

――これは川上さん、相当気に入ってますよね。

めちゃくちゃおもしろかった！　そして怖かったです。脅かし系じゃありません。心理的に来るやつですね。これ、多分俺の中で今年のサスペンスホラーのジャンルの映画では1位になると思う。

――まだ4月ですけど（笑）**、確かにすごくおもしろいです。**

監督・脚本を務めてるアニーシュ・チャガンティは『search／サーチ』が初監督作品ということで。あれもすごく秀逸でしたよね。全編パソコンの画面上で物語が進んでいくっていうアイディアがとても斬新でした。あれは父が行方不明になった娘を探すために奮闘する映画でしたが。今回の『RUN』は母と娘が主人公の映画で、娘のクロエに危機が迫る状態の中、どうやってそこから脱出するかっていう。緊迫感がヤバいです。母と娘なんて1番落ち着く関係性をぶっ壊してここまで緊張感を作り上げるのはすごい。あと主人公がちゃんとダメージを受けながら戦う生々しさがあるところが好きでしたね。『RUN』のクロエはかなりのダメージを受けますから。

――クロエはそもそも病気を患っていて歩けないという不自由な状態で。

そう、ほんとこの作品は特にネタバレしちゃダメだと思う。僕は何の予備知識もなく、まず予告動画を観たんです。母と娘の映画であること。娘はいろんな疾患を患っていて足が不自由で、車椅子生活をおくってるということ。それで家からもなかなか出られない。そういう状況下で母は娘に愛を注いでサポートしていて……というところから始まるんですが。徐々にその母が怪しい！　みたいな展開になるわけです。その段階で僕は予告動画を止めました。その時点でかなりのネタバレなんですが、そこで止めといてまだよかった。それくらいの予備知識で観たほうがいい。い

あらすじ：郊外の一軒家で暮らすクロエは、生まれつき慢性の病気を患い、車椅子生活を余儀なくされている。しかし常に前向きで好奇心旺盛な彼女は、地元の大学進学を望み自立しようとしていた。そんなある日、クロエは自分の体調や食事を管理し、進学の夢も後押ししてくれている母親ダイアンに不信感を抱き始める――。

監督・脚本：アニーシュ・チャガンティ／製作・脚本：セヴ・オハニアン／出演：サラ・ポールソン、キーラ・アレン

Blu-ray 発売中 5,280円 発売元：キノフィルムズ／木下グループ 販売元：ハピネット・メディアマーケティング

ろいろ説明しちゃうと、「川上洋平、この野郎」ってこの記事読んだ人に言われちゃうから、なかなかこの映画について話すのは難しいですよね（笑）。

——そうですよね（笑）。

でも、映画代金はここ最近値上がりして1900円で、ポップコーンとドリンク買ったら3000円くらいになるけど。その価値を最大限に味わいたいなら予告とこの記事は読まない方がいいです（笑）。

——見終わった後、興奮して、すぐにメンバーやマネージャーにすすめたそうですね。

そうそう、3月末にオンライン試写で観させてもらったんですけど。メンバーに「最近のおすすめの映画ない?」って訊かれた時、もう『RUN』しか思いつかなかった。ベースの磯部寛之くんはホラー映画が苦手なので「どうせ怖いんでしょ?」って嫌がられましたが。それで、「お化けが出てくるわけではないから全然大丈夫!」といい強く勧めておきました。そう、彼はお化けが苦手なんですよ。

——［Alexandros］のファンクラブの企画でお化け屋敷に行って、ものすごく怖がってましたよね。

新宿の怪談バーにひとりで行って、怪談師さんの話を聞く企画だったんですが。死ぬほど怖がってました。でも『RUN』みたいな心理戦要素がある怖さはむしろ好むんじゃないかな。

ドラマ『ウチ彼』も母娘のラブストーリーだったけど、別の意味でものすごく刺激的

——クロエ役にオーディションで選ばれたキーラ・アレンはプライベートでも車椅子で生活しているという。

そうなんですよね。すごく動作が生々しかったから、これはもしかしてと思って調べたら、やっぱり実際に普段も車椅子の俳優さんでした。最近、そういう俳優さん活躍していますよね。『クワイエット・プレイス』に出てくる一家の長女は聴覚障害があって手話が使えるっていう設定ですけど、演じたミリセント・シモンズも実際に聴覚に障害がある。手話ができる俳優さんだったし。

——母のダイアン役のサラ・ポールソンも、表情がとても凄みがあって恐怖を増長させてました。

こういう映画にも出るんだなって思いました。僕としては『オーシャンズ8』の印象が強いけど、人間ドラマ系の作品によく出てる印象があって。他だと、『ハート・オブ・ウーマン』とか『それでも夜は明ける』とか『キャロル』とか。どの作品でも強めの印象を残しますよね。『RUN』はそんなキーラ・アレンとサラ・ポールソンが演じる母と娘のちょっと過激なラブストーリー……ちょっとどころじゃないんですけどね。全くの余談ですが僕が出てた『ウチの娘は、彼氏が出来ない!!』というドラマも母娘のラブストーリーでしたけど、別の意味でものすごく刺激的ですね。僕が『RUN』にコピーを付けるとしたら、〝母娘の（ちょっと過激すぎる）ラブストーリー〟、『ウチの娘は、外に出れない!!』っていう感じです。絶対NGでしょうが。

——あははは。『ウチ彼』とは他にも共通点がありますしね。

確かに。『RUN』は俺が宣伝大使をやりたいくらいですね（笑）。菅野美穂さんと浜辺美波さんが、この映画の吹き替えやったらシャレが効いてて面白いな。って怒られそうなこと言ってますが。

「逃げろ」っていう緊迫感が最初からずっとある

——『RUN』はヒッチコック映画が意識されていて、ハリウッド黄金時代へのラブレターとしての意味合いもあるそうです。

ああ、それはすごくわかる。階段の上から見下ろすカメラワークとかちょっと思いました。シルエットが何度も映るところとか。なんか視覚的にゾクっと見入ってしまうシーンが多くて。ダイアンが料理するシーンも料理しているようには見えなかったりね。なんか不思議な撮り方でしたよね。

——あと、クロエはストライプ柄の服を着てましたけど、あれは囚人服を示唆しているという。

そうなんだ! またそれは憎い演出だね。そういう小ネタ大好きです。『RUN』ってタイトルもいいですよね。「走れ!」「逃げろ!」って命令文だけど、なんだか!マークが無いからクールな響きになっている。そのクールな緊迫感が最初からこびりつきますよね。それにしても別の邦題をつけなくて正解でしたね。あとほんとこれ予告全部観ちゃダメ!（笑）。俺、この映画を心の底から楽しみたい人のために、予告を何秒で止めたほうがいいか今確認しますね。（予告動画を見ながら）えぇと……43秒! そこまでしか観ちゃダメ。それ以上だといろいろわかっちゃう。あと本編でいうと最後の最後が超かっこよかったしなんともいえないカタルシスを感じることでしょう。ほんと是非映画館で観てくださいって感じです。

——その思いはすごく伝わったと思います。

これはほんとおすすめ! っていうか、この連載ではほんとおすすめの映画しか紹介してないから。記事を読んでくれてる方の中でもし何かおすすめの映画があれば、SPICEのこの連載のツイートにリプライで送ってもらうか、spice_info@eplus.co.jp にこの連載宛てってわかる内容でメールを送ってくれると嬉しいです。取り上げてる作品の「洋平さん、これ気付きましたか?」っていうことや、『RUN』は実はこうなんですよ」っていうことだったり。そういう風に僕に伝えたいことがあったら、是非送ってください。

パーム・スプリングス

2021

あらすじ：舞台は砂漠のリゾート地、パーム・スプリングス。妹の結婚式で幸せムードに馴染めずにいたサラは、一見お調子者だが全てを見通したようなナイルズに興味を抱く。いい雰囲気になる2人だが、謎の老人が突如ナイルズを襲撃！ 負傷したナイルズは近くの奇妙な洞窟へ逃げ込んでいく。ナイルズの制止を聞かずサラも洞窟に入ってしまい、一度眠りに落ちると結婚式の日の朝にリセットされる“タイムループ”に閉じ込められてしまった。しかもナイルズはすでにループにハマっていて、数え切れないほど同じ日を繰り返しているという。2人で過ごす無限の今日は最高に楽しいものに思えたが、明日がこない日々は本当に大切なものを気づかせていく。果たして2人は、永遠に続く時間の迷宮から抜け出し、未来を掴むことができるのか!?

監督：マックス・バーバコウ／出演：アンディ・サムバーグ、クリスティン・ミリオティ、ピーター・ギャラガー、J・K・シモンズ

DVD 4,180円 発売元：プレシディオ 販売元：TCエンタテインメント

ゴールデングローブ賞をはじめ、数々の映画賞で大絶賛された全く新しいタイムループ・ラブコメディ『パーム・スプリングス』について語ります。

本当は先月この連載で取り上げるはずだったんですが、タイミングが合わなくて観られず……。やっと観れた作品だったんですが、すごくおもしろかったですね。眠るか、命を落とすとまた同じ日に戻ってしまうっていうタイムループもので。なんとなく前情報は入れていたので、途中まではふわっとした気持ちで観ていました。でも全く予想してなかった展開になり、そこからはのめり込むように観ていましたね。

タイムループから抜け出す方法を科学的に学んでいくところが新鮮

主人公のサラがアメリカにある砂漠のリゾート地、パーム・スプリングスで行われた妹の結婚式でナイルズっていう男性に出会って。その2人がタイムループにハマるっていうストーリーなんですけど。実はサラより先にタイムループにハマってたナイルズ。もう既にそこから抜け出すことを諦めてるような状態で。でもサラはなんとかそのタイムループから逃れようとするっていう、その熱量の差がおもしろかった。

ところでタイムループでいうと『ハッピー・デス・デイ』が浮かびますね。主人公の女子大生が誕生日に殺人鬼に殺されると、また殺害日の朝に戻るという設定。で、主人公は自分が殺される前にその殺人鬼を殺そうってなるんだけど。あれも面白かった。ま、それは置いておいて、『パーム・スプリングス』はタイムループから抜け出す方法をかなーーり科学的に学んで解決しようとするところから一気に空気感が変わる。新鮮でした。

同じような日々を繰り返してるって感じた時点で嫌な気持ちになる

僕だったらいくら好きな相手と一緒だったとしても、タイムループからは絶対に抜け出したいです。少しはその特殊な状況を楽しむかもしれないけど、すぐ発狂すると思う。毎日予定が違うほうがいいんですよね。同じような日々を繰り返しているって感じた時点で嫌な気持ちになるんです。僕でいえば1年か2年のスパンでアルバムを出してプロモーションして、そこからリリースツアーがあって、夏と年末はフェスがあって。それを長い目で見て「これをずっと繰り返してくのか……」って思うと絶望的な気持ちにもなったりするんですよね。ループ感やルーティンが嫌でこの職業を選んだのに「何やってんだろう？」ってなりますね。それほど「抜け出せない」っていうことに対して窮屈を感じてしまう人間です。

でも、この映画の舞台のパーム・スプリングスはLAから車で2時間くらいで行ける実際にある土地で、広大な土地の雰囲気がそこまで窮屈な感じにさせない。だから閉塞感はなさそう。

あと、とにかく服がおしゃれ。美術が『スイス・アーミー・マン』とかやってるジェイソン・キスヴァーディという方なのですが完璧でしたね。砂漠に囲まれたリゾート地なので、『バグダッド・カフェ』みたいな渋さとはまた違うビジュアルがこの作品には必要でしょうから。ナイルズがプールでピザの形をした浮き輪に寝そべってるビジュアルもよかった。ポスターにもなっていますね。こういうくつろぎ方をしたいなって思いましたね。僕もコロナ前はよくハワイでこういう感じで浮かれておりました。それにしてもピザの浮き輪なんてこれ以上の浮かれはないですね。

説明があまりないからこそのんびりくつろぎながら観れる

サラとナイルズが夜の砂漠でキャンプをしている時に恐竜を目撃するんですけど、結局あの恐竜が何だったのかはわからない。監督のインタビューを読むと、「あれは僕が『ジュラシック・パーク』が好きだから登場させたとも言えるし、あの場所に恐竜がいることがすごく正しかったと感じてるんだよね」とはぐらかしておりました。でもああいう謎な存在を脈絡もなく登場させることで、タイムループっていう非現実的な出来事に引っ張られ過ぎないようにしてるのかも。「恐竜が出てくるくらいなんだから、不思議なことって起こるよね」っていう雰囲気にさせるっていうか。サラとナイルズも恐竜を見たことに対してそこまでびっくりしてなかったし、特に追及もしてなかった。その説明があまりない感じも好きでした。例えばクリストファー・ノーランのちょっと小難しさを売りにしたような徹底的に脈絡命みたいな手法じゃなくて、「恐竜がでてきたから、まぁそういうこともあるでしょう」というねじ伏せレベルにとどめているところに余裕を感じたし、のんびりくつろぎながら観れる映画になりえたのかも。

コロナ禍において何か新しいことがあることの尊さを教えてくれる

制作費とスケジュール上の理由でパーム・スプリングスではない場所で撮影されたそうですけど、実際のパーム・スプリングスはコーチェラが開催されている場所でもありますね。今フェスにもなかなか行きづらいし、リゾートもなかなか楽しめない世の中になってしまいました。緊急事態宣言の影響とかで映画館で観られなかったとしても、例えば家のカウチでポップコーンやタコス片手に観る映画として素晴らしいと思いますね。以前より毎日家にいて同じようなことの繰り返しを強いられている人は多いと思うけど、その中でも何か新しいことがあることの尊さを教えてくれるような映画でもあります。コロナ禍におけるすごくいい気分転換になると思います。あと、マンネリのカップルにも是非観てもらいたいですね。

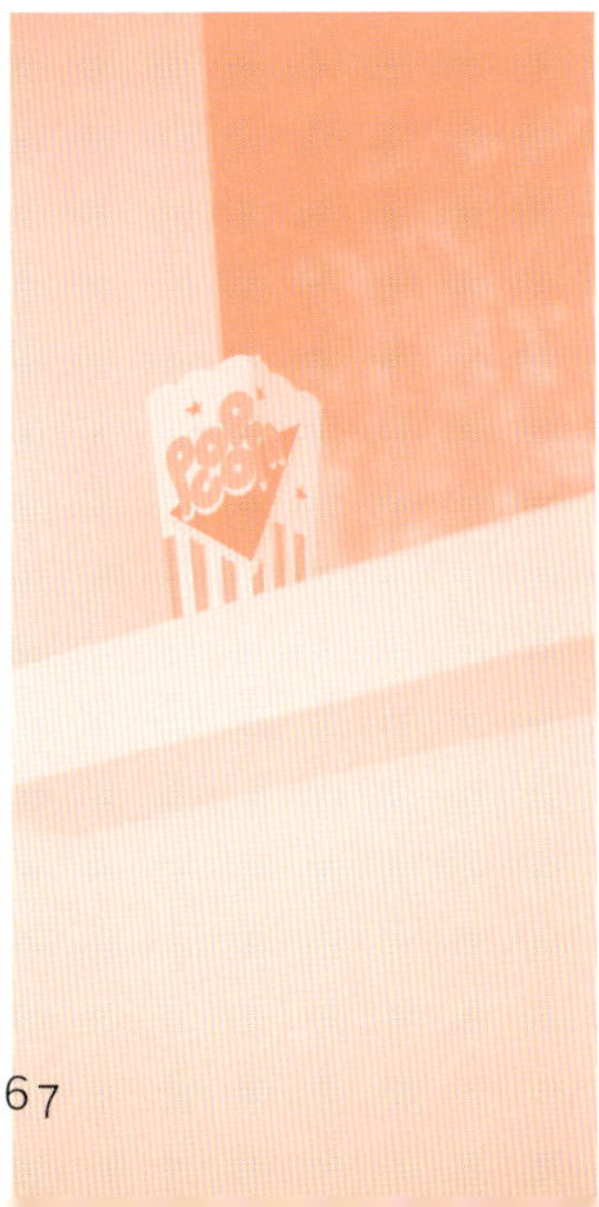

クワイエット・プレイス 破られた沈黙

2021

2018年に公開され全米No.1大ヒットホラーとなった『クワイエット・プレイス』の続編、『クワイエット・プレイス 破られた沈黙』です。

緊急事態宣言前の4月中旬頃、[Alexandros]のドラムのリアド君と一緒に完成披露IMAX試写会に行って観てきました。リアド君が1作目を観てないっていうから、「絶対観て!」って言って事前に観てもらったんですけど。

いやー、おもしろかった! 既に今年のベスト3に入るくらいですね。続編が1作目を超えるってこと自体なかなかないと思うんですが、超えてますね。ラストシーンがまた憎くて。「ここで終わるのか!」っていう続きが観たくなるシーンになっているので、僕の予想としては3作目があると思うんですけど、4作目5作目とかになるとちょっとだるくなる匂いはしてるから(笑)、3で終わらせてほしい。でも3を観た後に、「やっぱり1と2がよかったね」っていう結論になりそうな予感がしてます。

長男と長女の成長物語にもなっていて、成長ぶりに感動してしまいました

1に引き続き、音に反応する何かが襲ってくるっていう設定で、主人公のアボット一家のお母さん・エヴリン役はエミリー・ブラント、お父さん役は監督と脚本も担当して

あらすじ：“音を立てたら、超即死”という極限の世界を生きるエヴリン一家。最愛の夫・リーと住む家をなくしたエヴリンは、産まれたばかりの赤ん坊と2人の子供を連れ、新たな避難場所を求めノイズと危険が溢れる外の世界へ旅立つが…。突然、“何か”の襲撃に遭い、廃工場に逃げ込んだ一家は、謎の生存者エメットに遭遇する。彼との出会いを発端に、新たな謎と脅威が明らかとなり、一家の運命は激しく動き始める。

監督・脚本：ジョン・クラシンスキー／出演：エミリー・ブラント、ミリセント・シモンズ、ノア・ジュプ、キリアン・マーフィー、ジャイモン・フンスー

Blu-ray 2,075円 発売元：NBCユニバーサル・エンターテイメント

るジョン・クラシンスキーで。1でお父さんは亡くなってしまったんですけど、3人目の子供をエヴリンが産んで。元々いた長女と長男、そして赤ちゃんっていう4人家族が、その何かから逃げながら生き抜こうとするっていう話で。1作目では「父とは？ 母とは？ 子供を守るとは？」みたいな、親の子供への愛が重点的に描かれていたんですけど、2はそのちょっと頼りがいがなかった長男と長女の成長物語にもなっていて、その成長ぶりに感動してしまいましたね。僕は独身ですけど、リアドは結婚して子供もいるのでまた違う感情を抱いたんじゃないかと思って、観終わった後に聞いてみたら、「そこがすごくよかった」って言ってました。

お父さんの遺志を受け継いだ娘と息子の頼もしさは映画の主人公として申し分ない力強さで。特に聴覚に障害を抱えてる長女役のミリセント・シモンズは素晴らしい演技でした。ほぼ主役と言ってもいいくらいの活躍でしたね。今回お母さんは少し影を潜めて、娘と息子が大活躍するっていうところに、どこか『エイリアン』シリーズのリプリーへのオマージュを感じましたね。あと、謎の男みたいな役でキリアン・マーフィーが出てくるんだけどかっこよかったなあ。

窮屈な環境で どれだけ人間は抗えるのかっていう 今の状況にも置き換えてしまう

僕は1もすごく好きで。ニューヨークで見たんですけど、公開してから割と経ってたのにまあまあお客さんが入っていて。ニューヨークの映画館って、観客がセリフに対して声に出してツッコミ入れたり、笑い声やリアクションも多いのでうるさいんですよ（笑）。そのリアクションを楽しむのもひとつの醍醐味だったりするんですけど。ただ『クワイエット・プレイス』の時は、みんな息を潜めて物音を立てないようにしてて、すごい素直な観方をしてるのがよかった。何か起きると小声で「oh my god～」とか言ったりしてて（笑）。あの騒がしいニューヨーカーたちがそうやって小声でリアクションしてるのがかわいかったんです。

上映中に音を立てないでくださいとか、スマホ見ないでくださいとか、注意があったりしますけど、『クワイエット・プレイス』の場合、そういうことがいらない。アトモスフィアでお客さんを黙らせてしまうという。かなり前の映画ですけど『ゼロ・グラビティ』もそういう映画でしたよね。映像に釘付けになりながら沈黙を楽しむみたいなね。

もちろん1が作られた時にコロナ禍っていうのは想定してなかったと思うんですけど、窮屈な環境でどれだけ人間は抗えるのかっていう今の状況にも置き換えちゃいますよね。マスクをしなきゃいけないし、ライブの時も声が出せないから拍手で応える。もう世界がクワイエット・プレイスっていうか、クワイエット・ワールドですよね（笑）。予言していた感じがあるっていうか、いろいろ考えさせられましたね。

作品を立ててくれるような 環境がちゃんと整ってるか っていうのはやっぱり大事

IMAXで観られたのも本当によかった。音もすごく迫力があったし、映像もかっこよかった。CGがバンバン入ってくるわけじゃなくて、こぢんまりとした状況で追い込まれるシーンも多くあって。僕はそういう映画がすごく好きなんですね。大々的なシーンが多く展開されるマーベルとか、おもしろいとは思うけど、オープンワールドすぎてあまり没入できないんです。『スター・ウォーズ』まで行くと、自分だけのワールドを作品の世界観に見出すことができるんだけど、マーベルとかはみんなのもの感があって、あまり自分を投影できない。もちろん素晴らしいフランチャイズだと思うんですけど。

やっぱり映画館って、映像を観るっていうことに対して一番適している場所で。真っ暗な空間には映像しかなくて、一緒に来ていたはずの友達や恋人や家族もその時間だけはいなくなって映画と対峙する。だから僕は家で映画観る時も電気を消して、なるべく映画館に近づけるんですけど、『クワイエット・プレイス』シリーズはそういう観方にもすごくぴったりだと思います。例えば美術館でも、壁がすごく派手だったとしたら、邪魔で絵に没入できないですよね。作品を立ててくれるような環境がちゃんと整ってるかっていうのはやっぱり大事だなって思いました。

主演のエミリー・ブラントが ツボなんです

主演のエミリー・ブラントが僕すごい好きなんですよね。助演女優賞を取ったりした『プラダを着た悪魔』がすごくよかったし、その後の『ボーダーライン』や『ガール・オン・ザ・トレイン』もよかったし、うまいしかわいくてツボなんですよね。『クワイエット・プレイス』の監督・脚本・お父さん役のジョン・クラシンスキーと結婚しているんですけど。だからもう『クワイエット・プレイス』夫妻ですよね。ジョン・クラシンスキーはジャック・ライアンのイメージがあったけど、このシリーズで売れた！って感じがしてます（笑）。

SEOBOK／ソボク

2021

あらすじ：余命宣告を受けた元情報局エージェント・ギホン（コン・ユ）。死を目前にし明日の生を渇望する彼に、国家の極秘プロジェクトで誕生した人類初のクローン・ソボク（パク・ボゴム）を護衛する任務が舞い込む。だが、任務早々に襲撃を受け、なんとか逃げ抜くもギホンとソボクは2人だけになってしまう。危機的な状況の中、2人は衝突を繰り返すも、徐々に心を通わせていく。しかし、人類の救いにも、災いにもなり得るソボクを手に入れようと、闇の組織の追跡はさらに激しくなっていく――。

監督：イ・ヨンジュ／出演：コン・ユ、パク・ボゴム、チョ・ウジン、チャン・ヨンナム、パク・ビョンウン

DVD 4,180円 発売元：クロックワークス 販売元：TCエンタテインメント

韓国の2大スター、コン・ユとパク・ボゴムがダブル主演を務め、韓国で初登場No.1ヒットとなったSFエンターテインメント映画『SEOBOK／ソボク』について語ります。

脳腫瘍を患って余命宣告を受けた元エージェントのギホンが、自分の病気が治るための鍵を握っているクローンの青年ソボクを守るっていう話。

ここ最近、iPS細胞や肝細胞関連の医療技術のニュースが報道されることも多くて、僕もすごく興味を持っています。というのも、何年か前に父ががんになったり、兄がギホンと同じく脳腫瘍になってしまって。2人とも完治はしましたが、いずれ自分もそういう病気を患ったら嫌だなぁと思っていて。それもあって医療系の映画はやっぱり観てしまいますね。

主演のコン・ユはイケメンの主人公だけど実は嫌な奴みたいなキャラクターを演じるのが上手い

『新感染 ファイナル・エクスプレス』で主演をつとめたコン・ユが本映画の主人公ギホンを演じています。とても好きな役者さんです。端正な顔立ち、漂う品のよさ。でも

悪者も演じられる器も持ち合わせている素晴らしい役者さんです。ギホンの役柄としてはあまりかっこよくない過去を持っています。自分が助かりたいがためにクローンの実験体であるソボクを助けようとする。コン・ユ『新感染』でもそうだったんだけど、品行方正そうなふりをして実は嫌な奴みたいなキャラクターを演じるのも巧いですよね。

監督のイ・ヨンジュは、2012年に『建築学概論』っていう恋愛映画がかなりヒットしたそうで。その作品は15年前と現在を交差させるような話だそうですが、『ソボク』でも時間軸がテーマに敷かれていました。

この先の未来のことを考えさせる映画でもある

ギホンが余命宣告を受けているということもあって、全編を通して「生きてるんだったら価値のある人生を送ることが大切なんだ」ということを問いかけます。ギホンとソボクがビーチでやり取りするシーンが好きでしたね。ソボクは寝れないという特性を持っているので「なんで寝るの?」ってギホンに質問して、そこでギホンが「目覚めないかもしれないけど、目覚めるって信じて寝るんだよ」と答えるのですが。確かに寝る理由は考えたことなかったなと。

僕はずっと生きていたいLive ForeverなOasis派ですけど、10代の頃の「生」っていうものに対する執着とはまた違ってきつつあります。「いつかは死ぬわけだよな」と思うんだけど再生医療話とかを聞くと急に「Live Forever」の歌が現実味を帯びてきちゃいます。もちろんそんなわけはないのでしょうが。でもなんとなくそこをずっと考えながら観ました。

SF映画はいかにリアルさを追求するかが大事だと思ってる

ホラーもSFもそうですが、非現実的なジャンルの映画こそ、いかにリアルすれすれを走ってくれるかが大事ですよね。「現実にこういうことが起きるかもしれない」と思わせる説得力を、お話ではもちろんですが、ビジュアルでも持たせられるかどうか。正直『ソボク』はその視覚的な説得力の部分はもう少し頑張ってほしかったなというのはありました。もう少し重厚感が欲しかった。ソボクは副作用として、手を触れずに物を浮かしたり破壊したりする超能力みたいな力を持ってるんですが。物が動いたり床を破壊したりする描写はもっとリアルに感じたかったな。

あと、人間であるギホンとクローンであるソボクを比較して、コントラストが強い方が僕としては楽しめたと思うんですけど。ソボクの見た目は普通の人間だし、中身も割とすぐ人間らしい感情が芽生えたので、もうちょっとクローン感がほしかったなとも思いましたね。

あとこれは思った人も多いと思うんですけど、逃亡してる時にバレにくくするためにソボクが服を替えるんですけど、めちゃめちゃ派手なパーカーを買ってて。ちょっとツッコミどころが多かった。

「人間はみんな死ぬんだ」という どうしようもない事実を見せつけられる

敵役の役者さんたちがすごくよかったですね。中でも、ギホンにソボクを守る依頼をする元上司のアン部長を演じたチョ・ウジンは『国家が破産する日』っていう映画に出てるんですけど、その映画でもよかった。『国家が破産する日』は好景気の中で通貨危機が起こるバブル崩壊を描いた社会派の作品でかなり面白いです。主演のキム・ヘスがまたいいんですよね。キム・ヘスは『グッバイ・シングル』っていう映画では今をときめくマ・ドンソクと共演してるんですけど、そこではコメディエンヌぶりを発揮してます。説得力のある力強い演技をする役者さんたちが韓国映画にはたくさんいますよね。だからこそCG技術も合わせてほしかった。

ところで韓国映画で最初に見たのはハン・ソッキュ主演の『八月のクリスマス』で感動したのを覚えています。顔立ちは近いけど、何か描くものが絶妙に違う。けどいいなぁと。高3?ぐらいだったかな、不思議な感動を抱きました。そこからよく韓国映画を観ていて思うのは、「死」の存在が根っこに置かれている作品が多いなというところです。「人間はみんな死ぬんだ」っていうどうしようもない事実を残酷なまでにまざまざと見せつけることもあれば、コメディ映画でもそこを匂わせる瞬間があったり。「死」を身近に感じているからこそ描ける生々しい人間の生活や愛憎の美しさや醜さ。この描き方の巧みさこそが韓国映画の特徴だなと、今になって思います。そこは緊張状態が続いてるお国柄も影響してるのかなとも思います。兵役が義務付けられていて、国を守るために闘うという精神が身近にある。近い国だけど、僕も含めて日本人にとっては、その感覚は想像がつかないはずです。僕は昔中東の国に住んでいたので、なんとなくには緊張状態を味わってましたが実際にそういう状況下になるのとはまた違う。世界を見渡すと緊張状態が続いてる国はまだ多い。だからそういう感覚をあまり感じずに生活できる日本は幸せなのかもとも思いますね。日本はアニメ大国っていうこともあるのか、死をバーチャルな世界の中の出来事として捉えてる作品が多い。幸せボケは怖いのかもしれないけど。何が正解かは人それぞれ。

最近僕が観た韓国映画はホラーが多かったので、久しぶりに違うタイプの韓国映画を観れて嬉しかったです。

ディナー・イン・アメリカ
2021

各国の映画祭で多数の賞を受賞。パンクロックを拠《よ》りどころとする孤独な少女が、覆面バンドの推しメンを家に匿《かくま》うことから始まるラブストーリー『ディナー・イン・アメリカ』について語ります。

おもしろかったですね！　いわゆる学校のカースト下位に所属する女の子・パティと彼女の推しのバンドマンのサイモンの恋愛もの。サイモンは、覆面をつけた〝ジョンQ〟として活動しているので、パティはそれが自分の好きな相手だと最初わからない……。と、何となくのあらすじで「なんかおもしろそうやん」と匂いを感じていました。私もバンドマンですからね。プロデュースがベン・スティラーですが、彼の関わる映画はどれも主人公がイケてないですよね。『47歳 人生のステータス』も『ミート・ザ・ペアレンツ』も『ナイト ミュージアム』もなんだかこう主人公がちょっと、ね。そういう作品を作るのが得意なイメージです。

さて『ディナー・イン・アメリカ』。パティは過保護な両親のせいで好きなパンクバンドのライブに行くことも許してもらえないような状況にいる。そこから自分の殻を破って成長していくわけですが……もう『ナポレオン・ダイナマイト』や『ゴーストワールド』好きな人にはハマる展開になっていきます。

あらすじ：パティは孤独で臆病な少女。過保護に育てられ、したいこともできず、単調な毎日を送っている。唯一平凡な人生から逃避できる瞬間、それはパンクロックを聴くこと。そんな彼女がひょんなことから警察に追われる不信な男・サイモンを家に匿ったものの、実はその男こそが彼女の愛するパンクバンド“サイオプス”の心の恋人、覆面リーダーのジョンQだった――。

監督・脚本・編集：アダム・レーマイヤー／出演：カイル・ガルナー、エミリー・スケッグス、グリフィン・グラック、パット・ヒーリー、メアリー・リン・ライスカブ、リー・トンプソン

デジタル配信中 DVD 4,180円 発売元：ハーク 販売元：ポニーキャニオン

二重のサプライズがあるのがまたいい

ジョンQはライブの時もいつも覆面をかぶっており、素性は不明なんだけど、パティは恋焦がれてます。で、サイモン（ジョンQ）が巻き込まれるような形で警察から追われるんですが、たまたまパティが出くわし、匿ってもらうことになります。

僕で例えると、僕が何かしでかして、警察から逃亡中たまたま飛び込んでいった家の住民が僕のファンで、「洋平さん、ここで隠れていてください！」という流れですね。現実では絶対嫌ですが。パティの目線で観る人が多いと思うんですけど、僕は同じバンドマンということもあって、そうやってサイモンの目線で観ちゃいましたね。

サイモンが実はジョンQというのはパティにとって大きなサプライズ。だけど実はジョンQ側にもサプライズが待っていました。というのも実はサイモンはファンからファンレターをもらい続けていたのですが、そこに綴られる愛の詩に強く感銘を受けていたのです。そして実はそのファンレターを書いていたのは何を隠そうパティだったのです。だから、サイモンにとってもまさか！となる二重のサプライズが用意されていたんですね。運命の2人なわけですね。

バンドをやるようになった背景が垣間見えたのもよかった

僕が好きなのは、パティとサイモンがパティの家族と夕食を食べてるシーン。サイモンはパティの家族に「両親が宣教師で、教会に住んでて」という嘘をつくんだけど、それを両親はすっかり信じてる。でも、弟だけはどこかで疑っている。サイモンが「この料理美味いな」と言ったら、「冷凍食品だけどね」と突き放すわけです。そしたら今度はサイモンが「両親の仕事の関係で3年間タンザニアでウガリを食べてたからこの料理に感動する」って返すんですが。そのやりとりとか結構おかしい。

サイモンはいかにも強そうなパンクスっぽい風貌なんだけど、腕っぷしが弱いのもなんか情けなくてよかったです。実は家の地下にスタジオがあるようなボンボンの家の息子で、意外とそういう家庭の子が、親に対する反骨心だったり、鳥かごの中に閉じ込められているような状況をはねのけるためにパンクバンドを始めたりするんだなと。バンドマンは意外と富裕層からも生まれるわけですな。と、サイモンがバンドをやるようになった背景が解き明かされたのがリアルでよかった。

あと、ちょっと小ネタなんですけど、序盤でサイモンが研究所のバイトか何かで一緒だった女の子に誘われ家に行くのですが。そこでその子のお母さんがサイモンを誘惑するんですよね。「このお母さん、どっかで見たことあるな……」って思っていたら、なんと『バック・トゥ・ザ・フューチャー』のマーティのお母さん役のリー・トンプソンさん。わー！ 久々に観た！とテンションあがりましたね。ちなみにどうでもいいのですがお父さんの方は『ハンニバル』で自分の脳みそを食べさせられるレイ・リオッタにめっちゃ似てましたね。

『ナポレオン・ダイナマイト』が好きな人は『ディナー・イン・アメリカ』も楽しめるんじゃないかな

パティがいじめられてて、そのいじめられてる相手にサイモンがメンチきったら簡単にやられて、でもその後、復讐する感じも『ナポレオン・ダイナマイト』の血を感じました。でも『ナポレオン・ダイナマイト』は『ディナー・イン・アメリカ』と違って、わかりやすい痛快感はない。むしろ痛いけどなんか笑える。痛笑感？ これぞオフビートの王道ですね。もちろん『ナポレオン・ダイナマイト』とは違うけど、通ずるものはあるので、好きな人にはたまらないはず。

実はいろんな人が共感できるようなところもいっぱいある

とはいえいろんな要素が含まれてる映画でした。ちょっと冴えない「ボニー＆クライド」とでもいうべきか。裕福な実家から家出したパンク少年となんか冴えない女の子が織りなす愛の逃亡劇。そして笑えるラブストーリーでもある。反骨心やパンクもキーワードになっている、青春物語でもある。かと思えばちょっと家族の話でもあるし。オタクが成長していく話でもある。サイモンのライブを観終わった後に、パティが女の子2人に「バンドやんない？」といきなり誘われるのは、時期が近いからかちょっと『ボヘミアン・ラプソディ』を思い出しました。

終始、ニヤニヤしちゃうんですよね。ニヤニヤしちゃう感じで楽しめました。そうニヤニヤしちゃうんですよね。大爆笑はしないけど。でもそのこぢんまりとした感じがとても好きでなんとも愛らしい映画でした。結構日本でも共感する人多いと思うんですよね。こういう映画がもっともっと日本で公開されたら救われる人もいるはず、と思っています。

アンテベラム 2021

あらすじ：人気作家でもあるヴェロニカは、博士号を持つ社会学者としての顔も持ち、やさしい夫と幼い娘と幸せな毎日を送っていた。しかし、ある日、ニューオーリンズでの講演会を成功させ、友人たちとのディナーを楽しんだ直後、彼女の輝かしい日常は、矛盾をはらんだ悪夢の世界へと反転する。一方、アメリカ南部の広大なプランテーションの綿花畑で過酷な重労働を強いられている女性エデンは、ある悲劇をきっかけに仲間と共に脱走計画を実行するが――。

脚本・監督：ジェラルド・ブッシュ&クリストファー・レンツ／製作：ショーン・マッキトリック／出演：ジャネール・モネイ、エリック・ラング、ジェナ・マローン、ジャック・ヒューストン、カーシー・クレモンズ、ガボレイ・シディベ

Blu-ray発売中 5,280円 発売元：キノフィルムズ／木下グループ 販売元：株式会社ハピネット・メディアマーケティング

ジョーダン・ピール監督の『ゲット・アウト』と『アス』のプロデューサーが手掛けたジャネール・モネイ主演のパラドックス・スリラー『アンテベラム』について語ります。

ジョーダン・ピール監督の『アス』と『ゲット・アウト』のプロデューサーが監督の製作ということで。「これは観なきゃ」って思い鑑賞しましたが。正直想像してたのとはちょっと違いましたね。

ワンショットのそれはそれは綺麗な光景を映した映像から始まるので、感動映画でも始まるのかという感じなんですけどもちろんすぐに裏切られます。

舞台は南北戦争時代のプランテーション。そこですぐに奴隷に対する暴行が映されていって、この映画のテーマである人種差別問題にフォーカスされていく。そんなショッキングな冒頭から映画は幕を開けるのでかなり興奮したし、印象的なシーンもいろいろあったんですけど、個人的にはちょっと惜しかったなぁ。一番は結末がちょっと弱かったところ。あの結末はシャマラン監督の失敗作を見ている感じもあって、「え、そういう終わり方なんだ」となる。がっかりエンディングに落ち着きました。後日アメリカの映画評論サイトのロッテン・トマトでの評価も結末への不満がすごく多くて、全体の点数がすごく低かったのですが……今回はその評価と自分の評価が一致しました。

『アス』とか『ゲット・アウト』にあった独特の気持ち悪さは確かにあったし、差別問題をエンタメのホラーとしてうまく昇華するのはなかなかできないと思う。映画を通してブラック・カルチャーを感じるには適していると思います。

得体の知れない問題の大きさというものを突きつけられる怖さがある

アメリカのホラー映画って宗教が絡むことが多いですよね。神様や悪魔が大事な要素として登場します。でも仏教の国に住む多くの日本人には馴染みがないのかなと思います。僕も含めて。神様はなんとなくまだ馴染みがあるけど、悪魔とかに関しては馴染みが薄いんですよね。「デビル！」と言われても多くの人は（古いですが）さんまさんのブラック・デビルのような風貌を頭に思い浮かべるだろうし、なかなか恐怖の対象になりにくいわけです。でも何度もこの連載で言っているように、悪魔はよく考えると怖いのです。

例えば厳密にはホラー映画ではないかもしれませんが、キアヌ・リーブスとアル・パチーノの『ディアボロス／悪魔の扉』とか、デンゼル・ワシントンの『悪魔を憐れむ歌』に登場する悪魔はとても怖い。姿かたちも描かれないし。無邪気にも純粋にもとにかく悪事を働く存在として描かれており、得体の知れない恐怖を観る者に与えます。やっぱりよくわかんないものが1番怖いです。『ヘレディタリー』とかも気味悪いですよね。

さて、『アンテベラム』のホラー要素は人種差別から来ているわけですが、正直、日本人が心底理解できるだろう、とは言い難いカルチャーのそれが敷かれています。図りきれないほどの大きな問題を突きつけられる怖さがあるんですが、やはり完全に自分に置き換えることはできないんですよね。例えばカップルが湖でイチャイチャしている時に襲われる……！みたいないかにもなホラー映画だと、まぁまぁ日本人にも想像できたりすると思うんですが。『アンテベラム』は黒人だからこそ、白人だからこそ、アメリカ人だからこそ理解できる要素が多く散りばめられています。「理解した」ということもはばかれるほど、そこには根深い問題があるのだろうなと。でもね、やっぱり知ることは大事だなと思います。

日本人にとって〝原爆〟が根深い問題であるけど、世界にはそう思っていない国の人もいる。そのことを知らない人だっている。そこに疑問を感じたりするけど、じゃあ我々日本人も同じように周りのカルチャーのことをしっかり理解出来ているのか？と問われたら、そうとは言い切れないはず。

ふたつの世界が同時進行で進んでいく

さて、この映画ですが設定はかなり面白いです。2人の人間が2つの時代を横行します。現代ではベストセラー作家として幸せに家族と暮らすヴェロニカ。奴隷制度が横行する時代では、強制労働を課せられているエデン。この2人の黒人女性をジャネール・モネイが一人二役で演じているわけです。映画の中ではその2つの世界が同時進行で進んでいくわけですよね。過去と現在というパラレルワールドに見せかけて、今も昔も変わってないということをなんとなくほのめかしているのです。

黒人差別は結局どっちの時代でも現在進行系で起きている、と訴えかけてくる構成はとても感動しました。『TENET』とはまた別の時間軸のトリックがあって見応えがありました。それがわかるまでは「これ夢の話なのかな？」とか「パラレルワールドの話なのかな？」とかいろいろ考えるんですけど、途中で「あ、なるほどね！」となった時はちょっとショックを受けましたね。

いろんなことを想像できる映画でもある

さまざまなメタファーが隠しアイテムとして散りばめられていましたね。でもちょっと不思議だったのが一つあって。ヴェロニカの友達が2人いるのですが、そのひとりが白人なんです。映画の内容からしても、その白人の友達が醸し出す雰囲気からしても「あーこの白人の人がなんか悪いことするんやろな」って思うんですが、全然違うんです。最後まで別に何もしないんですよね。だから逆に裏切られました。やられたなー、と。差別意識がない白人がいることもわかっているとでも言うかのようなこの設定。いろんな捉え方ができる、気になったポイントでした。

あと、最後の方で人種差別主義者の白人女性が女性差別を糾弾するようなセリフがあって、「あ、ここでそれ言うんだ」って思いました。軸になってる人種差別に加えて女性差別の要素も入ってるので……ちょっとメッセージが乱立しているな、とは思いました。ロッテン・トマト以外にもいくつか海外のレビューを読んだんですが、結構皆さん同じような意見が多かったのが印象的でした。個人的にはメッセージ性がちょっと乱立しているし、攻撃的過ぎるなと思ったのと。紐解きが緩くてすぐほどけちゃったみたいな感じがしました。

「楽しめました」という言い方がはばかれる映画ではありますが、最後まではドキドキしたし、緊張感もありました。決してつまらなかったわけじゃないのですが、やっぱりもっと驚きが欲しい、と欲張りが出ました。

パーフェクト・ケア 2021

『ゴーン・ガール』で多くの賞を席巻したロザムンド・パイクが高齢者の資産を搾り取る悪徳後見人を演じる新感覚クライムサスペンス『パーフェクト・ケア』について語ります。

いやーこれおもしろかったですわ。2021年、面白い映画目白押しでしたが「これだ!」っていうのは正直特になかったんです。でもこの『パーフェクト・ケア』は「これだ!」というぐらいよかったです。『ゴーン・ガール』でベン・アフレックの奥さん役を怪演したロザムンド・パイク。それで彼女を知った方も多いかと思うのですが。あのアブナイ魅力を終始発揮していて、非常〜に楽しませてもらいました。彼女なくしては成り立たない映画だと思います。

老人を陥れるっていうことに対し、「最悪な主人公だな」と嫌悪感を抱くはず

ロザムンド・パイクが演じるのは法定後見人のマーラっていう役。これがまぁ根性悪い奴でしてね。合法的に高齢者からどんどん資産を巻き上げるわけですが、「そんなことができるんだ!?」という後見人のシステムにまず驚愕しました。高齢化社会に忍び寄る悪徳ビジネスはオレオレ詐欺以上に酷い。カモになりそうなお金持ちの老人を見つけたら、医者と結託して偽の診断書を書いて裁判所に行って、「高齢者で自分では判断ができない」とかなんとか言って、当人の意思関係なく後見人になってしまう。それで無理やり老人ホームに入れて、その資産を奪う、っていうね、もう最悪な奴なわけです。おじいちゃん、おばあちゃん大好きっ子だった私ですからもうこの女に対してまず腹立つわけです(てか皆そうでしょう)。で、ある日また同じようにお金持ちで身寄りがないジェニファーという

あらすじ：法定後見人のマーラ（ロザムンド・パイク）は、判断力の衰えた高齢者を守り、ケアすることが仕事だ。常にたくさんの顧客を抱え、裁判所からの信頼も厚いマーラだが、実は医師やケアホームと結託し高齢者たちから資産を搾り取る悪徳後見人だった。パートナーのフラン（エイザ・ゴンザレス）と共にすべては順風満帆に思えたが、新たに獲物として狙いを定めた資産家の老女ジェニファー（ダイアン・ウィースト）をめぐり、次々と不穏な出来事が発生し始める。身寄りのないはずのジェニファーの背後にはなぜかロシアン・マフィア（ピーター・ディンクレイジ）の影が——。

監督：J・ブレイクソン／出演：ロザムンド・パイク、ピーター・ディンクレイジ、エイザ・ゴンザレス、ダイアン・ウィースト

Blu-ray 5,170円 発売・販売元 KADOKAWA

おばあちゃんを標的にしてしまったところから話は展開していきます。そのおばあちゃんの後にはローマンというロシアンマフィアがいて。そのマフィアにマーラが立ち向かっていく……という流れになっていくわけです。

「今回のロザムンド・パイクめっちゃ悪いやっちゃな」と誰もがその主人公に中指を立てたくなるのですが、映画の宣伝コピーには「100%共感不能!なのに爽快!」って書いてあるのです。それはつまりマーラには共感できないけど、何があっても屈しないし、めちゃくちゃしぶといから、もしかして途中から応援し始める人もいるのかなって。いやいや、そんな人おらんと信じたい。僕は最後まで全く共感できなかったです。

終始「こんな酷いことをしている奴は痛～い天罰が下されろ」と思いながら観ていました。マーラに対して爽快さを感じて「頑張れ」と思った人がいるのか問い詰めたいですな。ぷんぷんですな。

爽快さを感じる人も多いのかなって すごく気になりました

ところでマーラが男性優位の社会と戦っているような描写も多い。男女別でも感想がわかれるところかもしれません。ロザムンド・パイクも「脚本を読んで、マーラは私がスクリーンで観たいと思ってた女性そのものだと思った。マーラはこれまで男性にばかり許されてきた残忍で野心的なことが許されるキャラで、これこそ私が演じるべきだと思った」ってコメントしていました。例えば、マーラがジェニファーの弁護士と法廷で対峙するシーンで、弁護士がマーラと結託しているジェニファーの主治医が女性だと知らずに、「He」って言うんですね。医者=男性っていう決めつけをしてるわけなんですけど。でも主治医は女性なので、マーラは「She」って言い直させるんだけど、弁護士はまた「He」って言い間違えるんです。そんな風に男性優位の社会に対しての風刺が込められてるシーンが頻繁に出てくる。マチズモ的な思想を持ってない私でさえ、「あぁ、なんか男がすごく言われてるなあ……」っていう気分になってきます。ただ、マーラは老人を陥れるような酷いことをやっているので「こんなヤツにこんなこと言われても……」っていう微妙な感情になっていきます(笑)。

高齢化社会っていうこともあって、「老害」って言葉が頻繁に使われたりしてますけど、俺はやっぱりおじいちゃんとおばあちゃんがすごく好きなんですよね。自分の祖父母は全員亡くなってだいぶ経ちます。もう両親もいい歳で孫がいるおじいちゃんおばあちゃんになってますけど。身近に高齢者がいるので「老人は排除していこう」みたいな風潮がたまにあるのがすごく辛いですね。

マーラの「ただじゃ死なねえ」みたいなところは『ゴーン・ガール』の役にも重なる

でも改めて観ると、ロザムンド・パイクって、若々しさもあり、色気もあるんだけど、とにかく力強さが出ている。もちろん演技力も素晴らしいのですが、キャラクターとしてやっぱりこういう役は似合いますよね。とても特徴のある俳優さんだなと思います。マーラの傷だらけになっても「ただじゃ死なねえ」みたいなところは『ゴーン・ガール』の役にもちょっと重なりますよね。マーラは貧しい家庭の出身で、「アメリカではフェアなことしても大金は手に入れられない」と心のどこかで思っている。だから後見人ビジネスをやってるわけなんですけど。でもさすがにそのやり方はダメなんじゃないか?となりますよね(笑)。

しつこいようですが、やっぱり私はおじいちゃんおばあちゃんが貶《おとし》められる映画はちょっと苦手なんだと思います。「動物が殺される映画は無理」とか、「恋人が死ぬ映画は無理」とか人それぞれあると思うんですが。恋人が死ぬ映画とかは全然平気なんですが、おじいちゃんおばあちゃんが苦しめられるのを観るのは心底きついです。だからマーラはもうダースベーダー以上に最悪の敵です(笑)。でもそんな私でも正直楽しめちゃったのはロザムンド・パイクのおかげです。

ジェニファーとマーラの対決も見どころ

ローマン役のピーター・ディンクレイジがいい演技してましたね。ローマンは最後、いい身の振り方するなと思って「こういう終わり方は悪くないな」とは思ったんだけど、その後の展開がよりよかったですね。そのローマンとマーラの対決だけでなく、おばあちゃん役のジェニファーとマーラの対決も見どころですよね。ジェニファーを演じたダイアン・ウィーストがまた素晴らしくて。アカデミー賞を2度も取っているベテラン俳優。私が初めて観たのは『ハンナとその姉妹』でした。今回もとても素晴らしかった。

大筋はすごくシンプルなんだけど、振り回されるような展開がいろいろある

ブラックコメディ、クライムサスペンス、なんならアクションの要素もあります。一個のジャンルに収まってないので、結構飽きずに観れる映画ですね。ちょっと前に公開された『Mr.ノーバディ』も同じくたくさんの要素が混在した映画でしたが結構好きでした(期待以上って感じではなかったんですけど)。両作ともひとつ斬新なアイディアがあれば、どんだけとっ散らかっても楽しめるんだなと思わされました。大筋はすごくシンプルなんだけど、振り回されるような展開も多々ある。でも映画としてまとまりがある。これぞ痛快ムービー。スカッとしたい方にぜひ。

ブラックボックス 音声分析捜査

2022

『イヴ・サンローラン』の主演でセザール賞を受賞したピエール・ニネが孤高の音声分析官として航空事故の真相を暴く体感型サスペンススリラー『ブラックボックス 音声分析捜査』について語ります。

――先月は『パーフェクト・ケア』を取り上げましたが、川上さんが「今年1かも」というだけに反響がたくさん来てます。

おお、嬉しいですね。

――12月12日の20時39分にspice_info@eplus.co.jpに送っていただいた読者の方からのメッセージの一部を紹介すると、「何ひとつ共感できない主人公でした！(笑)。ヒール役が主人公だとそこに至るまでのバックボーンが盛り込まれがちですが、それがほぼ描かれてなくてここまで憎たらしいヒロインもおもしろいし、親思いのマフィアの方を応援してしまいました」と。

そうなんですよね～。『ゴーン・ガール』もそうですけど、実にロザムンド・パイクらしい役で。ヤバい女を演じさせたらピカイチ。でも病んでる系のヤバさじゃなくて、カラッとしてる。悪事とはいえはっきりとした目的のためなので、なんか妙な説得力があるというか。合理的でもあるし。やっぱりすごくおもしろい映画でしたね。今年は今のところ『RUN』と『パーフェクト・ケア』かな。

――2月22日公開のこの連載で発表する予定のカワカミー賞も楽しみにしてます！

ありがとうございます(笑)。

――そして、今回の『ブラックボックス 音声分析捜査』はどうでした？

好きでしたね。フランス映画特有のお洒落で淡々とした雰囲気がありつつも、結構わかりやすいサスペンスで好印象でした。ピエール・ニネさんっていう、『イヴ・サンローラン』でイヴ・サン＝ローランを演じたフランス人の俳優さんが主演でハマり役でしたね。

――このヤン・ゴズラン監督の2015年の映画『パーフェクトマン 完全犯罪』もピエール・ニネ主演で、監督は「ピエールは非常に緻密な演技をする役者で、テイクごとに異なる色合いや細かいニュアンスを出してくれる。『ブラックボックス』の脚本を書き始めた時から主演のマチュー役はピエールしか考えられなかった」と話しています。

あ、『パーフェクトマン』もこの前観ました！ それもめっちゃおもしろかったです。そっちはピエール・ニネが作家志望の役で、孤独死した老人の日記を盗作するんですよね。で、本がヒットしちゃう。それで、早く新作を書いてほしいと出版社から急かされるんだけど、自分が0から書いた小説はやっぱり面白くなくて、どんどん追い込まれていく……みたいな話なんですけど。自分を偽って成功していく系の映画って、観てるとすごく苦しくなってくるんですよね。「いつバレるんだろう」っていう緊張感にやられちゃいます。

さて『ブラックボックス』は、ピエール・ニネが演じるマチューは航空事故調査局の音声分析官を演じています。ヨーロピアン航空の最新型機の墜落事故の原因を、ブラックボックスという操縦室の音声が記録されている装置を分析して事件の時どんなことがあったのかを解明しようとす

あらすじ：ヨーロピアン航空の最新型機がアルプスで墜落！ 乗客・乗務員316人全員の死亡が確認される。司法警察の立会いの下、航空事故調査局の音声分析官が、ボイスレコーダー、通称“ブラックボックス”を聴く。いつもなら責任者のポロックに同行するのは、最も優秀なマチューだったが、天才的なあまり孤立していた彼は外されてしまう。だが、まもなくポロックが謎の失踪を遂げ、引き継いだマチューは「コックピットに男が侵入した」と記者会見で発表する。やがて乗客にイスラム過激派と思われる男がいたことが判明。マチューの分析は高く評価され、責任者として調査をまとめるよう任命される。本格的な捜査に乗り出したマチューは、被害者のひとりが夫に残した事故直前の留守電を聞いて、ブラックボックスの音と違うことに愕然とする。今、マチューのキャリアと命をかけた危険な探求が始まる――。

監督・脚本：ヤン・ゴズラン／出演：ピエール・ニネ、ルー・ドゥ・ラージュ、アンドレ・デュソリエ

写真：Collection Christophel/アフロ

るんですけど。最初はずっと音の波形が映った画面と対峙するワンシチュエーション系のサスペンス映画かと思ったんです。僕はどんどん舞台が変わる映画より、ひとつの場所で展開が繰り広げられるワンシチュエーション映画が好きだったりするんですけど。でも、意外といろんな場所に移動するんだなというところでまず裏切られました（笑）。面白かったですけどね！

音声分析官はミュージシャンの仕事に通じるところがある

音がポイントになっていますね。『私は確信する』という映画を思い出しました。この映画では電話記録の音声をもとに、真実を解き明かそうとする裁判ものでしたが、音に集中する映画なだけあって、緊迫感の種類がかなり似ていました。あ、『ＴＨＥ ＧＵＩＬＴＹ／ギルティ』のオリジナル版もリメイク版もめちゃくちゃ好きなのですが、これも電話の音声だけで誘拐事件を解決しようとする話です。さて、話を戻して（笑）。マチューが音の波形が映っている画面を見ながら、「ここにノイズが入っているから不自然だ」という風に事故の原因を解明していくのですが。マチューは特殊能力レベルの鋭い聴覚を持っているが故に、自分にしか聞こえない何かを追い求めてしまう節があって、上司にも「幻聴が聞こえてるんじゃないか」と疑われたりしていて。ミュージシャンあるあるだとも思います。僕もたまにレコーディングで「ここに入れてない楽器の音がなんか聞こえるんだけど!?」みたいなことをメンバーに言ったりします。「え、何も聞こえないけど」と言われたりするから躍起になってトラックを探してもらうんですが。だからちょっと病的に微妙に小さな音を見つけてしまう気持ちがわかっちゃいました（笑）。

マチューは主人公として結構不思議なキャラクター

マチューは主人公としては結構不思議なキャラクターです。とにかくブラックボックスの音をもとにどんどん真実を暴こうとするのですが。３００人の命が失われた事故の真実を解明するという音声分析官としての大義名分はもちろんあるんだけど、それよりも自分の音を聞く能力の正しさを証明する方が勝ってる感じが垣間見える。その姿がとても狂信的で痺れた。周りからはどんどん「おまえおかしいよ」みたいな目で見られていくんだけど、自分の耳を信じて突き進む感じは『Ｘ-ファイル』のモルダーのそれですよね。「あなた疲れてるのよ」ですね。

途中からホラー映画の様相を呈していく

さてマチューの奥さんは新型航空機の認証機関に勤めていて、セキュリティ関係の友人もいます。マチューは奥さんも友人もどんどん信用できなくなってしまい、追い込まれていきます。ミステリー映画ですけど、なんか途中からホラー映画の様相を呈していくところもあって。マチューひとり職場でヘッドフォンして音がなくなったりして何も信じられなくなるシーンとか。あとは地下室に行くシーンはもう完全にホラー映画でしたね。好き好き。あと湖に入っていくシーンは、『リング』で松嶋菜々子さんが井戸に入っていく時と似たような恐怖を感じました。死体が浮かびあがってくるんじゃないかって思った。

昔超音波を扱う会社に勤めていたのでより楽しめた

実は昔、超音波を扱う会社に勤めていたのですが、その仕事の中で何ヘルツとか波形の話題が出てきてたので、懐かしさを感じながら楽しめました。超音波は音が聞こえませんが、これからは聴こえる音を扱おうと思います、みたいな感じで音楽活動に専念しましたが、死ぬほど上司に怒られましたね。

余談ですが、僕の中でフランス人って寿司が好きなイメージがあります。映画観ながら「絶対寿司食うんだろうな」って思ってたらやっぱり食ってましたね。「まつだに行かない？」みたいなセリフがありましたけど、調べたらパリにその店ありました。ほえー。行ってみたい。

やっぱり人に命を預けたい

——航空機における技術革新、ＡＩへの依存っていうこともひとつのキーワードになっています。

車は自分でハンドルを握って運転する方が好きだから、自動操縦機能はほぼ使ったことないですね。便利だろうなぁとは思うけど、機械に頼り過ぎたくないじゃないですか。なんか俺壊しそうだし（笑）。『ブラックボックス』の中でも、「パイロットがいらなくなる時代が来る」っていうセリフがありましたけど、なんだか嫌なこと言うなーと。飛行機に乗った時に、もう到着する滑走路が見えて降下してる状態から、また機体が浮上したことがあったんです。急に聞いたことのないキュイーン!!って音がして、急浮上して。あれは怖かったですね。悪天候のためだったんですけど、その後しばらく旋回してちゃんと無事着陸出来た時はそのパイロットの方に心の中で拍手を送りました。「命を救ってくれてありがとうございましたありがとうございましたありがとうございましたありがt……」っていう気持ちでいっぱいになりました。

やっぱり機械ではなく、人に命を預けたいなと思いますね。こぢんまりした緊迫感を感じたい人にオススメのサスペンス映画です！

ドント・ルック・アップ
2021

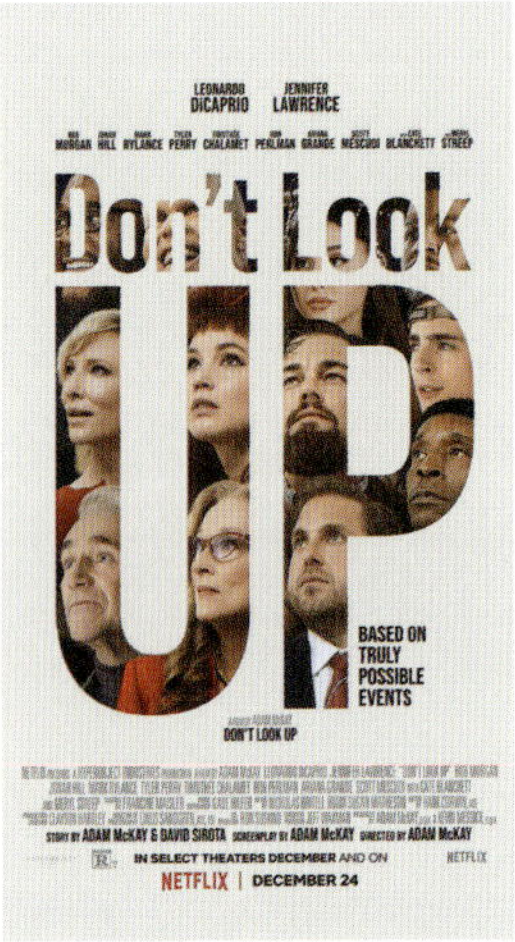

あらすじ：落ちこぼれ気味の天文学者ランドール・ミンディ教授はある日、教え子の大学院生ケイトと共に、地球に衝突する恐れがある巨大彗星の存在を発見し、世界中の人々に迫りくる危機を知らせようと躍起になる。オーリアン大統領とその息子で大統領補佐官のジェイソンと対面する機会を得たり、陽気な朝のテレビ番組「デイリー・リップ」に出演するなどして、熱心に危機を訴えてまわる2人。しかし人類への警告は至難の業で、空回りしてばかり。そのうちに事態は思わぬ方向へと転がっていき――。

監督：アダム・マッケイ／出演：レオナルド・ディカプリオ、ジェニファー・ローレンス、メリル・ストリープ、ジョナ・ヒル、ケイト・ブランシェット、ティモシー・シャラメ、アリアナ・グランデ、マーク・ライランス

写真：Everett Collection/アフロ

アダム・マッケイ監督による社会風刺を効かせたブラックコメディであり、レオナルド・ディカプリオ、ジェニファー・ローレンス、メリル・ストリープといった豪華なキャスト陣も見どころの『ドント・ルック・アップ』について語ります。

おもしろかったですね！　ほぼ前情報なく観たんですけど、予告の雰囲気からなんとなくホワイトハウスの大統領の執務室だけで完結するようなワンシチュエーションのブラックコメディなのかなと思ってたら、全くもってスケールが大きかったです。ロケットを宇宙に飛ばしたり、NASAが出てきたり、割と壮大な話で。蓋を開けたら、スケールのデカい映画であるところにまず驚きました。

レオナルド・ディカプリオの地味な教授役に惚れ惚れしました

なんとアリアナ・グランデも出演していたり、出演陣がいやらしいぐらいに豪華なんですが。やっぱり主演のレオナルド・ディカプリオが素晴らしかったです。いい意味でも悪い意味でも大きな演技をする役者という印象があります。そのスタイルからアカデミー賞に長らく嫌われていたという声もありましたが、スタイルをそこまで変えずに『レヴェナント』で初めてアカデミー賞の主演男優賞を取ったのはすごいなと思いました。受賞スピーチでやっとアカデミー賞を取れたことに対する感謝を述べるだけじゃなくて、環境問題の話もぶっこんできてさすがだなと思いましたが。プリウスに乗っていただけありますね。

でも、『ドント・ルック・アップ』では地味な天文学者の教授の役で、抑えめな演技でかなり新鮮でした。『ワン

ス・アポン・ア・タイム・イン・ハリウッド』でブラッド・ピットがスタントマンの役を演じてアカデミー賞を取りましたが「抑えめの演技がよかった」みたいな評価がありましたよね。かつてはブラッド・ピットも『12モンキーズ』とか『ファイト・クラブ』で癖の強いノリがかっこよかった時代もありましたが、静かめな演技で初めてアカデミー賞を取った。今回のディカプリオの演技にもそれに近いものを感じました。

役者としてのすごさを見せつけられた

相手役がジェニファー・ローレンスと聞いて、ディカプリオが大きな演技をしてジェニファー・ローレンスが抑えめなのかなと思ったら逆でしたね。ディカプリオが彼女に対し「まあまあまあ」と抑えるような、一歩引いた役だったのが意外でした。でもそれがすごくファニーでよかったです。感情を爆発させる場面もあるにはあって。あそこだけ唯一「俺たちのディカプリオさん来た!」となりました。

いやレオ様、今回でさらに好きになりました。この教授がメタボでオタクで陰も薄い。いわゆる陰キャなのですが。それをあのレオ様がある種淡々と演じていると思うとちょっと20年前じゃ考えられなかったですね。マーティン・スコセッシの『ウルフ・オブ・ウォールストリート』では「レオ様こんなことまでやっちゃうんだ!」って驚きがあったけど、それともまた全然違う驚きがありました。役者としての新たなすごみを見せつけられました。

日本の役者さんだったら山田孝之さんとかも近いものを感じました。昔は爽やかな男前をよく演じていましたが『全裸監督』の衝撃はすごかった。振れ幅がすごい！と日本人なら誰しも思ったことでしょう。

だから、最初はストーリーの面白さに引き込まれて、でもあとでよくよく考えたら、「あれディカプリオだよな」っていう興奮が押し寄せました。

他の惑星に行くような壮大さもあるんだけど、こぢんまりとした印象がある

メリル・ストリープも衝撃的な演技でした。アカデミー常連女優がこんなことまでやっちゃうんだと。でも一番よかったのはワイドショーの司会者役のケイト・ブランシェット。もう最高でした。一見ケイト・ブランシェットってわからないくらいメイクが濃くて。「めちゃくちゃ顔変わった？」って思ってびっくりしたんですけど、ただの特殊メイクでよかったです(笑)。ケイト・ブランシェット結構好きなので。カッコいい役でしたね。

そしてまたまた登場マーク・ライランスも素晴らしかった。イーロン・マスクを彷彿とさせるような存在の役で。顔はマーク・ライランスのままなんですけど、喋り方も表情も役にすごく入り込んでいて、最初わかんなかった。やっぱりこの役者さんすげえなって思いましたね。

さぁこれだけ豪華な役者陣が出揃って演技勝負を繰り広げるわけですが。なんか舞台感があったんですよね。予告を観て感じた感覚もあながち間違ってなかったっていうか。他の惑星に行くような壮大さもあるんだけど、やっぱりワンシチュエーションの印象がある。同じく地球の危機を描いた「ディープ・インパクト」の匂いのかけらもない。最後の最後まで政府がパニックにならないところもおかしかったし、終わり方もすごく好きでした。エンドロールのあとまで観てくださいね。

アメリカにおける環境問題への警鐘や政治問題やネット社会が描かれている

アメリカが抱える環境問題への警鐘や政治問題。そしてネット社会が描かれていますが、ディカプリオがこの映画で一番伝えたかったのはやっぱり環境問題なのですかね。風刺が効いた作品でもあります。というかそれがかなり濃いです。

コメディが得意な人が描くシリアスな題材の作品ってすごく辛辣で的を得てる

アダム・マッケイ監督はやっぱりコメディ×社会ドラマの監督ですね。『バイス』も『マネー・ショート』も『俺たちニュースキャスター』も全部繋がっております。『ドント・ルック・アップ』はその全ての集大成となっている気がします。ちょっと作風は変わりますが、『アザー・ガイズ』が地味に好きです。マーク・ウォールバーグとウィル・フェレル主演の凸凹刑事コンビの映画。全然関係ないですが、オススメです(笑)。

ところでなんでコメディ得意な監督ってシリアスなドラマも得意なのでしょうかね。すごく辛辣で的を得た作品が多いですよね。やっぱりアメリカのスタンダップコメディなんか観ていても風刺を盛り込んでますもんね。『アス』とか『ゲット・アウト』のジョーダン・ピールも元々コメディアンだし。ジョークって人間の情けなさの真ん中を捉えるからドキッとすると同時になんか笑えるんだろうね。『ドント・ルック・アップ』は登場人物みんなに対して人間の情けなさが感じられて。でもそこも哀しいかなんか笑えるよねという絶妙な切なさがあります。アダム・マッケイはその辺を上手に描きますね。笑いと同時に社会について考えたいSF好きのあなた方におすすめの映画です。

ハッチング ―孵化― 2022

完璧で幸せに見える家庭で抑圧された少女が主人公の北欧発の戦慄のイノセントホラー『ハッチング―孵化―』について語ります。まずは、読者の方から送っていただいた本連載へのメッセージの話題からお届けします。

――先月はカワカミー賞の回でしたが、その前の回の『ドント・ルック・アップ』を取り上げた回にメッセージが来ていて。メールの一部を紹介すると、「レオナルド・ディカプリオ主演なのに最初の10分くらい認識できなくて『レオ様まだ出てこないの？』と(笑)。それくらいうだつのあがらない大学教授役がハマってましたね」と。

あははは。

――「他も豪華キャストですが、それぞれに“こんな人いそう”な感じが出ていて、上手いなぁと思いました。そして冴えないオジサン教授が不倫の末に小綺麗になっていく様はさすがレオ様でした！」と。

メッセージありがとうございます。今は気軽に配信で映画が観れちゃうから、逆に「何を観たらいいんだろう」って困ってる人も多いと思うんですよね。この連載はそういう人のために「こういう気分の時はこういうのがいいよ」とか、ちょっとしたコンシェルジュ的な立ち位置でいられたらなと思ってます。だからおすすめした作品のことを「よかったです」って言われると嬉しいし、逆に「私には合わなかったです」みたいな意見があったらじゃあ他におすすめしちゃうー！となる。とりあえず観てくれたのが嬉しいんですよね。

[Alexandros]が主題歌をやらせてもらった『グッバイ、ドン・グリーズ！』の主演の花江夏樹君にサスペンス系の映画をいくつかおすすめしているのですが。結構花江君にヒットしてて。「今のところ外れがない」と仰っていました(笑)。でもそれもそのはず、おすすめしているのが往年の名作なので。そりゃ面白いはず。僕がリアルタイムで観てた『ユージュアル・サスペクツ』とか『セブン』を花江君はリアルタイムで観ていないわけで。おすすめのしがいがある(笑)。僕としては、今でもすごい映画だと思う『ユージュアル・サスペクツ』や『セブン』を初めて観れるのが羨ましいわけです。同時に自分も歳を取ったんだなという憂いも感じますが(笑)。『バック・トゥ・ザ・フューチャー』とかも僕の世代は観てて当たり前だけど、年下世代にとってはそうじゃない。名作映画を下の世代におすすめして、観てもらえると嬉しい。さらに「面白かった」と言ってもらえたら自分が撮ったわけでもないのにほくそ笑んでしまう。映画をおすすめできるというのは嬉しいことです。まー昔でいうところのちょっと小うるさいビデオ屋の店長だと思っていただければいいかなと。

――わかりました(笑)。他にメールを送ってくれた方は、『ドント・ルック・アップ』を観たくてNetflixに加入したそうで、映画を観る前にもう一度この連載を読んでくれたそうです。川上さんの直筆の評価についても、「KUA'AINAのチーズバーガーもレビューが上がった日に速攻食べました(笑)。その例えから、これは絶対おもしろい映画だ！と思ったほどです」と書いてくれてます。

嬉しいですね。ごはんが美味しそうに描かれている映画は僕の中ではもう間違いないんですよね。だから、この連

あらすじ：北欧フィンランド。12歳の少女ティンヤは、完璧で幸せな自身の家族の動画を世界へ発信することに夢中な母親を喜ばすために全てを我慢し自分を抑え、体操の大会優勝を目指す日々を送っていた。ある夜、ティンヤは森で奇妙な卵を見つける。家族に秘密にしながら、その卵を自分のベッドで温めるティンヤ。やがて卵は大きくなりはじめ、遂には孵化する。卵から生まれた“それ”は、幸福な家族の仮面を剝ぎ取っていく――。

監督：ハンナ・ベルイホルム／出演：シーリ・ソラリンナ、ソフィア・ヘイッキラ、ヤニ・ヴォラネン、レイノ・ノルディン

DVD 4,180円 発売・販売元：ギャガ ©2021 Silva Mysterium, Hobab, Film i Väst

載での映画の評価の仕方も食べ物に例えることにしました。

フィンランドのホラーチックな作品は ダークファンタジーっていう言い方が しっくりくる

――今回の『ハッチング―孵化―』はどうでしたか？

おもしろかったですね。監督のハンナ・ベルイホルムさんは今回が長編デビュー作ということで。僕の中では北欧らしい映画だなと感じました。しかしこういう題材を映画にすると北欧は強いですよね。画面は輝度が高く明るいんだけどどこか闇を感じる。〝白夜〟という現象が起こる国ならではの絵作りですよね。あれは北欧ならではのアプローチですね。他の国にはないホラー映画のタッチだと思います。もちろんこの『ハッチング』にもしっかり盛り込まれています。あとは最近だと『The Innocents』も結構心理的に来る怖さがある北欧ホラーですね。

さて『ハッチング』はホラー映画として打ち出されてますけど、僕としてはそんなにホラー映画っていう感じはしなかったんです。フィンランドのホラー作品はほとんどダークファンタジーという言い方がしっくりくる。『ぼくのエリ 200歳の少女』とかもそうですが「ダークファンタジー」はどこかおとぎ話めいている。それでいて説法のようなものも感じます。

――主人公の12歳の少女・ティンヤは母の夢を託され、新体操に精を出してるわけですけど、母に認められたいっていう抑圧から〝何か〟を生んでしまい、それが原因で幸福に見えた家族が壊れていくっていうのがストーリーの軸なわけですけど。

『ハッチング』はフランス語のタイトルが『EGŌ』なんです。日本語で言うと〝自我〟ですね。主人公の少女が卵から育てたものに自我が生まれてっていうのが軸ではある。ただ、お母さんをはじめとする登場人物の〝自我〟、所謂〝エゴ〟がキーになってるので、フランス語のタイトルの方には説得力がありますよね。利己主義のメタファーを忍ばせているなと。

明るいんだけど怖いっていう この映画の一番の象徴が お母さんの表情の作り方かもしれない

――お母さんのエゴというか狂気の感じさせ方も怖かったですよね。

そう。正直お母さんが一番怖かったです（笑）。一番最初からすごく怖かった。すごく綺麗な方ですけど、基本的にずっと笑顔ですからね。明るいんだけど怖い。この映画を象徴するのがお母さんの表情の作り方ですね。特に印象的だったのが、お母さんが浮気相手に会うための旅行から帰ってきた時に「やっぱ我が家が一番だね」って言うシーンがあるのですが。お父さんも浮気には気づいてるんだけど、息子は「ママ、おかえり！」って抱きつく。最初は抱きしめるんだけど、すぐ「もういいでしょ？」って自分から引き離そうとするんだけど、悪びれてない感じが怖い。お母さんだけじゃなくお父さんがずっと笑ってるのも怖い。ヒトコワですね。

ただ、最初は少女がお母さんから過剰な期待をかけられてかわいそうだなっていう気持ちで観てるし、お母さんは恐怖の対象なんだけど、後半は「お母さんの言い分もわかるな」っていう気持ちになってくる。お母さんの笑顔が引きつって見えてきて、「これ、無理矢理笑顔を作っているんだな」と感じるんですよね。あれだけ怖かったお母さんに同情してしまいます。

夢落ち感をあまり出さないところが新しい

主人公が襲われてワーッ！となるような出来事が起きて。はって目を覚ましたら「夢だったんだ……」みたいなシーンが結構連発します。でもそれが全部夢なわけでもないんですよね。夢落ち感をあまり出さないところがフレッシュでしたね。ファンタジー色が強いんだけど、内容はとてもリアルです。あと、大きい卵から生まれた何かの造形に最初はちょっと心配になるのですが……なんか許せちゃう。いやなんというかちょっと。かわいすぎるんじゃない？というかね。でもリアルな怖さではなく、かわいさを強調したのは童話感を出したかったんだろうし、少女の〝人格〟が投影されているからなのでしょうね。そう思うと、その〝何か〟と少女が瓜二つに見えるんですよね。「痩せたんじゃない？」って言われるシーンもあったのでわざとだと思います。バレエを踊っている時も〝それ〟にしか見えないシーンがあったり。既に別人格みたいなのが表現されています。後で思い返してもよかったなって思うシーンがいろいろとありますよね。〝それ〟がどんな造形なのかは是非映画をご覧ください。

ムーミンも 明るくてかわいい雰囲気がありつつ 怖い雰囲気も出してますよね

フィンランドって幸福度ランキングで世界1位だそうです。福祉がとても充実しているそうですが。この映画を観ると「そうでもないのかもしれない」とちょっと闇を見た気持ちにもなります。ムーミンはフィンランド代表のゆるキャラ（？）。ムーミンも小説を読むと結構ギリギリの内容が多いです。重いし、辛辣だし、完全にホラーの回もあります。ニョロニョロが出てくる回とかね。ムーミンの闇を知ると、この映画もさらに楽しめるかも知れません。

TITANE チタン 2022

『RAW～少女のめざめ～』で鮮烈なデビューを飾ったジュリア・デュクルノー監督の長編2作目にして第74回カンヌ国際映画祭で最高賞であるパルムドールを受賞した衝撃作『TITANE チタン』について語ります。

俺は好きでした。塚本晋也監督の『鉄男』味を感じた！という意見も結構あるみたいですね。面白いと思ったところはいろいろあるんですが、まず何より展開が全然読めない。そして愛の矛先が見えない。父と息子の愛なのか、父と娘の愛なのか、他人同士の愛なのか、ジェンダーを超えたわけわかんなさがあるんですけど、おそらくラブストーリーではあります。

――監督も、「最終的にラブストーリーに思える映画にしたかった。もっと厳密に言うと、愛の誕生のストーリーを描きたかった」と話してます。

うん。それは伝わりましたね。『ソウ』とか『ムカデ人間』系の気持ち悪そうな痛さを求めている人にすごくハマる映画だと思うし、そこを抜きにしても一本の映画としておもしろい映画だと思います。

グロいのが苦手な人にも頑張って観てほしいなと思います。変態監督が撮った変態の弱さを生々しく描いた作品というか(笑)。とにかく観てほしいなと思いました。

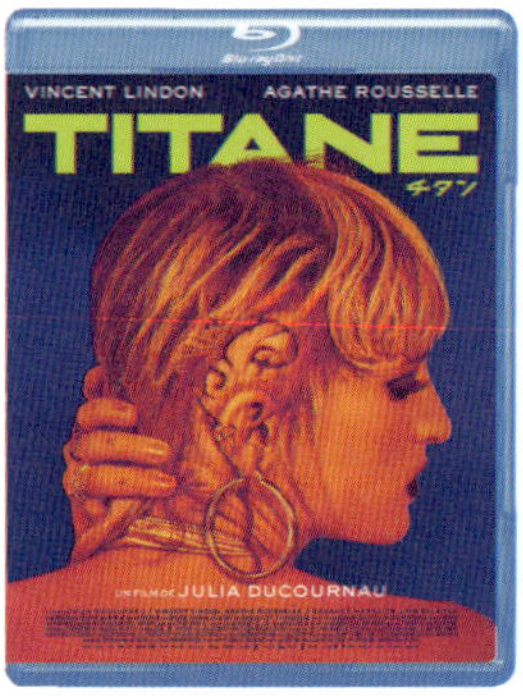

あらすじ：幼い頃、交通事故により頭蓋骨にチタンプレートが埋め込まれたアレクシア。それ以来、車に対し異常な執着心を抱き、危険な衝動に駆られるようになる。自らの犯した罪により行き場を失ったある日、消防士のヴァンサンと出会う。10年前に息子が行方不明となり、今は独りで生きる彼に引き取られ、2人は奇妙な共同生活を始める。だが、アレクシアは自らの体にある重大な秘密を抱えていた――。

監督：ジュリア・デュクルノー／出演：ヴァンサン・ランドン、アガト・ルセル

Blu-ray 5,280円 発売・販売元：ギャガ ©2021 KAZAK PRODUCTIONS – FRAKAS PRODUCTIONS – ARTE FRANCE – VOO

主人公からは最終的に愛に飢えていたんだなっていうことが伝わってきた

——主役のアレクシア役のアガト・ルセルはキャスティング・ディレクターがInstagramで発掘した新人で今回が長編映画デビュー作だと。俳優の他に、モデル、ジャーナリスト、写真家としても活動していて、過去にはフェミニスト雑誌の編集長を務めた経験もあるそうです。

すごい存在感でしたよね。『ドラゴン・タトゥーの女』をなんとなく思い出しましたが、もーーっと破滅型の主人公でした。パンクというかアナーキーというか。最初「かっこいいな」って思って観てたんだけど、だんだん不気味さの方が増していった。交通事故に遭ってチタンを埋め込まれたことで車と融合するみたいな。要するに機械に近くなって人間らしさを失ったように見えるんだけど、最終的には愛に飢えていたんだなっていうことが伝わってきます。むしろ生き物感が強まる。そうやってアレクシアが生き物らしさを取り戻していく様を描く映画なんだけど。そのやり方がまぁ乱暴でして。殺人を犯して指名手配されているから、行方不明になっている消防士の息子の振りをして、「ただいま父ちゃん」と嘘をつき、知らない父親に匿ってもらうという設定がハチャメチャで好きでした。しかもその変装の仕方が、自分の鼻をぶち折って、男になりきる……なんて破滅型なお人なのだと。トム・クルーズもびっくりよ、と。その消防士の父親が典型的なマチズモなタイプ。そういう意味で消防士という職業に就いてるという設定。それでなんとアレクシアも消防士見習いとしてマチズモな世界に飛び込むわけです。いやはやねじ伏せ設定に私もびっくりです。が、結構面白いんですよ。

カルト映画になる要素はあるんだけど、一貫したメッセージ性が貫かれている

単なるカルト映画として終わるわけではありません。その要素は多分にありますが。というのも最後がすごく救われたので。「あー、なるほどな」っていう終わり方で。そこがこの映画が評価されているひとつのポイントでもあると思います。展開は全然予想できないんだけど、一貫したメッセージ性が貫かれていて。アレクシアがそれを全うするために成長していく様が感じられた。しっかりポップな要素も含まれているのです。

ところで序盤でアレクシアがモーターショーでダンスするシーンがあるんだけど、炎の柄の車がめちゃくちゃカッコいいんです。メインビジュアルもお洒落ですけど、いちいち絵になるショットが多かったなぁ。カメラマンが素晴らしいと思いました。

——今作のプロデューサーはカワカミー賞の２０２１年ベスト作品賞にも選ばれた『ビバリウム』も手掛けたフィリップ・ロジーで、他に『神様メール』や『わたしは、ダニエル・ブレイク』や『皮膚を売った男』も手掛けている方です。

えぇーーー。見事に全部好きな作品ですね。

ところで映画プロデューサーの仕事って結構謎だと思うのですが。お金を調達するのがメインだよ！　みたいなのを冗談で言う人もいますが、実際はどうなんでしょうね？　よくわかっていません。「こういうことやったらいいんじゃないかな」とかちょっと提案する感じなら……僕もやってみたいですね（笑）。結構自信ありますぜ。

直感的に映像を感じる映画としても楽しめる

ジェンダーの問題をはらんだ映画がここ数年本当に増えましたよね。それが含まれてないといけないのかなぐらいの感じで。今はそういった問題提起をしなければいけない状況だからか盛り込んでるところもあるんだと思いますけど、そうじゃなくなった時が、それこそが新しい時代の到来だと思います。バランスよく入っている映画もあれば、わざとらしく入れる映画もあるけど、真面目な話そこばかり気にしては映画の本来の目的を損なってる気もします。そこは無理に入れないでほしいなと思いますね。

でも『ＴＩＴＡＮＥ』はちゃんと必然性があるし、観た人それぞれが考察するような映画でもあると思います。そういうこと考えずに直感的に映像を感じる映画としても楽しめると思うんですよね。あと……意外とそんなに複雑な映画でもないと思う。確かに直感に頼る作品ではあるけど。（庄村）聡泰は絶対好きだと思うので、いち早くおすすめしたかった映画ですね。

最後に主演のアガト・ルセルさんのInstagramが恐ろしいぐらいかっこいいので是非チェックしてほしいです。

リコリス・ピザ

2022

あらすじ：1973年のハリウッド近郊のサンフェルナンド・バレー。高校生のゲイリー・ヴァレンタイン（クーパー・ホフマン）は子役として活躍していた。アラナ・ケイン（アラナ・ハイム）は将来が見えぬまま、カメラマンアシスタントをしていた。高校の写真撮影で、ゲイリーはアラナに一目惚れする——。

脚本・監督：ポール・トーマス・アンダーソン／出演：アラナ・ハイム、クーパー・ホフマン、ショーン・ペン、トム・ウェイツ、ブラッドリー・クーパー、ベニー・サフディ

Blu-ray 2,075円 発売元：NBCユニバーサル・エンターテイメント

川上さんが一番好きな映画だという『マグノリア』で知られるポール・トーマス・アンダーソン監督の新作『リコリス・ピザ』について語ります。

——『リコリス・ピザ』はどうでした？

すごくよかった。淡々と引き込まれていく感覚が心地よいですね。さすがポール・トーマス・アンダーソン。「一番好きな映画は？」と訊かれたら『マグノリア』って答えていますが、ファンとしては見逃せない作品でした。話の展開としては、「どういうことやねん……」って思うところはありましたが（笑）、それでも不快感はないというか。ふんわり違和感を出して、華麗に脱線しますよね。

——確かに。

あとこれまでポール監督ってあんまりラブストーリーの印象がなかったかも。『パンチドランク・ラブ』はコメディ要素が強かった気もするし……。

——『リコリス・ピザ』はこれまでの作品の中では一番主軸がラブストーリーですよね。

そう。だから新鮮でした。あと他の作品と比べてより洒落てたな。主役のアラナを演じているのがハイムってバンドのボーカルさんなんだよね。

——そうなんですよね。

ね。映画では観たことない顔だから、最初「新人さんなのかな？」と思ってたんだけど、「雰囲気のある方だなー」と思って調べて、「ちょっ、普通にこの前ラジオで曲かけてたわ」ってなりました（笑）。

——（笑）。アラナはハイム家の三女ですけど、メンバーである姉2人とあと両親も出てましたね。

お姉ちゃんだけじゃなく、父ちゃん母ちゃんと一緒に出演するなんて。すごい度胸や。

——ハイムは元々ポール・トーマス・アンダーソンの『ブギーナイツ』が好きで、MVの監督をオファーしたところから付き合いが始まったそうです。

その辺はやっぱり音楽に造詣が深いポール監督って感じですね。今回の劇伴もジョニー・グリーンウッド（レディオヘッドのギタリスト）が手掛けてるし。繋がっていますね。にしてもポール・トーマス・アンダーソンにMVを頼めるなんて羨ましくてへどが出ますね。

――『マグノリア』ではエイミー・マンともタッグを組んでましたし。

そうそう。今回もうひとりの主役のゲイリーを演じてるクーパー・ホフマンは、ポール監督の作品ではお馴染みの故フィリップ・シーモア・ホフマンの息子なんですよね。「なんか見たことあるなー、もしや……」と思ったら当たってました！ うへへ。

一筋縄ではいかないんだけど、最終的には爽やかで素敵な気分に浸れる

――15歳と25歳という10歳差の友達以上恋人未満のような関係性のラブストーリーが主軸ですけど、あの関係性はどう見ました？

年上の女性との恋愛って妖美《ようび》ですよね。15歳と25歳っていうとまあまあな差ですけど。でもいいじゃん？ と思います。僕も高校生の時に塾の先生と一瞬付き合っていたので。

――おお（笑）。

まぁ4つ上ぐらいですけどね。でも思い出して私の青春が蘇りました（笑）。

――アラナとゲイリーは、ゲイリーが通う学校のイヤーブックの撮影にカメラマンアシスタントとしてアラナが来たことで出会います。イヤーブックは日本ではあまり馴染みがないですが、川上さんが通ってたインターナショナルスクールではありました？

ありましたね。毎年卒業アルバムの撮影があるようなもんだから、「来年はもっとかっこよく写るぞー！」って気合い入れてたのを思い出しました。でも毎回めっちゃブスでした。

――そうなんですね（笑）。ゲイリーは俳優業をやりながら、やがて流行りのウォーターベッドビジネスを始め、そこでアラナをアシスタントとして雇います。

あのくだり唐突でしたよね?!（笑）。

――ですね（笑）。

そのビジネスを日本料理のレストランで宣伝してもらおうとするところとか……。「これはなんかのメタファーなの？」と不思議でした。そこですよね。こういうのがしれっと出てくるところ。でもなぜか嫌いじゃない。振り回し過ぎない絶妙な演出ですよね。でもショーン・ペンのくだりはさすがにちょっと惑わされた。さすが大量の○○○を空から降らせる男ですよ（※『マグノリア』のネタバレ）。

――名シーンですね。

だから一筋縄ではいかないんだけど、最終的には爽やかで素敵な気分に浸れるからすごいよね。是非いろんな人に観てほしいですね。考察するのが楽しいと思う。新鮮だけど実にポール監督〝らしい〟作品かもとも思わされました。

アラナを面接する役者事務所の年配の女性がちょっと不気味な感じですごく好きでした

――ショーン・ペンもそうですが、他にもブラッドリー・クーパーとかトム・ウェイツとかベニー・サフディとかが癖のある役を演じてましたよね。どのキャラクターが好きでした？

んー……アラナのお父さんかな。

――意外にも。

さっき聞きましたが実際のお父さんが演じてるわけなんですよね？（笑）。ユダヤ教の家庭ってあんまり馴染みがないけど、昭和の日本家庭ぽさもあるかも？ って思った。あ、あと、アラナを面接する役者事務所の年配の女性もすごく好きでした。ちょっと不気味な感じで。そう考えると主人公の2人が一番まともかも。

――周りの過剰さが2人の関係性のもどかしさを際立たせてるところもありました。

ね。あの面接する女性は笑い方が魔女っぽくて『千と千尋の神隠し』の湯婆婆を思い出した。僕は80年代生まれですけど、70年代は全く自分が経験していない時代で。それを割とこぢんまり描いてるからか、昔の設定という感じがあんまり最初の方はしないんですよね。例えば『ラ・ラ・ランド』は「あー、昔の設定なのかな？」と思いきや現代の話なんだけど、これは逆。

『リコリス・ピザ』はポール・トーマス・アンダーソンによる（ほぼ）初のラブストーリー

――ポール・トーマス・アンダーソンのこれまでの作品でおすすめするとしたら？

まずは『マグノリア』と『ブギーナイツ』かな。あと、映画ではないけどトム・ヨークの『ANIMA』もよかった。

――あー、よかったですよね。

『インヒアレント・ヴァイス』と『ゼア・ウィル・ビー・ブラッド』もその次に観てみるといいかも。『ゼア・ウィル・ビー・ブラッド』はアカデミー主演男優賞も取ってるし、一番ヒットしたのかな。というか、こう振り返ってみてもやっぱり『リコリス・ピザ』はポール・トーマス・アンダーソンによる（ほぼ）初のラブストーリーって感じしません？

――しますね。

もし日本でリメイクするなら下北を舞台にしてほしいですね。いや違うか（笑）。

ボイリング・ポイント／沸騰
2022

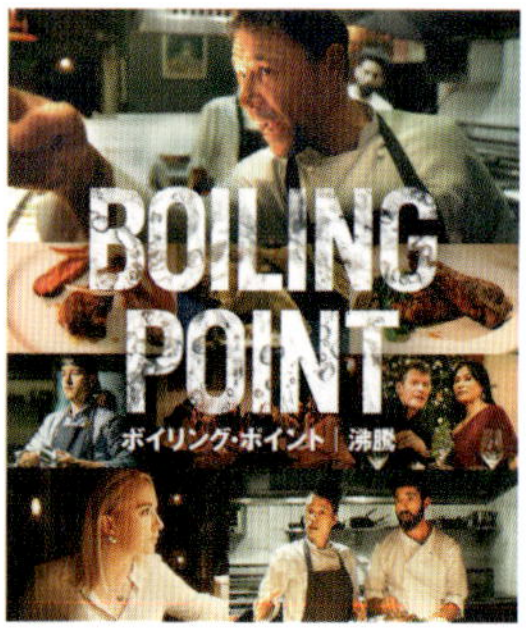

あらすじ：一年で最もにぎわうクリスマス前の金曜日を迎えたロンドンの人気高級レストラン。この日、オーナーシェフのアンディは妻子と別居しストレスで疲れきっていた。仕事に集中できず、衛生管理のチェックや食材の発注を怠ったアンディは、因縁深いライバルシェフのアリステアとグルメ評論家の来店にもプレッシャーを受けていく。さらに厨房とフロア係の罵り合いが発生し、スタッフの間に気まずい空気が流れる。そしてアンディはアリステアから脅迫まがいの取引を持ちかけられ、レストランの客に緊急事態も勃発。もはや心身の限界点を超えつつあるアンディは、この波乱に満ちた一日を切り抜けられるのか――。

製作・監督・脚本：フィリップ・バランティーニ／出演：スティーヴン・グレアム、ヴィネット・ロビンソン、レイ・パンサキ、ジェイソン・フレミング、タズ・スカイラー

Blu-ray発売中 5,280円 発売元：有限会社セテラ・インターナショナル 販売元：株式会社ハピネット・メディアマーケティング ©MMXX Ascendant Films Limited

崖っぷちのシェフのスリリングな一夜を驚異の90分間ワンショットで捉えた『ボイリング・ポイント／沸騰』について語ります。

――『ボイリング・ポイント』はどうでした？

期待越え！ めっちゃ面白かったです。冒頭からいきなり話逸れますけど、ジャケも含めて20年前くらいに公開された『ディナーラッシュ』っていう映画を思い出しました。ワンカットではないんだけど、レストランの厨房で巻き起こる物語で、僕の中でのフード系映画では1位なんです。

――そうなんですね。

『ボイリング・ポイント』もフード系映画ランキングに食い込みました（笑）。

――なるほど（笑）。

レストランが舞台の映画っていうと結構ありますよね。ブラッドリー・クーパーの『二ツ星の料理人』と『幸せのレシピ』とか、フランスの『シェフ！～三ツ星レストランの舞台裏へようこそ～』とか。あと『オリンダのレストランテ』もよかったです。まぁこの映画は雰囲気全く違いますが。

**どこまでのミスで
カメラを止めるのかが気になる**

──『ボイリング・ポイント』は、まず90分全編がワンショットっていうのがすごいですけど。

何の前情報もなく観始めたんですけど、途中から「あれ？ これワンカットじゃね？」って思って。でもさすがにどこか途中で切り替わるのかなと思ったら、そのままワンカットで終わって、「うわー！」って思いました。ブライアン・デ・パルマも真っ青ですね。

──確かに（笑）。『バードマン あるいは（無知がもたらす予期せぬ奇跡）』や『1917 命をかけた伝令』と違い、一切編集もCGもないという。

そうなんですよね。YouTubeにアップされているこのフィリップ・バランティーニ監督のインタビューを見たんですけど、インタビュアーが「ワンカットで撮るにあたり、マイクはどうしたんですか？」とか、割とこちら的にも気になる技術的なことをきいていて。その中で一番印象に残ったのが、「どうやって準備したんですか？」っていう質問に対して「私はマップアウト（＝緻密に計画を練る）をした。基本的にはそれだけだ。あとは私がやりたいことを理解してやってくれる仲間とのコラボレーションだった」みたいなことを言ってて。ちょっとはぐらかしてるんですけど（笑）。

──（笑）。役者陣のリハーサルについては、フロアスタッフで5日間、厨房スタッフで5日間行ったと。その上で、即興のお芝居も結構入っているそうです。

へえ。一瞬火傷するシーンとかもアドリブなのかな。

──あと、フォーク落としたりとかも。

ね。だからアドリブもあるんだろうなと思って観てたので、あの火傷のシーンはちょっと心配になりましたね。でもそうなると、どこまでのミスでカメラを止めるのかが気になりますよね。

──どこでNGにするかっていう。

そうそう。これはさすがにセリフ盛り過ぎだろうみたいな。まあ、ライブに近いですよね。

──確かに。ライブは、演奏があまりにも乱れたら止めますけど、小さなミスや歌詞の間違えだったらそのままやったりしてますよね。

私なんかは、歌詞はそうですね……。

──すいません、そこはあえて名前を出しませんでした（笑）。

わははは。

そこまでしてやったのがすごいなって思う

──英国インディペンデント映画賞では最多11部門にノミネートされ、助演女優賞とキャスティング賞と撮影賞と録音賞を受賞したそうです。

いやー、これを撮った技術チームに拍手をリボン付きで送りたいですよね。

──チャンネル数が38に及んでマイクが店内中に仕掛けられたって、すごい数ですよね。

基本は何人かの登場人物の周りだけでいいわけだけど、この映画の場合、たくさんの出演者が同時に動いてるわけだから。あとレストランの外にも移動するし。あの大移動の時とか、音響的には大変ですよね。

──チャンネル数が多すぎて、警察の無線システムを妨害しないように規制機関の許可を得たという。

そこまでしてやったのがすごいなって思う。でも監督のインタビューが飄々としていて、やろうと思ったらそれを実現する手法はあるってことなんだと思うけど。そういえば、ワンカットといえば、我らが［Alexandros］の「涙がこぼれそう」のミュージックビデオはワンカットですから（笑）。

──そうでした（笑）。あのMVめちゃくちゃいいですよね。

うへへ。ありがとうございます。海外MVのアプローチですよね。

──映画好きの川上さんっぽいアイディアですよね。

ですかね。俺が鍵落とすところや、主演の飯豊まりえちゃんが一瞬歌詞を間違えているところもいいんですよね。

──初々しくてね。ワンカットっていうことは、カメラのフレームの外で、メンバーみんな衣装を早着替えしたっていうことですか？

しましたね。懐かしい。2、3テイク撮ってすぐ終わりましたね。

──リハは何回ぐらい？

リハも2、3回しかしなかった。カメラの構図を決めてそれくらいで終わった気がする。だからマップアウトしかしてないです（笑）。マップアウト!!

──その言葉気に入ってますね（笑）。自分が90分ワンショットを演じることになったらどうですか？

いや、90分はちょっときついですね（笑）。失敗のハードルをちょっと下げながらやるとかないと無理だと思うな。人が転んでかすり傷くらいだったら続行するとか。セリフの面でも、普通に生活してても言い間違いや言葉が出ないことはあるわけだから、それぐらいだったら許容範囲で進めていくとか。ライブですからね。舞台は止められないわけだから。

──ひとり芝居の舞台とかだと別ですが、基本は転換や自分が出ない場面があるわけで。でも『ボイリング・ポイント』はずっと背景として存在してますからね。

そうなんですよね。ずっと料理はしてないにせよ、包丁をいじったり、ずっと何かやってそうな感じがありますよね。皿洗いの男性が外に出て女性と会ってるシーンとかはさすがに次の準備をしたりしてるのかもしれないけど。よく練られてますよね。

──そうですよね。

今年、こういうワンシチュエーションで進行する映画があまりなかった気がしてたんですけど、久々にそういう映画が観れてよかったです。

──ちょっと前だったら『search』とか。

そう。あと、俺の好きなジェイク・ギレンホールがリメイクした『THE GUILTY』もいいですよね。さっき名前が出た『1917』も厳密にはワンカットじゃないけど、すごく好きな映画ですね。

レストランでスタッフさんたちの仕事ぶりを見るのも海外旅行の醍醐味

——登場人物それぞれの人生模様が交錯していく作品ですが、特に印象的な人物はいましたか？

デザートコーナーのちょっと年配の女性と若い男性っていうパティシエの2人組ですね。男の子の腕にためらい傷があって、それが目に入った瞬間に女性が涙目になって「何があったのか言わなくていいから」みたいなことを言う。そこで気まずくなるんじゃなく、ちゃんと受け止めてあげるのがいいなあと思いました。

——監督は12年間のシェフの経験があるということで、飲食店の労働環境のハードさをはじめとするさまざまな問題を盛り込んだそうです。

ああ、なるほど。ただ思ったのは、アメリカとかイギリスのこういう高級レストランの雰囲気ってなんかいいですよね。どっちも割とオープンにキッチンの人同士が話し合ったり、お客さんに対してもチップがほしいからっていうのもあるかもしれないけど（笑）、おもてなしも含めてかなりフランクに話しかけて。

——会話でもお客さんを楽しませるみたいな。

そうそう。お客さんにあまり隠そうともせずに、厨房の人とホールの人が「今日はどんな感じ〜？」とか喋ってて。レストランでそういうスタッフさんたちの仕事ぶりを見るのも海外旅行のひとつの醍醐味だったりするけど、日本だとそういう感じが許されないお店が多いイメージがあって。

——私語厳禁的な。

そうそう。もちろん向こうもダメなところはダメなんでしょうけど、日本ほど厳しくなさそう。そういうのがフード映画のいいところですよね。

——いろいろとリアルでしたよね。

すごいリアルだった。キッチンの子とホールの子が付き合ったりとか。ああいうシーンも好きだったな。驚いたのが、40分も遅刻してあんな軽い感じなんだ？みたいな。

——そうですよね（笑）。

全く反省してない感じでしたよね。40分って相当ですよ？

——日本の高級レストランだったらあの感じじゃ済まされなさそうですよね。

そういうところも含め、イギリスの文化がよく出てるなって。あと、僕がちょっと気になったのは、シェフが小さいスプーンでソースか何かを味見するシーンで。ああいうシーンってよく見るけど……。あのスプーンってちゃんと毎回洗ってるんだよね？って（笑）。

——綺麗好きの川上さんとしては気になるところですよね（笑）。

少々潔癖なもので……。もしSPICEの読者の方でシェフの方がいたら、「あれはこうしてるんです」っていうのを教えていただけたら嬉しいです。

——あははは。

でもあの仕草、かっこいいですよね。素早く味見して、「よし、OK！」みたいなこと言って出してみたい。まぁ僕の場合出来てみそ汁ぐらいでしょうけど。

ブラック・フォン

2022

イーサン・ホーク主演の以心電信サイコスリラー『ブラック・フォン』について語ります。

――『ブラック・フォン』はどうでした？

ちょうどよかったですね～（笑）。イーサン・ホーク出演のホラーサスペンスは良作多いですよね。なのでゆるく期待はしてました。あくまでゆるく。『フッテージ』とか『パージ』とか秀逸だったもんね。なんかひとクセ違うんだよな。

――確かに。

監督のスコット・デリクソンは『ドクター・ストレンジ』の監督もやってるんですね。確かにあの映画、前半はサスペンス要素ありますもんね。（検索して）えっ、『地球が静止する日』も監督してるんだ！　あれは不気味で好きな映画だったなー。リメイクですよね。キアヌ・リーブス主演で。あんまり興行振るわなかったそうですが好きだったな。それと『NY心霊捜査官』も邦題の割に意外と面白かった。確か昔レビュー書いた気がする。こうして見ると、やっぱなんかいい意味でひとクセあるホラー感が魅力の監督なんですね。

――そうですよね。

そして、『ブラック・フォン』ですが、イーサン・ホーク出てるし、一風変わったスパイスみたいなものがまぶされてるんだろうなあと思って観てみたらその通りで。やっぱイーサン・ホークとブラムハウスの映画って大はずしはしないですね。

――なるほど。

ツッコミどころはあるし、チープな箇所が割とあるのも否めないけど。さっき話に出た『NY心霊捜査官』もですが、CGとかの特殊効果系のチープさがわざとか本気かのギリギリのラインなんですよね。

――確かに、ちょこちょこツッコミどころはあるような。

でもそれがこの監督の味かも。あと、ところどころ『IT～』だったよね（笑）。主人公のフィニーの妹が、雨の中黄色いレインコートを着て自転車で走るシーンなんてまさにだし。でも、監督的には「あの時代の子供のレインコートは黄色が多かったから偶然だ」って言ってるみたいですけど。

――『ブラック・フォン』は原作がスティーヴン・キングの息子のジョー・ヒルの短編集に収められている「黒電話」なんですよね。

で、『IT』の原作はスティーヴン・キングですもんね。その息子さんっていうことで偶然似たのか、実はオマージュなのか……真相やいかに。

殺されると自分の名前を忘れるという設定に儚さを感じた

――少年フィニーがイーサン・ホーク演じる誘拐犯に地下室にとじ込められて、そこにある断線してるはずの黒電話に過去に誘拐された少年たちからのメッセージが届き、それをヒントに脱出を試みる話なわけですが……怖かったですか？

んー（笑）。地下室には懇切丁寧なアイテムが置いてあるわけですけど、「いや、外しとけよ！」という大きなツッコミポイントでした。タイトルにもなってる一番大事なアイテムでもありますが。でも、まぁちゃんと不気味でしたね。この映画は幽霊やら殺人鬼が出てくるけど、幽霊の方は味方で、殺人鬼の方が悪者。イーサン・ホークがその殺人鬼を演じてるんだけど、さすがでした。上裸で待ち構えてるところとか気色悪かった。

――確かに。

殺された少年たちが自分の名前を忘れるという設定は美

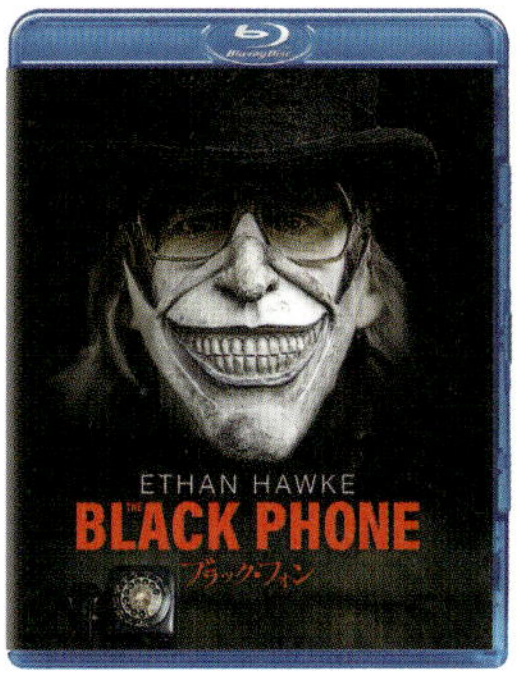

あらすじ：コロラド州デンバー北部のとある町では、子供の行方不明事件が頻発していた。気が小さく独り立ちできない少年フィニーは、ある日の学校の帰り道、マジシャンだという風船を持った男に出くわす。「マジックを見たいだろ?」の一言を発したかと思うと、フィニーは黒いバンに無理やり押し込まれ、気が付くと、地下室のような密室に閉じ込められていた。壁に囲まれたその部屋には鍵のかかった扉と鉄格子の窓、そして「断線している黒電話」があった。すると突如、断線しているはずの電話のベルが鳴り響く。フィニーは恐る恐るその受話器を取るが、それは死者からのメッセージだった。一方、行方不明のフィニーを探している妹のグウェンは兄の失踪に関する不思議な予知夢をみたというが――。

製作：ジェイソン・ブラム／監督：スコット・デリクソン／原作：ジョー・ヒル「黒電話」／出演：イーサン・ホーク、メイソン・テムズ、マデリーン・マックグロウ

Blu-ray: 2,075円 発売元：NBCユニバーサル・エンターテイメント

しかったですね。断片的な記憶はあるんだけど、肝心の名前、つまり自分の存在を消されたことに「殺されること」の物哀しさが表れています。

——成仏できずに彷徨《さまよ》ってる感というか。

地縛霊みたいな。結局イーサン・ホークがなぜ子供を監禁するのかっていうオチの部分には少し弱さを感じたけど、あのお面キャラ自体にはドキドキしましたね。

——『ブラック・フォン』の舞台は1978年のコロラド州デンバーの北部で、スコット・デリクソン監督の幼少期にあたる70年代は子供の誘拐事件や殺人事件が多発していて、そこに対して恐怖感を抱いていたっていうのも今作を作る動機だったとか。

確かに。時代背景を上手に絡めてますね。ハリウッド映画はそういうのが多い。アメリカは時代によって、印象的な猟奇殺人事件が起きていて、その犯人をキャラクター化した映画も多く描かれてますけど。『ブラック・フォン』でイーサン・ホークが演じる誘拐犯も、モデルがいるんだろうな。

——結構癖の強いキャラクターですしね。

そう。日本だと、そういう実際の犯人をモチーフにするっていうのは不謹慎なものとして捉えられそうで、やってもかなりぼかすことが多いですよね。例えば酒鬼薔薇聖斗とかも、映画でキャラクターとして君臨させるようなアプローチはしないでしょう。

——そうですよね。連想はさせるけど、ぐらいで。

ハリウッドはそこら辺が大胆ですよね。それはさておき、『ブラック・フォン』はホラーだけじゃなく、冒険的な要素もあってそこが好みの分かれ道かも。『グーニーズ』じゃないけど。

観てみたら意外と面白かったっていう流れを自ら作る方がいい

——冒険を通しての子供の成長物語みたいな要素も強いですよね。

そうそう。あ、あと主人公の男の子が男前でしたね。

——そうですね。美少年でした。

『ベニスに死す』のあの子を彷彿とさせる。

——ああ、『ミッドサマー』の老人として話題になった。

そう。あの飛び降りちゃうおじいちゃん役の。あと、『ターミネーター2』のエドワード・ファーロングとか。

——そういう儚《はかな》い雰囲気がありますよね。

ね。それと対照的に妹がちょっとおてんばで腕っぷしが強くて、兄を守る勇敢さがあって。

——果敢にいじめっ子と対決したりしますからね。

そう。でもお父さんには虐待されていたりするんだよな。

——そのお父さんは、奥さんが亡くなってしまった喪失感を紛らわせたくてアルコールに溺れてて。でも頑張って子供2人を育てようとしているという。

そこに共感しないわけではないんですけどね。ちょっとホラー映画の要素が薄れる瞬間でもあるかも。だからすさまじいまでの怖さを期待してた人は拍子抜けするかもしれないけど、僕はゆるくしか期待してなかった分、楽しめました。ホラー映画は期待し過ぎないほうがいい。「60〜70点くらいかな」って思って観るぐらいが一番いい。何故なら「面白いかな?」というより「怖いかな?」という構えで観始めるじゃないですか。だから他のジャンルよりも構え方の強張りがキツイんですよね。だからその構えを緩める。つまりもっと油断してみる。そうすると大して怖くない映画でもビビれます。私ぐらいになると、予告を観れば大体そこのさじ加減がわかります。わっはっは。

——(笑)。『ブラック・フォン』は予告では何点の予想だったんですか?

まさに60……70点いったらいいなくらいに思ってたんだけど、実際観たら全然超えてました。

——80点ぐらいとか?

80は……。んーギリギリ80くらいかな。

——なるほど(笑)。

でもだから雰囲気づくりはすごく上手い。さすがブラムハウス。高級感はないけど、けっして安っぽくはない。「川上、金返せ」って言われるレベルではないはずです。

——そうだと思います(笑)。

久々にちょっとピリッとする映画でした。美味しいうな重についてくる山椒みたいな。褒め言葉ですからね! 最良の暇つぶし映画だと思います。

ぽつんと上映されてる映画が心に残ることが多い

——イーサン・ホークっていうと、2020年のカワカミー賞のベストアクターを『ハイウェイの彼方に』で受賞しています。

『ハイウェイの彼方に』は日本では劇場では公開されずに配信だけなんだよな。カワカミー賞は、あまり人が賞賛しなさそうな映画を選びがちですが、本当におすすめなのです。映画館でバーッて人が集まってる映画をかいくぐって、ぽつんと上映されてるような映画が心に残ること、ありますよ。そういう戦い方をしてきたこと自体素敵な映画だなって思えちゃうし。贔屓しちゃいますよね(笑)。

——次回、8月22日公開回は2022年上半期カワカミー賞ですので。

そうか! 僕は最近だと『X エックス』を観ましたね。

——あの映画、すごくないですか?(笑)。

結構痛快でした(笑)。痛快といえば、『炎のデス・ポリス』っていうタランティーノっぽい映画あるじゃないですか。あれもめっちゃ楽しみですね!

後日談:あんまりおもしろくなかったです。

NOPE／ノープ
2022

『ゲット・アウト』や『アス』で知られるジョーダン・ピール監督の新時代のサスペンス・スリラー『NOPE／ノープ』について語ります。

——『NOPE』どうでした？

いや～、もう傑作でした！　大好物中の大好物！　ジョーダン監督は『ゲット・アウト』も『アス』も大好物だったのでもちろん楽しみにしてたんですけど、私の中で今回の作品はジョーダン作品1位に躍り出ました。

——おお。前2作品と同様、人種差別をテーマにしている部分もありつつ、方向性が大きく違いますけど。

そうですね。これまでに比べて説教臭さが抑え気味というか。問題提起ものは少々気疲れするところもあるので。でも今作はストーリー展開に集中できました。

——確かに、これまでは「考えろ！」っていう圧が結構ありましたけど。

そうそう。端的に言うと見やすかった。今回はエンタメにおける見る側、見られる側というテーマが一番大きかったじゃないですか。そういった問題提起はありつつも、そのテーマ自体、万国共通の誰しもが入り込めるものだから僕としてはとてもよかった。

——確かに伸び伸びと考えられたところはありました。

あとは何より理知的なSFとも呼べる雰囲気がすごく好きでしたね。ジョーダン監督がこんな作品撮るなんて

あらすじ：田舎町の牧場に空から異物が降り注ぎ、牧場を経営する一家の父が息絶える。現場にいた長男は、謎の飛行物体を目撃していた。やがて、妹と共に動画撮影を試みた彼は、想像を絶する事態に見舞われる——。

監督・脚本：ジョーダン・ピール／出演：ダニエル・カルーヤ、キキ・パーマー、スティーヴン・ユアン、マイケル・ウィンコット、ブランドン・ペレア他

4K Ultra HD+ブルーレイ：7,260円 発売元：NBCユニバーサル・エンターテイメント

ちょっと驚きました。『コンタクト』とか『メッセージ』とか、先日話に出てきた『地球が静止する日』みたいな。ちょっと哲学的なSF好きにはたまらないんじゃないかな。あとは謎の存在の描き方。いかにもな造形の宇宙人じゃなくて安心しました。一瞬ヒヤっとする場面はありましたけどね（笑）。個人的にはこういうポイントはSF映画の評価の分かれ道だと思っています。宇宙人をどれだけ地球人のフォルムの概念から離せるか。手足とか頭とかの概念さえも覆すようなね。息をするという行為さえないかもしれないわけだし。今回はどちらかというと宇宙人というよりはUFOの方だったかもしれませんが……。ちょっとネタバレになるのでこれ以上は控えます。あと「エヴァっぽかった」って感想もよく見ます。

――謎の物体は使徒のフォルムでしたね。

そうみたいですね。あと音も興味深かった。目線っていうのがキーワードだからなのか、カメラのシャッター音みたいな「パシャッ!!」みたいな音がその物体から聞こえるのも不気味だったな。IMAXカメラで撮った作品だからIMAXで観るべきなんでしょうけど……実は僕はIMAXで観れていなくて、終わった瞬間に「これはもう1回IMAXで観よう」って思いました。

――撮影監督が『TENET』とか『ダンケルク』を撮ってるホイテ・ヴァン・ホイテマですし。

口に出したくなる名前のね。

――（笑）。この人が撮る意義がめちゃくちゃありましたよね。

ほんとそう思う。重厚感のある映像でしたね。IMAXのこと抜きにしても、もう1回観たくなる映画ですね。いやー癖になる。ゾクゾクする。

タイトルからして いろんな意味に捉えられる

バンドのメンバーやスタッフに「絶対観て」ってすすめたんですよ。

――へえ。

数年前ツアー移動の機内で「何の映画がおすすめ？」ってメンバーに訊かれて、『アス』を絶対観た方がいい。でもその前に『ゲット・アウト』観て」って言って。そしたら着陸してから感謝されるという経緯があったので。「で、その『NOPE』はどんな映画なの？」って訊かれたんだけど、すごく説明しづらかった。「SFっぽいけど、サスペンスでもありホラーでもあり……」っていう風に言ったら、「何それ……おもしろくなさそうじゃん」と言われてしまいました。

――あははは。

「俺、説明するの下手だな……」って凹みました。いやー、配給会社さんに申し訳ない。

――でも確かにパッと説明するのは難しいかも。

ですよね！これはさすがに結構難しいと思う。下手したら即ネタバレに繋がるし。でもその説明しづらさがこの映画のよさですよね。ちなみにタイトルの『NOPE』は「無理っす」ぐらいのニュアンスだとは思うんですが。実際主人公のOJも劇中で発言してましたね。監督自身の説明によると、周りの人がホラー映画を観た時のリアクションをそのままタイトルにしたらしいです。「全然怖くないじゃん」っていうニュアンスにも、「いや無理無理、怖すぎ」っていうニュアンスにも取れる。それは皮肉だったり、ギャグだったりもするのかもしれないけど……いろんな意味に捉えられますよね。タイトルがなんか不思議だったな。

――終わり方も「どっちなんだろう？」って感じでしたからね。

ね。考察が考察を呼びますな。一番謎だったのが、血のついた靴が立ってたシーン。不思議過ぎていろんな考察サイト見たんですけど（笑）、正直どれもいまいちしっくりこなかったなー。

――監督はThe New York Timesのインタビューで「靴のシーンについての質問を一番多く受けるけど、明確な答えを示す気にはなれない。少なくとも今の時点では。しかし、キャラクターの視点で言えば、このシーンはキャラクターの心理が解離するスイッチが入った瞬間を描いている」という風に答えたそうです。

へぇー！いつか明かされるのを待ちたいですね。

――現時点では想像してくれってことですからね。チンパンジーが人を襲った時に子役だったジュープが助かった理由もいろんな説がありますよね。視線がチンパンジーから逸《そ》れてたからという説もあれば。

僕はジュープがアジア人で、猿はアジア人の差別用語でもあるから、共感を覚えて襲わなかったのかなって思いました。これまでジョーダン・ピールは自身が当事者である黒人差別を描いてきたわけだけど、今回はアジア人の差別も描いているのかな？と思いました。さっき言ったエヴァへのオマージュもあるし、あと『AKIRA』のオマージュもあったから、いろいろとアジア人の要素高めな印象もあって。

――確かに。

それにしても、ジュープを演じたスティーヴン・ユァンがすごく好きでした。子役から見世物小屋のオーナーになったわけで、見る側から見せる側になった人という意味合いのキャラクターでしたよね。この含みがこの映画のテーマそのものでしたね。

――立場の逆転という。

あと、コメディアンは笑わせることが仕事なわけだけど、笑われることもあるわけで、傷つくことも多々あるでしょう。

――笑わせるのって一番難しかったりしますからね。

僕もライブのMCでみんなが一番笑う箇所って若干自虐するところだから。あれだけかっこつけていた人が、ふと失敗談を語ったりするとドッて笑う。それは僕も意図してるところだから、笑わせてる自覚もあるし、お客さんも安心して笑うんだけど。でもよく考えると人の失敗を笑うなんて本来はちょっと意地悪なわけで。当人がよくても、第三者は不快だったりするからね。難しいなと思います。コメディアンはそれを生業にしてるわけで、ちょっと精神病むこともあるでしょうね。

——人を貶《おとし》める笑いで傷つく人もいますからね。

例えば「何してんねん！」って言ってバンッて叩くのも「叩かれてかわいそう」っていう反応する人がいるけど、ボケる方としてはそれが生業なわけだから。叩かれないと仕事にならないし、笑われないと仕事にならない。熱湯風呂とかも「かわいそう」って言われたら、芸を披露できなくなっちゃうわけだから。

——いかにいいリアクションをするかという。

コメディの中に真理って結構ありますよね。東京03のコントがすごく好きなんですけど、人間の〝卑《いや》しさ〟がテーマになってることが多くて。笑いながらも「あれ、これ自分にも当てはまるな」って観終わった後、凹むことが結構あるんですよね。

——ぎくっとしますよね。

そう。笑いとは人間の物哀しさや醜さを対象にしているのだなと。コメディアン出身のジョーダン・ピールの作品はブラックコメディの要素が強いですが、どこか物哀しい部分もありますよね。

完璧に理解できたとは言えないけど、そんな自分でもすごく楽しめた

——川上さん自身もエンタメシーンにおける見られる側ではありますが、それについては考えたりしました？

僕は「自分を見てくれ」というタイプですし、自らそこに入っていったわけですから、別に笑われてもいいんですけど。ただ映画では「黒人は仕方なくそういう立場を演じなきゃいけなかった」ということが言われていて。そこに悲劇が生まれるわけですね。

——人種によって立場、役割が決まってしまっているという。

だから「見られたくない」という心理が生まれる。俺は自ら視線をぐっと合わせに行きますけどね。

——前提が違いますもんね。

全く違います。自発的かやらされてるか、でも違う。『ＮＯＰＥ』のことを完璧に理解できたとは言えないんだろうけど。でもそれ抜きにしてすごく楽しめた映画。監督も今回は前よりユニバーサルな作品を目指したような気がします。

——確かに、『アス』はアメリカに住んでいるからこその根深い問題って部分が大きいですけど、『ＮＯＰＥ』はもっと広がりはありますよね。

うん。だから、日本でももっと流行ってほしいなって思う。「よくわかんねえ」って言われたらそれまでなんですけど。俺もうまくメンバーに説明できなかったし（笑）。

——でも、『ＮＯＰＥ』のＩＭＡＸ回は、枠が少ないというのもあるかもしれないですけど、平日でもかなり埋まってたりして。映画好きには刺さってるとは思うんですよね。

そうですよね。正直観終わった後は「俺はすごい好きだけど……賛否ありそう」って思ってました。でもレビュー見ると高得点のものが多い。

——もうジョーダン・ピールってだけで観たいですしね。

間違いないですね。クリストファー・ノーラン然り、クエンティン・タランティーノ然り、カリスマ性のある監督の1人。この人が撮る作品だから観るっていうね。にしてもジョーダン監督、まだ3作目にしてまた最高傑作を生み落としました。次の作品も楽しみで舌なめずりしちゃいます。

——それはすごく思います。

ただ、『ＮＯＰＥ』は上映時間2時間10分だからちょっと長めですけど。久々に途中でトイレ行きたくなりました（笑）。

——あるあるですね（笑）。

そうならないようにちゃんと上映前にトイレ行くんですけどね……。

——中座したくないですからね。

まあ結局行かなかったんですけど、落ち着かなかったな。次回はＩＭＡＸで飲食なしで挑みます。

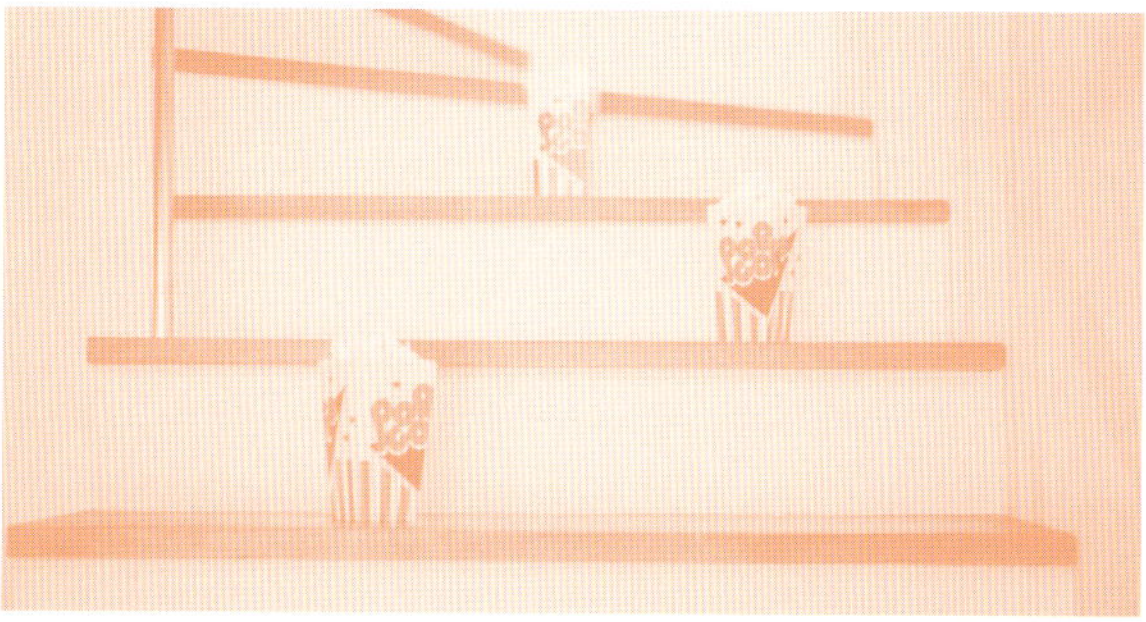

奈落のマイホーム 2022

韓国パニックムービーの名手キム・ジフン監督が手掛け、夢のマイホームが一瞬で地下500mに沈むという斬新な設定が話題の『奈落のマイホーム』について語ります。

——今回は、夢のマイホームが一瞬で陥没穴（シンクホール）に沈むという『奈落のマイホーム』です。

好きでしたね。ジャンルとしてはパニックムービーとかディザスターに入りますけど。ビルが丸ごと地下に陥没するという大胆な設定はさすが韓国だなと思いました。シンクホールという単語も今回初めて知りました。

——確かに。韓国では年間で平均900件以上シンクホールが発生していて、社会問題になっているそうです。

900件!? すごい……。そんな身近な問題ということもあって、韓国で結構なヒット作になったのかもしれないですね。日本にも埋立地はあるし、欠陥住宅の事件はたまに話題になるから他人事じゃない気持ちで鑑賞しました。

——そうですよね。

大がかりなセットを作りつつ、CGもふんだんに盛り込んで迫力ありましたね。シリアスなテーマをコメディタッチに描いているのが意外でしたね。予告を観た時はそんなに感じなかったんだけど、割としっかりコメディだったから、そこはちょっとびっくりした（笑）。

——笑えるし、ほろりとさせるところもあって。でもパニックムービーとしてちゃんとハラハラするという。

あらすじ：平凡なサラリーマンのドンウォンは11年の節約生活を経てソウルにマンションを購入、家族と共に引っ越してきた。同僚を招き引っ越しパーティーを開くが、大雨で巨大陥没穴《シンクホール》が発生。マンション全体と住人たちをわずか1分で飲み込んでしまう。ドンウォンは反りの合わない隣人マンス、そして不幸にもこのマンションを訪れていた同僚たちと共に地下500メートルに落下。さらに大雨が降り始め、穴はどんどん水で満たされていく——。

監督：キム・ジフン／出演：チャ・スンウォン、キム・ソンギュン、イ・グァンス、キム・ヘジュン

Blu-ray 5,390円 発売・販売元：ギャガ

そう。「これは無理でしょ!?」っていう笑っちゃうぐらいのスリルを見せつけてくる。いや大胆過ぎでしょ。

限られた範囲で
スケールを見せるのが上手い

——川上さん、パニックムービーは結構好きですよね。

そうですね。韓国映画だと、ちょっと前に公開された『EXIT イグジット』っていう映画があって。高層ビルで有毒ガスが上昇してくるっていうストーリーで、これも割と新感覚なパニックムービーだったなー。それもちょっとコメディタッチだったんですよね。災害ものにそういうテイストを入れると不謹慎になってしまうこともあるけどね。

——確かに。

韓国は限られた範囲でそれ以上のスケールを見せるのが上手いと感じます。日本映画にも通じるところはあるけどね。窮屈な雰囲気の中でうまく違和感を描くというか。『奈落のマイホーム』はまさにそれでしたね。

『奈落のマイホーム』は、主演のキム・ソンギュンさんがめちゃくちゃザキヤマさんに似てるっていうところもコメディ感を感じる部分ではあって（笑）。

——（笑）コントっぽく見えるところありましたよね。息子が床に転がしたビー玉が、家が斜めだから転がっていく時の反応とか。

「来るーッ!!」って言いそうでしたよね（笑）。

——あははは。

俺、キム代理の役の人、すごく好きです。

——ああ、こじらせ気味の部下という。

三枚目な役でしたが、実はかっこいいですよね。元々モデルをやっていたそうです。背も高いし、男前だったなー。

——よかったですよね。

マンス役のチャ・スンウォンは奥さんの連れ子の息子が実生活でいろいろ問題を起こしたそうですが、その彼が息子を愛する役をやるっていうことで韓国では話題になってたのかもなー。

——本当ですよね。

それにしても、『奈落のマイホーム』っていいタイトルですよね（笑）。秀逸な邦題だと思いました。

——実際奈落に落ちてますから（笑）。

そのままですよね（笑）。

マイホームを買うのは結構な賭け

——11年かけて手に入れたマイホームのマンションが1分で沈んでしまうわけで、マイホームを持つことの怖さを感じますよね。

だからタワマンの怖さも感じますよね。僕は前からマンションなら低層派ではあるんですよね。もちろん眺めが綺麗とか、高層ならではのよさはわかるけど……なんか落ち着かないんだよな（笑）。

——大雨による停電でエレベーターが停止したり、いろいろと言われたりしていますよね。川上さんもマイホームのマンションを手に入れてますが。

だいぶ前だけどね（笑）。でもちょっとしたスタジオを作りたかったので買いました。あと賃貸だと壁の色とかドアとかも変えられないと我慢できなくて。ギターを壁にかけたいし。賃貸でもある程度はできると思うんですが、ちょっと気を遣っちゃう。だから、本当に自分の好き勝手やるには購入の方がいいと思ったんですよね。

——それはわかります。

あと、猫が壁を引っかいたりもするし。賃貸だとオーナーに住まわせてもらってる感があるんですよね。ただ、不動産投資とかには興味がなくて、自分のものにしておきたいっていうこだわりがあるんですよね。貸したりはしますけど。まあそれが投資なのか（笑）。

——シンクホールが発生する前は、物語としては隣人問題にフォーカスされていて、その怖さも感じました。

ですよね。一回買ってしまったら、とりあえず隣の人とはある程度付き合わなきゃいけないわけだから、結構な賭けではありますよね。嫌な人だったらキツイですよね。

ナイトライド 時間は嗤う 2022

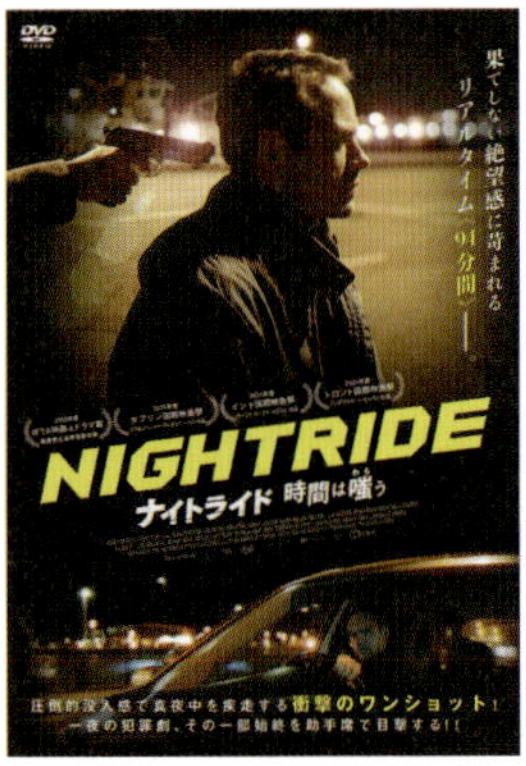

あらすじ：長年、麻薬の密売に手を染めてきたドラッグ・ディーラーのバッジは、恋人ソフィアと共に裏社会から足を洗おうとしている。引退後、堅気の友人グレアムと自動車のカスタム・ショップを立ち上げるための資金作りに、最後の大口取引を画策。ソフィアのコネでウクライナ人プッシャーから50キロのブツを仕入れ、倍の値段で売り抜けるのだ。そのために、裏社会でも一目置かれ恐れられる闇金のジョーから10万ポンドを借りる羽目となるが、売り先も確保しすべては順調に思えた。しかし、弟分のヘマからブツを積んだバンが何者かに乗り去られてしまい、買い手にも逃げられる事態に――。

監督：スティーヴン・フィングルトン／出演：モー・ダンフォード、ジョアナ・リベイロ、ジェラルド・ジョーダン、スティーヴン・レイ

DVD 4,180円 販売元：インターフィルム ©2021 NIGHTRIDE SPV LTD

一夜の犯罪劇の一部始終を助手席から目撃する驚異の94分間ワンカット映画『ナイトライド 時間は嗤う』について語ります。

――『ナイトライド』はどうでしたか?

面白かった! でもとにかくかっこよかった! というのが第一印象ですね。これは文句なしの完全なるワンカット映画ということで。

――そうでしたね。

ワンカット映画ってだけで熱いものを感じてしまう私です。この連載でも取り上げた『ボイリング・ポイント』とかもよかったね。あの映画は基本はレストランの中で展開されていて屋外シーンは少なかったけど、『ナイトライド』はほぼ屋外ということでさらに大変だっただろうなぁと察します。あと、ちょっと前の『1917 命をかけた伝令』もすごかったけど、複数回の長回しのカットを繋げて作っていて。『ナイトライド』は正真正銘のワンカット。痺れました。

――ロックダウン中に、北アイルランドのベルフェストで1日11時間のリハーサルを一週間やった末、6晩で全6テイクの撮影を行い、一番いいテイクを採用したそうです。

そうなんや。ワンカットを6回って気が遠くなるな……。

――ですよね。ロックダウン中で人気《ひとけ》がなかったこともあり、毎晩22時半頃に撮影スタートして、24時過ぎには撮影

が終了していたとか。

そっか。撮影自体はワンカットだから短いわけか。途中で警察に車を停められるシーンがあるけど、あれは実際に撮影中に警察に止められたらしいね。でもそのまま撮影していて。だから警察官の顔にモザイクかかっていたんだろうね。ある程度は想定していたのかもしれないけど、役者魂を感じる一場面だったな。

――撮影した地域は地元の若者たちと警察との間で騒動が絶えない地域らしく、冒頭で少し映っていた、瓶を投げつけられていたシーンも実際起きたことだそうです。

あれも本物だったんだ！（笑）。ぶっつけ本番とはこのことですね。車の長回しはトム・ハーディの『オン・ザ・ハイウェイ その夜、86分』を思い出しましたね。それはワンカットではないんですが、ずっと運転しながら演技していて、しかもトム・ハーディしか出てこなくて、それ以外の登場人物は全部声。なかなかシンプルだけど凝った映画だったな。

――まさに、『ナイトライド』のスティーヴン・フィングルトン監督はその映画を意識したらしいです。

あ、そうなんだ！ すごいぽいなと思った。

――それと、麻薬密売人を描いたニコラス・ウィンディング・レフン監督の『プッシャー』を融合させたら面白くなるんじゃないかという発想から始まったとか。

マッツ・ミケルセンが出てたやつだ！ なるほどね、繋がってくるな。いやなるほどな。

いろいろ起こるけど、主人公が安全な場所にいる展開じゃなくなった時にゾクッとした。

――一番スリリングだったところというと？

最初、ワンシチュエーションなのかなと思ったんだけど、途中で車から降りて、麻薬密売の仲介役みたいな怖い人と対峙したり襲われそうになったりして、「これ、車の中だけで繰り広げられる映画じゃないんだ」とまず驚きがあった。『THE GUILTY／ギルティ』みたいにいろいろ起こるけど、主人公は安全な場所にいて……みたいな展開じゃなくなった時にゾクッとしましたね。恐怖との距離が一気に近くなったというか。

――確かに。いろんな展開が起きるんだって予感しますよね。

外のシーンも割と長めにあったりするし。まさに『プッシャー』と『オン・ザ・ハイウェイ』って感じ。『THE GUILTY／ギルティ』もそうだけど、どれも寒い地域の映画で。閉塞感が漂っているのも共通点かもね。

――そうかもしれないです。あと、ハードボイルドな雰囲気が強めですよね。

そう。でも結構おしゃれだったよね。全体的な雰囲気とか。エンディングもそうだけどクールだった。音楽がかかるタイミングがバッチリだった。音楽自体もよかった。Le Carouselの「It's All About The Balance」という曲だそうですが、80年代のベルリンを彷彿とさせるような音で映画のムードにぴったりだった。全然情報がなくてエンドロール観返して調べたもん。

役者魂が伝わってきた

――できるだけ車内で録音した音を使うために、エンジン音が極力静かな車を何週間もかけて探したそうで、結果スバルの２００６年製レガシィエステートを使用したそうです。

スバルとはいいセンスですね（笑）。

――そして、追加収録された主人公のセリフは一切ないそうで。

いやあ、役者魂炸裂じゃないですか。主役の人はかなりよかったですね。

――モー・ダンフォード。今回が長編デビュー作ですね。

え……。なのに、いきなりモーダンフォード推しまくりの映画ですよね。

――基本助手席から映したモーダンフォードの映画ですよね（笑）。運転しながらあれだけお芝居続けられます？

いや、絶対無理です（笑）。

――運転はよくしてますよね。

運転は好きだし、セリフもまぁちゃんと覚えられますけど。演技は難しいなぁ……いやいざとなったら頑張る。

ひとりでポップコーン食べながらレイトショーとかで観てほしい

――スティーヴン・フィングルトン監督にとっては今回が長編2作目です。

そうなんですよね。デビュー作の『THE SURVIVALIST』も観てみようかな。

――英国アカデミー賞の新人賞にノミネートされたやつですね。

そうですね。『ナイトライド』は大きい映画館とか、いろんなところで上映してほしいですね。ひとりでポップコーン食べながらレイトショーとかで観たい。終わったらそのまま寝れるぐらいの感じ。俺は家で夜中に観たけど、やっぱり映画館の端っこでひっそりと楽しみたい。静かだけど沸々とわきあがってくるサスペンス映画はやっぱそうこなくっちゃね。

ピンク・クラウド 2023

10秒で人を死に至らしめる〝ピンクの雲〟の出現により、家から一歩も外に出られなくなった人々の新たな生活と感情の変化を描くロックダウン・スリラー『ピンク・クラウド』について語ります。

——『ピンク・クラウド』はどうでした？

期待してしまっていた分、拍子抜けはしましたが……好きでした。ピンクの雲が突然現れて、それを吸ったら死ぬので人々は家から一歩も出られないという設定。こういうのめちゃくちゃ私好みなんです。映画の冒頭で「この映画はコロナ前に制作された」みたいなメッセージをドヤ顔で添えちゃうぐらいにはコロナ禍を予言していた物語でした。

——なるほど。

そこまで評判はよくないし、いろんなレビューで「食料がどうやって供給されるのか」とか「そもそも仕事はどうやって続けられるのか」みたいなごもっともな指摘も見ましたが。でもさ、そこをツッコむ映画でもないじゃん、と。ピンクの雲って時点で、別にノーラン監督みたいに本格的なSFの雰囲気を漂わせてるわけじゃないから。星新一的なちょっとした短編小説のような映画みたいな感覚で観れば意外に楽しめるけどな。

——今作が初長編作品となるイウリ・ジェルバーゼ監督は、サルトルの『出口なし』とルイス・ブニュエルの『皆殺しの天使』を意識したみたいで、制限された状況下での生存競争を描くのではなく、感情の変化がどう変化して行くかを描きたかったと。物語の中心にいるのは一夜の関係を共にしていたジョヴァナとヤーゴの男女ですが、2人を中心に登場人物たちの思想が露《あら》わになっていきます。

ですね。ヤーゴ（男性）はそんなロックダウンの状況を「受け入れようぜ」となる。一方でジョヴァナ（女性）は受け入れられない。付き合ってもない2人の男女の関係に亀裂が走るわけだけど。俺はジョヴァナ派なのでこんな人と一緒に閉じ込められたらおかしくなるなーと思っちゃいました。コロナでも、「もうウィズ・コロナでいいじゃん。一生マスクでもいい」とか、「ずっとロックダウン状態のままでもいい」みたいなことを言ってた人が少なからずいたじゃないですか？　嘘でしょ……？と。まあ人それぞれではあるんだけど。俺は無理や。閉じ込められるのも、マスクつけるのさえ苦手。だから、ジョヴァナ側に感情移入してしまいました。

——まあそうですよね。

ヤーゴは「子供もできたわけだしさ」みたいなことを言うんだけど、ジョヴァナは「なんでそんなお気楽モードなの！」みたいな感じでちょっと怒る。なんか「わかるわー」ってなってました。

雲がピンクなのがミソ

雲がピンク色ってのがミソですよね。いかにもな毒々しい色じゃないし。なんかおしゃれな感じ。The 1975のセカンドのジャケットみたいな。

——確かに（笑）。あのネオンの色ですね。

そうそう（笑）。バトルスの『Gloss Drop』のジャケ写のピンクも思い出した。でもそれよりはもうちょっと淡くて。でも嫌悪感を感じさせない雰囲気のピンク色。不気味でしたね。生まれた子供も「僕はあの雲好きだよ」みたいなことを言うんだけど、なんか着色料まみれのお菓子に騙されてるみたいで恐ろしくなりました。

——この連載でも取り上げた『ビバリウム』にも通じるビジュアルというか。

確かに。あの不気味ザ・ワールドに通ずるものがありますよね。

——『ビバリウム』は外には出れるけど謎の住宅街からは抜けられないという状態が続くわけで。抜け出せないとい

あらすじ：一夜の関係を共にしていたジョヴァナとヤーゴをけたたましい警報が襲う。突如として発生した正体不明のピンクの雲。それは10秒間で人を死に至らしめる毒性の雲だった。緊急事態下、政府はロックダウンの措置をとり、家から一歩も出られなくなった人々の生活は一変する。友人の家から帰れなくなった妹、主治医と閉じ込められた年老いた父、自宅に一人きりの親友……。オンラインで連絡をとりあううち、いつ終わるともしれない監禁生活のなかで、彼らの状況が少しずつ悪い方へ傾き始めていることを知るジョヴァナ——。

監督・脚本：イウリ・ジェルバーゼ／出演：ヘナタ・ジ・レリス、エドゥアルド・メンドンサ、カヤ・ホドリゲス、ジルレイ・ブラジウ・パエス、ヘレナ・ベケル

DVD発売中 4,290円 発売元：株式会社サンリス 販売元：株式会社ハピネット・メディアマーケティング

う共通点はありますね。

ベランダにすら出れないのってキツいなー。コロナ禍の初期って外も出歩きづらかったじゃないですか。ちょっとでも解放的になりたくて、UberEats頼んで、ベランダで食事したりしたけど（笑）。それもできないってことですもんね。くう。

——気をつけながらの散歩がちょっとした息抜きという人もいましたけど、それもできないっていう。

あの時期のことを思い出しましたよね。

最初は平気でもだんだん狂ってくる人間の感情の揺らぎを上手く描いている

——特に印象的だったシーンというと？

んー……今ぱっと思いついたのは、マンネリ化した2人がセックスのアプローチを変えてみようとしたシーンかな（笑）。部屋をクラブっぽい雰囲気にしたり、ちょっとしたコスプレもして。でもなんか途中でバカバカしくなっちゃうシーン。ああ、切ないなって（笑）。

——形から入るみたいな感じでしたよね。

あとヤーゴがVRヘッドセットをプレゼントして、それをジョヴァナが装着してビーチに行った気分に浸るシーンも変にリアルだったな。というのも、俺もコロナ禍でVRでよくゲームしてたので。ああいう状況になったらもっと流行るだろうなって。

——外に出れないから家の中を充実させていくという。そもそもジョヴァナとヤーゴはたまたまピンク色の雲が現れる前夜に知り合った一夜の関係性だったわけですけど、登場人物それぞれ、いろんなシチュエーションで閉じ込められていて。ヤーゴの父親は主治医と閉じ込められ、ジョヴァナの妹は友人家族と閉じ込められ。

ジョヴァナの友達はひとりでしたもんね。だから2人で閉じ込められたジョヴァナはまだいい方なんじゃないかな。

——仕方ないところもありながら、パートナーになりましたから。

ひとりで延々に過ごす方がキツいかも。最初は平気でもだんだん狂ってくる人間の感情の揺れみたいなのを上手く描いてましたよね。ただエンディングはちょっとだけ拍子抜けしたな（笑）。もう少し観たかった。

——さまざまなメッセージが読み取れますけど、単純なエンタメとして楽しめるシチュエーションや設定でもあります。

THE単館映画って感じで楽しいですけどね。不気味だけどなんかちょっと小洒落てる。

いつだって希望は持っていたい

——［Alexandros］は緊急事態宣言が出ていた時期にリモートアルバムを作りましたが、『ピンク・クラウド』の世界でもリモート制作はできる。ただ、それが延々と続くというのはどう思います？

いやー、辛いですよ。この前のツアーファイナルは声出しOKになったんですが、感動しましたもん。お客さんもそうだったんじゃないかな。「こういう世界が戻ってほしかった」ってつくづく感慨深かった。俺、〝ウィズ・コロナ〟っていう言葉嫌いなんですよね。コロナなんかと一緒に生きるのなんてまっぴらですわ。だって、〝ウィズ・インフルエンザ〟とか言ってなかったわけだしさ。意味はわかるけど言葉にしないでほしい。

——新たな現象が生まれると、そこに名前を付ける風潮が今はありますよね。

〝ウィズ・コロナ〟って言われると、それに捉われてマインドが奪われちゃう。〝共存できたイコール打ち勝った〟っていう風に思いたいんですよね。「何てことはないものになったんだ」っていう。人間は誰しも死ぬわけだけど、ずっと死に捉われて生きているわけじゃない。取り戻せるものは取り戻せるわけだから。

——そうですよね。

だからやっぱり俺は〝ウィズ・コロナ〟というフレーズはなるべく使いたくない。取り戻せた時の解放感には、〝打ち勝った〟という気持ちを大事にしたいし。だから、『ピンク・クラウド』のジョヴァナはロックダウンが延々と続いて「もう無理」ってなってたけど、あの絶望感たるやものすごいだろうなと。ただ、いつだって希望は持っていたいなと。

『ピンク・クラウド』は絶妙な間柄の人と閉じ込められる

——誰と閉じ込められるのかがすごく重要だなといろいろと考えてしまいました。苦手な人とだったらどうしようとか（笑）。

「意外とあり！」ってなったりするのかもよ（笑）。

——ありになった方が自分としてもいいですしね（笑）。

この前この連載で取り上げた『奈落のマイホーム』は陥没穴に閉じ込められた映画で、家族や隣人とかと一緒に閉じ込められたわけですけど、『ピンク・クラウド』は絶妙な間柄の人。『ゾンビの中心で、愛をさけぶ』っていう映画の設定にも割と近い。

——倦怠期の夫婦が力を合わせてゾンビの世界で生き抜くというストーリーの。

あれも好きでした。

——川上さんは『ビバリウム』の時は「（主演の）イモージェン・プーツとだったら一緒に閉じ込められてもいい」と言ってましたけど（笑）。

めちゃめちゃいいでしょう！　でも最近はカレン・ギランが好きですね。『デュアル』とか『アベンジャーズ』シリーズ、あと『ガンパウダー・ミルクシェイク』に出てる。この前、「東京コミコン」で来日してたんですよね。

——そうでした。次々回は「2022年カワカミー賞」を発表する予定ですから。

そうですよね。カレン・ギランはもう大本命ですね。って、全然関係ない話題で終わりかい。

逆転のトライアングル
2023

セレブリティを乗せた豪華客船が無人島に到着したことで、サバイバル能力抜群のトイレ清掃員が全員を支配し始めるという〝逆転劇〟をブラックユーモアたっぷりに描き、カンヌ国際映画祭で最高賞のパルムドールを受賞した『逆転のトライアングル』について語ります。

──『逆転のトライアングル』はどうでした？

皮肉炸裂でかなり強烈でしたね。俺は好きでしたよ。

──ブラックユーモア満載で風刺もすごく効いてますよね。

原題は『Triangle of Sadness』なのに、なんで邦題が『逆転のトライアングル』なんだろう？って思っていたんですが、映画を観てわかった。ヒエラルキーが逆さになるってことかーって。冒頭でカメラマンがモデルに対して「眉間に皺を寄せないで」って言ってるんだけど、眉間の皺のことを〝Triangle of Sadness〟って表現していて、そこがタイトルに繋がるのかーと感心しました。

──難破した豪華客船が無人島にたどり着き、船上ではセレブリティたちが我が物顔で振る舞っていたのに、トイレの清掃係の女性・アビゲイルがサバイバル能力の高さによって乗客や客室乗務員の頂点に立つという展開が面白いですよね。

そうそう。皮肉な展開でしたね。でもさ、乗客たちがもっと暴力化するのかなと思ったんだけど、意外と冷静にアビゲイルに従っていましたよね。

──ああ。

例えば、「取ってきた魚をよこさないと殺すぞ」みたいな感じで脅すこともできたのかなと思うけど。でも、上流階級の人たちだからそういう品のないことはしなかったのかな。

──確かに。大人しく従って、そのまま社会が築かれていってましたよね。

ね。アビゲイルがいなかったら自分たちも食べ物にありつけなくなっちゃうしね。

『ザ・メニュー』も富裕層に対するブラックユーモアを描いた映画でしたけど、それを思い出しました

──無人島という文明がない世界だと、富や名声や外見の美しさが全く意味をなさなくなることを描いています。

あぁいう状況になると、結局人間ってそうなるんだなーって思ったり。去年の秋に公開された『ザ・メニュー』も富裕層に対するブラックユーモアを描いた映画でしたけど、それを思い出しました。

──富裕層が窮地に追い込まれるという面で通じますね。

そうそう。『逆転のトライアングル』は、冒頭の男性モデルたちがバレンシアガとH＆Mの撮影における表情の違いを揶揄《やゆ》しているシーンからよかったです。

──完全に小馬鹿にしてますよね。

ね（笑）。あと、船中で酔っぱらった船長とロシア人の富豪が共産主義と資本主義について語るシーンとか。そういうわかりやすい対比がちりばめられていた。序盤の、女性モデルと男性モデルのカップルがレストランでどっちが食事代を払う／払わないで気まずくなるシーンも好きだったな。

──リューベン・オストルンド監督によると、女性モデルのギャラの相場は男性モデルの3倍なので、モデル兼人気インフルエンサーのヤヤの方が男性モデルのカールより

あらすじ：モデル・人気インフルエンサーのヤヤと、男性モデル・カールのカップルは、招待を受け豪華客船クルーズの旅に。リッチでクセモノだらけな乗客がバケーションを満喫し、高額チップのためならどんな望みでも叶える客室乗務員が笑顔を振りまくゴージャスな世界。しかしある夜、船が難破。そのまま海賊に襲われ、彼らは無人島に流れ着く。食べ物も水もSNSもない極限状態に追い込まれる中、ヒエラルキーの頂点に立ったのは、サバイバル能力抜群な船のトイレ清掃員だった──。

監督・脚本：リューベン・オストルンド／出演：ハリス・ディキンソン、チャールビ・ディーン、ドリー・デ・レオン、ウディ・ハレルソン／配給：ギャガ

Blu-ray 5,390円発売・販売元：ギャガ ©2022 – Plattform Produktion AB, Film i Väst AB, Sveriges Television AB, Essential Filmproduktion GmbH,Coproduction Office Ltd., Société Parisienne de Production SARL, Coproduction Office Aps., British BroadcastingCorporation, The British Film Institute, ARTE France Cinéma

明らかに稼いでるのに、ヤヤはデート代は当然男性が払うものだと思っている。そういう風刺だそうです。

ヤヤの方が人気だからってわけじゃないんですね。ハリウッドでは俳優のギャラが男女でものすごい差があるということで問題提起されるけど、モデル業界は逆なんだなー。そういう意味では音楽業界は割とフェアかも。

人間社会のシステムそのものを皮肉っている感じがよかった

――前半で現代のインフルエンサーのライフスタイルとかを描きつつ、後半で無人島に流れつくという構成になってます。

無人島だからもう金持ちとか貧乏とか関係なくなっていく展開は面白かったですね。日本には階級制度がないじゃないですか。インドのカースト制度やイギリスの労働階級とかと比べると、日本ではヒエラルキーって割と無縁なのかなって思いがちだけど。でも生活している中で「割と身近だな」って気づかされたかも。

――なるほど。

監督のインタビューで興味深かったのが「僕でもビジネスクラスに乗れば、エコノミーの時とは違う優雅な行動を取る。優越感も感じる。特権に影響されないのはほぼ不可能だよ」みたいなことを言ってて、本音言うね〜って思いました。でもだからこそこの映画って、「それって人間の性《さが》だから仕方ないよね」っていうようなことを描いてる気もしていて。そこが僕が好感を持ったところでしたね。

――そうですよね。

アビゲイルもヒエラルキーが下だからって善人かというとそうじゃない。無人島では、唯一釣りが得意だから、ヒエラルキー的には逆転してトップになる。でもみんなに食べ物を平等に渡すわけでもないから善人としては描かれてないんだよね。だからあからさまな上流階級への批判とか、誰がいい、悪いとかじゃなく、人間社会のシステムそのものを皮肉っている感じがよかったな。

――確かに。

話逸《そ》れますけど、昨年末のM−1でウエストランドさんがYouTuberとかをイジったようなネタで優勝しましたけど、あれを思い出したんですよね。結構賛否あったじゃないですか？　あの時点でのウエストランドさんの立場からのヒエラルキー上部の人たちへのネタはディスりなのか？　いじりなのか？　みたいな。

――ああ。

あのネタを大御所がやるとまた違うじゃないですか。これから頂点目指します、這《は》い上がっていきますっていう人たちだから、あのイジりがブラックジョークに聞こえた。でも「悪口言うなんてひどい！」みたいな人もいたわけで。あのネタをどう受け取るかによって自分の立場やスタンスがわかる、踏み絵的なところもあるのかもしれないですね。

ウエストランドのネタに対しての感じ方で自分の立場がわかるのかも

――川上さんはどう思いました？

僕は好きでした。「いいねえ」「言うねえ」みたいな（笑）。

――（笑）。

例えば、ダウンタウンさんがまだ新人だった頃、先輩芸人や大御所俳優に噛みついていたわけじゃないですか。「えー！　浜ちゃん、そんなことして大丈夫!?」みたいな感じで世間は戦々恐々するわけですが、なんか痛快だった。もちろんリスペクトもあったから完全には炎上しなかったんだろうし。何より面白かったからね。下の立場から攻めるからこそかわいげがあったし、テレビの前のちびっこは親近感も覚えた。「大物俳優とか大物芸人って言われてる人に対してもツッコめる俺たちの浜ちゃん！」みたいな感じでね。

――活きのいい若手みたいな。

そうそうまさに。ウエストランドのネタに対して、それに近いものを感じるか感じないか。その感じ方で自分の〝立場〟がわかるのかもしれない。ある意味ではね。

――なるほど。

で、『逆転のトライアングル』はというと、どの登場人物に一番感情移入できるかで、自分の立場が理解できるわけなんですよ。だからちょっとウエストランドとこの映画に近いものを感じたんです。

『ザ・スクエア』は明確に特定の人に対する批判があった気がするけど、今回は割と人間そのものに対してって感じだったのが好きでした

――ああ、そうかも。リューベン・オストルンド監督は前作の『ザ・スクエア 思いやりの聖域』でもパルムドールを取っているので、2作連続という快挙を成し遂げています。

あの映画は何の前情報もなく観ていて。ヨーロッパのオシャレな雰囲気の映画やなーと思ってたらいつの間にか薄気味悪くなっていって。皮肉とメタファーがオシャレにわからないように盛り込まれていてかっこいい映画でしたね。でも『逆転のトライアングル』ははっきりと描いてる。それに、『ザ・スクエア』は明確に特定の人に対する批判があった気がするけど、今回は割と人間そのものに対してって感じだったのが好きでした。

――さて、次回2月22日公開回は、予定では2022年カワカミー賞の発表なんですが。

そうなんですが、アカデミー賞のノミネート作品とかが気になるので、次回じゃなく、3月以降の発表にしましょう（笑）。とりあえず『バビロン』観たい！（笑）。

バビロン 2023

『ラ・ラ・ランド』で知られるデイミアン・チャゼルがゴージャスでクレイジーな1920年代のハリウッドを舞台に、夢と音楽のエンターテインメントを描いた『バビロン』について語ります。

——『バビロン』はどうでした？

破茶滅茶でしたね（笑）。爽快でした。アカデミー賞にノミネートされている『エブリシング・エブリウェア・オール・アット・ワンス』に近い振り回し感もありつつ、3時間8分ずっと遊園地にいた気分になりました。ジェットコースターというか遊園地そのもの。感想としてはね。

——過剰ですよね。

そう。でもめっちゃいい過剰。ちょうど気持ちいい振り回しでした。チャゼル監督の『ラ・ラ・ランド』は誰もが好きになるような映画だったけど、『バビロン』はその裏をいくような雰囲気でしたね。夢を目指す者の悲劇と喜劇を描くという部分では同じだけど、悲劇の部分が強調され過ぎているポイントが『ラ・ラ・ランド』より好みでした。登場人物も多いけど、誰かしらには共感できて、その中でも「誰に一番近いかな」って考える楽しみがあった。目まぐるしい展開の中で、すとんと落ちる瞬間がありましたね。

——ストーリーとしては、1920年代のハリウッドを舞台に、ブラッド・ピット演じるサイレント映画の大スター、ジャック・コンラッドと、マーゴット・ロビー演じるスターを目指す新人俳優ネリーと、ディエゴ・カルバ演じる映画製作を夢見る青年マニーという3人の夢がどうなっていくか、ということが主軸なわけですけど。

僕はマニーとジャックにすごく共感しましたね。夢を目指す、まだ何者でもない青年。そして苦境に立たされる世紀の大スター。この2人の描写はくるものがありましたね。でも、本当に目まぐるしいから「俺、何の映画観てるんだろう？」ってなった瞬間が何度かあった（笑）。

——トビー・マグワイアが出てきたところとか。

そう、そこらへん。あそこは一番闇の部分だよね。1920年代のハリウッドはサイレント映画が盛り上がっていて、トーキー映画に移行していく中で落ちぶれていくスターもいて。それが例えばジャックなわけですけど。現代の映画業界はそういうことの反復の上に成り立っているんだよ、というメッセージを受け取りました。夢のある華やかな世界の根底にはすごく深い闇があって。それこそこの連載の前回の話に出た『逆転のトライアングル』とウエストランドのネタが通じるって話に近いかもしれないで

あらすじ：1920年代のハリウッドは、すべての夢が叶う場所。サイレント映画の大スター、ジャック（ブラッド・ピット）は毎晩開かれる映画業界の豪華なパーティーの主役だ。会場では大スターを夢見る、新人女優ネリー（マーゴット・ロビー）と、映画製作を夢見る青年マニー（ディエゴ・カルバ）が、運命的な出会いを果たし、心を通わせる。恐れ知らずで奔放なネリーは、特別な輝きで周囲を魅了し、スターへの道を駆け上がっていく。マニーもまた、ジャックの助手として映画界での一歩を踏み出す。しかし時は、サイレント映画からトーキーへと移り変わる激動の時代。映画界の革命は、大きな波となり、それぞれの運命を巻き込んでいく。果たして3人の夢が迎える結末は…？

監督・脚本：デイミアン・チャゼル／出演：ブラッド・ピット、マーゴット・ロビー、ディエゴ・カルバ、ジーン・スマート、ジョヴァン・アデポ、リー・ジュン・リー、トビー・マグワイア、オリヴィア・ワイルド、キャサリン・ウォーターストン、サマラ・ウィービング

DVD 1,572円 発売元：NBCユニバーサル・エンターテイメント

すけど、人を楽しませたり、笑わせるには毒づくという要素が少なからず生じる。「残念ながら人間ってこんなもん。でもエンタメって素敵だよね」と語りかけてくるような映画でした。劇中でも、「映画は高尚なエンタメとは違ってポップコーンを片手に誰でも観に行ける。映画で夢を与えるのが俺たちの仕事なんだ」みたいなセリフがありましたけど、正直そうだよなと思いました。裏には人間の汚い部分があるのも事実だけど、それがエンタメです、という意味合いに個人的には捉えました。それは『バビロン』ってタイトルからも伝わってきますよね。

チャゼル監督の作品の中で一番好きかもしれない

——サイレント映画は音がないので、同じ場所で同時に何作品もの撮影が並行して行われていましたけど、音がない故にカメラが映ってないところは無法地帯のような感じで。でもトーキー映画になるとそうもいかなくなります。

だから、サイレント映画は量産して稼ぐみたいなところもあったのかなと思うんですが、一方で芸術性や作家性は無視されがちなところも垣間見えて。そういうところは、今僕が生きてるエンタメ業界にも通じるなと思いました。稼ぐことと芸術性のバランスみたいなものが生む侘《わび》しさは、ジャンルは違えど『ラ・ラ・ランド』にも『セッション』にも含まれてる要素で。『バビロン』はそれをおとぎ話的な様相をまといながらも非情なまでに現実的な視点で描いていると思いました。

——史実を参考にした点でもそうですよね。

そうですね。そして、単にハリウッドの歴史を描くっていうのではなく、「エンタメとは？」「人間とは？」みたいなことも描かれてるし。昔と今とこれからの。それで、いろんなことが駆け巡るように展開されていくんですけど。予告やポスターのビジュアルから想像するとド派手な映画なんだろうなと思うかもしれないし、それはそれで合ってるんだけど、そんな単純な映画じゃない。『裏ラ・ラ・ランド』とでもいうべきか。

——確かに（笑）。

『ラ・ラ・ランド』って現代の話で、夢を目指す人たちを描いた作品で。個人的にはハッピーな作品だと思うんですよ。

——そうですね。主人公の2人は別れるけど、お互い夢は叶えて。

でも『バビロン』はハッピーエンドかどうか……って感じじゃないですか。『バビロン』の時代が土台にあって、『ラ・ラ・ランド』みたいな世界があるということを描きたかったのかなって。だから『ラ・ラ・ランド』を改めて観ると、より面白いかもしれない。でも、『バビロン』は何せ長い。試写が始まる前に3時間8分って言われて隣の紳士が絶句してました（笑）。

——3時間超えは長いですよね（笑）。

ただ、個人的には3時間ぐらいの映画は好きなんですよ。この映画も体感としてはあっという間だった気がします。久々にかなりの満足度を得たっていうか。チャゼル監督の作品の中で一番好きかもしれない。

——川上さん、『セッション』すごく好きですけど、それよりも？

あー……。ね（笑）。『セッション』ももちろんカリスマ映画だし、僕は『セッション』からチャゼル監督のファンになったけど、『バビロン』は一番監督のパーソナルな部分が出てる気がして。15年前から構想してたっていうのも納得できるほど、全部が詰まってる感じがする。チャゼル監督はほぼ同世代。それもあって、物事の見方や通ってきたエンタメの捉え方に共感を覚えますね。どこまでの熱意を持って夢を目指すかっていうこととか。例えば、『セッション』で主人公がカリスマ教師に対してリスペクトはしつつも歯向かっていく感じとか、なんかわかるんですよね。微妙に世代で違うじゃないですか？　その対処法というか。

輝き続けるのは大変なことだなと改めて思いました

——確かに。『バビロン』にはレッチリのフリーも出てましたね。

フリー、いい味出していましたね。今回ほぼ予備知識なく観たので、びっくりしました。『バック・トゥ・ザ・フューチャー』の2とかにカメオ出演していますが、監督がちょっとした役で起用したくなる感じ、わかるなあと。このポジション目指そうかな（笑）。あと、トビー・マグワイアが出てるってことも知らなくて、最後ヤベえ役で出てきたな、と。

——あの出方よかったですよね。

あとマニー役のディエゴ・カルバさんは特によかったですね。まだ新人なのかな？　メキシコシティを拠点に活動してて、今回がアメリカ映画は初みたいですけど。

——そうですよね。あと、マーゴット・ロビーもよかったですね。

完璧な配役でしたね。得意とするやつ。

——確かに。ハーレイ・クインとかがあった上でっていう。

『バビロン』の脚本を読んだ時に「この役は絶対に私がやる」って言ったみたいですけど、納得だよね。俳優さんっていろんな役ができるわけですけど、その中でも得意とする役ってやっぱりあるんだなって。自分も2回ドラマに出させてもらいましたが、自分ということではなく周りの方々を間近で見ていると、なんとなくそういうことがわかってきた感覚があって。『ラ・ラ・ランド』をリアルタイムで観た時は役者をやったことがなかったけど、今ちょうどドラマ（『夕暮れに、手をつなぐ』）が放送されているし、演じるということを経験した上で映画を観るとまた違う感想が出ますね。

——へえ！

ブラッド・ピットのジャック・コンラッド役もすごくハマり役だと思うし。ブラッド・ピットはもちろん今も大スターですけど、僕の世代からするとまさにスターに駆けあがっていった様を目の当たりにしたわけで。

——『セブン』や『12モンキーズ』の頃ですね。

そうそう。世代的にデイミアン・チャゼルも同じような感覚で見ていたと思うんですよ。そのブラッド・ピットが歳を重ねていって、アンジェリーナ・ジョリーとの離婚問題で苦しめられ、アルコール依存に苦しめられ、親権争いで苦しめられ……でもその中で『ワンス・アポン・ア・タイム・イン・ハリウッド』でアカデミー賞助演男優賞を取った。我々はスターのことをスクリーンの中だけじゃなくて外にも注目していて、彼らが上がっていくところ、落ちていくところ、そしてまた這《は》い上がるところを見る。ブラッド・ピットってそのどれもを味わっている人だと思うので、その彼がジャックを演じたのは大きいんじゃないかなと思います。

——なるほど。

「アカデミー賞における芸術性って何だろう？」と考えました。例えばマーベルの映画や、ヒット作だけどいわゆるイケメン俳優が出てるような映画は作品賞を取りにくい。でも映画の興行ってそっちで成り立ってる部分もあるわけで。

——日本でいうとアニメ映画というか。

そうそう。ブラッド・ピットって最初はイケメン俳優として注目されたけど、そこに抗うように『12モンキーズ』で奇抜な役をやったりして方向転換したと思うんだけど、ずっとアカデミー賞には恵まれなかった。でも奮闘してきて、50代にしてようやく勝ち取った。かっこいいよね。レオナルド・ディカプリオも何度もノミネートされるのに取れなくて「いじめか」みたいに言われていたけど。ようやく『レヴェナント』で取って。別に賞が到達点ではないけど、僕としてはブラッド・ピットやレオナルド・ディカプリオみたいな方が取ると「スターが本当に輝いた」と思えて、すごく頼もしいんですよね。『バビロン』ですごく好きなシーンがあって。ジャックが雑誌にオワコンだって書かれたことに対して「どういうことだ」という調子でそれを書いた批評家に抗議するんですが。「あなたが時代遅れになる理由？　理由なんてないのよ」って言われるんですけど、ぞっとしますよね。

——残酷なことに時間はどうやっても流れていくという。エンタメの性《さが》ですよね。

僕も2010年代にデビューしたのでひと昔前のバンドに成り下がろうと思えばいくらでも成り下がってしまえる。ジャックは彼なりの終着点を選んだわけですけど……でも俺はやっぱりくらいついていくぞって改めて思いましたね。でもジャックの気持ちもわかる。輝き続けるのは大変なことだなと改めて思いました。映画のチラシには「夢をつかむ覚悟はあるか」って書いてあって、映画を観る前は「なんでこんな華やかなビジュアルでこんなこと書くんだろう」って思ったんですけど、観た後じゃ全然捉え方が違ってきましたね。

**実際のブラッド・ピットは
ジャックとはむしろ真逆の方向に
進んでいるっていうメッセージがあったのかも**

——確かに。スポーツ選手だと試合の結果とかで突きつけられるんでしょうけど、役者の場合、興行成績とかはあるにせよ、時間の流れが突きつける部分は大きいですよね。

そうそう。でも、実際のブラッド・ピットは今が全盛期というぐらい大活躍してますよね。20代30代の時に『セブン』や『リバー・ランズ・スルー・イット』があって、そこから40代50代になって、今60代直前っていうタイミングでこのジャックを演じたのって、もしかしたら「実際のブラッド・ピットはジャックとはむしろ真逆の方向に進んでいるでしょ？」っていうメッセージがあったのかも。必ずしも時間の流れによってジャックみたいになるわけじゃないっていうか。だから絶妙な配役だなと思いました。

——役者としても認められ、プロデューサーとしても成功してますからね。

そうなんです。あと、これだけは言えるのは、やっぱり男前は強いんだなって思いました（笑）。

——その結論（笑）。でも確かにトム・クルーズとかもそうですもんね。

そうですよ。トム・クルーズもディカプリオもアイドル視されていた時代があったけど、未だにかっこいいし素晴らしい役者さんだなって。だって、普通の60歳の人の髪型見て真似しようってあまり思わないけど、『ブレット・トレイン』のブラッド・ピットのロン毛いいなって思いましたし（笑）。日本だと木村拓哉さんも本当にそういうところに君臨してるよね。

——木村さんも50代ですもんね。

昨日レイバンのショップに行ったんですけど、木村さんがかけてるモデル買いたくなりました（笑）。やっぱり木村さんって身に着けているものが欲しくなっちゃうんだよね。

——この前スタイリストさんが「木村拓哉さんは着てる服が売れる最後のスターだ」って言ってました。

本当にそう思う。単純にかっこいいだけじゃなく言葉にならない魔法があるんだよね。やっぱりね、見ているだけで元気をもらえる。それがすごいよ。それこそさっきの『バビロン』のセリフにも通じるかもしれないけど、時間が経つと理由もなく人は離れていくけど、だから好かれることに理由もないんだろうなって。もうそういう星の下に生まれたという表現しかない。だから、『バビロン』を観て落ち込む人もいるかもしれない。でも、是非いろんな人に観てほしいですね。長いので観る前に絶対トイレに行ってほしいです。「3時間トイレ行かず観る覚悟はあるか」とキャッチコピー追加してほしいです。

聖地には蜘蛛が巣を張る

2023

『ボーダー 二つの世界』で知られる鬼才、アリ・アッバシ監督がイランで起きた16人娼婦連続殺人事件に着想を得て制作。第75回カンヌ国際映画祭女優賞をはじめ、世界49以上の映画祭を席巻した『聖地には蜘蛛が巣を張る』について語ります。

――『聖地には蜘蛛が巣を張る』は2000～2001年にイランで起きた娼婦連続殺人事件から着想を得たということで。

その事件自体は知らなかったんですけど、『ボーダー 二つの世界』のアリ・アッバシ監督の作品ということで楽しみにしてました。

――『ボーダー』は性別や美醜の概念を超越した映画でしたけど。

あれは面白かったですね。でも、『聖地には蜘蛛が巣を張る』は全く違う方向性で。結構違うタイプの映画な気がしていたのでびっくりしましたね。

――物語としては割とストレートなクライムサスペンスですよね。

そうですよね。そして、連続殺人がモチーフだけど社会派の映画で。例えば、『セブン』はキリスト教の「七つの大罪」をモチーフに殺人を犯す殺人鬼が出てきて、そのひとつのLUST＝肉欲として娼婦が殺されていましたけど、『セブン』も『聖地には蜘蛛が巣を張る』も殺人の動機として、娼婦は神を冒瀆《ぼうとく》しているという意志があるわけですよね。

――そうですね。娼婦を悪とみなす思想は通じますね。

それで、『聖地には蜘蛛が巣を張る』のもとになっている連続殺人事件では、捕まった犯人が一部から英雄として扱われた。犯罪を犯したというよりは、イスラム教の教えに則《のっと》ったんだっていう。日本はアジアの国ではありますが、西洋の文化に馴染んでいるところがあるからその風潮には大きな違和感があるけどムスリムからしたら……という。だから、一概に善悪で判断しちゃいけないですよね。その宗教や環境で育った人たちなわけだから。その考えを周りの人たちが「間違っている」と言い切ってしまうのは違うと思う。

――西洋の映画では娼婦がヒロインの映画も珍しくないですし。

そうですよね。まあ社会的には白い目で見られるところはどの国でもあるわけだけど、だからといって殺すのは当然許されないわけで。殺人鬼がいて、事件を追うジャーナリストがいて、っていう至極シンプルなストーリーなんだけど、日本とイランの社会的背景が大きく違うから、犯人が捕まった時の世間の反応や犯人の妻と息子の反応に対して、我々日本人が面食らってしまうのは致し方ないですよね。

――犯人は全く悪びれず、息子も父親のことを英雄扱いするという。

そこがまさに難しいところですよね。お父さんがやったことを悪いと思わない環境で育ってるわけだから。

――プロパガンダによって、戦争をやることに疑いを持たずに国のために戦う心理と近いというか。

そう。9・11も世間的にはテロ行為ですけど、起こした方からしたら大義にもとづいた復讐ですから。9・11が起きたのは2001年ですけど、『聖地には蜘蛛が巣を張る』のもとになった事件が起きたのもちょうどその頃。アリ・アッバシ監督は1981年生まれで僕とほぼ同じ歳

あらすじ：聖地マシュハドで起きた娼婦連続殺人事件。「街を浄化する」という犯行声明のもと殺人を繰り返す"スパイダー・キラー"に街は震撼していた。だが一部の市民は犯人を英雄視していく。事件を覆い隠そうとする不穏な圧力のもと、女性ジャーナリストのラヒミは危険を顧みずに果敢に事件を追う。ある夜、彼女は、家族と暮らす平凡な一人の男の心の深淵に潜んでいた狂気を目撃し、戦慄する――。

監督・共同脚本・プロデューサー：アリ・アッバシ／出演：メフディ・バジェスタニ、ザーラ・アミール・エブラヒミ／配給：ギャガ／映倫：R -15

DVD 4,290円 発売・販売元：ギャガ ©Profile Pictures / One Two Films

なので、見てきたものは近いと思うんです。そのイランの連続殺人犯が捕まった時の世間の反応が怖かったと監督は話していて。人を殺してはいけないのは当たり前だし、実際に犯人は処刑されているわけだから、現代の社会では殺人は間違ってると言っていいと思うんですけど、世間の一部は「彼が掲げた大義は立派だよね」という反応を示した。

　例えば日本でも、殺された娘の復讐のために犯人を殺した親がいるとしたら同情の声が上がるようなことに近いのかなと思いました。それぐらいイスラム教の信者にとってはコーラン（聖典）に書かれていることは絶対で、それに反するのは神を冒瀆すること以上のことなのかもしれない。だから、複雑であり、異国人の僕は何かを言える立場ではないのかもしれないとさえ思ってしまう。

本作を観てミソジニーやフェミニズムの問題を浮かべる人はいると思うけど、そこが核心でもない

——そうですよね。『聖地には蜘蛛が巣を張る』では、被害者の家族が「いなくなってくれてよかった。娼婦をやるなんて家族の恥だ」みたいなことを言うシーンもありました。

　だから、あの文化の根深さはもはや女性蔑視っていうレベルではない気もしていて。

——何を信じるかという話というか。

　そうなんですよね。『聖地には蜘蛛が巣を張る』を観て、ミソジニーやフェミニズムの問題を浮かべる人はいると思うんですけど、この映画はそこが核心でもないと思いました。完全に文化のお話。だから難しい問題を描いている映画なんだけど、イスラム社会において今も変わらない部分を連続殺人というモチーフを通して垣間見れる貴重な映画だと思います。

——そうですよね。

　余談ですけど、僕が住んでいたシリアは同じくイスラム国家ですが、『聖地には蜘蛛が巣を張る』で描かれている女性を巡る厳しさと比べると緩くて。イスラム教の女性が頭に巻く布をヒジャブっていうんですけど、あれを着用していない女性も結構いました。

——そうなんですね。

　特に厳しいのはサウジアラビア。海外旅行者の女性も着用しないといけないんですよ。イランはそれよりは緩いのかな？　『聖地には蜘蛛が巣を張る』では顔を出してたけど、サウジアラビアは目しか見せない。映画ではそのヒジャブを殺害の道具にするのが示唆的でしたよね。

——神の意志に従ってる感があるというか。

　うん。でも、僕の記憶だと、イスラム教の国も常に女性を虐げてるわけではなく、お母さんを大事にする〝かかあ天下〟みたいな風潮もあった気がします（笑）。ただ、家族以外の男性の前では肌を隠さないといけない。国や地域ごとの細かい違いは実際に現地に行ってみないとわからないことも多いと思うんですけど。

イランでバンドをやろうとする人たちが一番ロックだと思う

——『聖地には蜘蛛が巣を張る』はイランでは撮影許可が下りず、ヨルダンのアンマンで撮影されたそうです。

　まあイランでは無理でしょうね。『ペルシャ猫を誰も知らない』っていうイランの若者がバンドをやる話を描いた映画がありましたが、あれも撮影厳しかったそうです。イランは西洋文化の規制が厳しいからバンド活動もままならない状況があって。だから、ある意味一番ロックですよね。アメリカでやろうが、日本でやろうが、別に政府から禁止されているわけではないからね。でもイランではギターを持っただけで処刑されかねない。だからイランでバンドをやろうとする人たちが一番ロックなのかもしれない。

——確かに。日本や欧米でバンドをやるのとは気合いが違うというか。

　いやぁ、そうですよね。バンドをやること自体が、反骨主義というか反政府主義というか。だから、日本やイギリスでバンドをやる環境は恵まれてるわけで。その人たちからしたら甘ちゃんですよね。もちろん反骨心にはいろんな形があるから差はないんだけど、国から禁止されていることをやってやるっていうハードルの高さはすさまじいものがあると思います。それにしてもアリ・アッバシ監督も、『ペルシャ猫を誰も知らない』のバフマン・ゴバディ監督もイラン人であるにもかかわらず、そういう映画を作ろうと思ったのは、規制の厳しさに対して疑問を投げかけたかったわけで。やっぱり違和感を感じる人たちは少なからずいるわけなんでしょうね。

——バフマン・ゴバディ監督は『ペルシャ猫を誰も知らない』を無許可でイランで撮影した後、海外に移住したという。

　そうですよね。イランを離れたというと、『聖地には蜘蛛が巣を張る』の主役の女性ジャーナリストを演じたザーラ・アミール・エブラヒミさんは最初はキャスティングディレクターとして映画に関わっていて。でも、彼女にはイランで活躍する俳優だったときにセックステープが流出して、フランスに移住せざるを得なくなったバックグラウンドがあって。最終的に彼女を主演に起用することを決めた後、監督は彼女のパーソナリティを女性ジャーナリスト役のキャラクター設定に取り入れた。それもあってすごく気合いが入っている感じがしますよね。さらにこの役でカンヌで女優賞を取ったから報われましたね。

——そうですよね。そして、来月はいよいよカワカミー賞の発表です。アカデミー賞の発表もこの前終わったところで。

　はい。カワカミー賞はアカデミーとは一味違うので是非楽しみにしてほしいです。俺の推し、コリン・ファレルは取れるのか!?　お楽しみに。

aftersun／アフターサン

2023

父親と過ごした夏休みを、20年後、当時の父と同じ年齢になった娘の視点から綴ったヒューマンドラマであり、父役を演じたポール・メスカルが第95回アカデミー賞主演男優賞にノミネートされたことでも知られる『aftersun／アフターサン』を語ります。

――『aftersun／アフターサン』はどうでしたか？

ため息が漏れるぐらい素敵すぎました。すぐにもう一回観たくなりましたね。考えながら観てしまったりはしたけど。

――人それぞれの観方がある映画ですよね。

結構委ねられてますよね。何かしらの問題を抱えている父親・カラムと娘・ソフィの幸せそうな描写があって。でも直接的に背景が語られているわけでじゃないから緊張感と不穏感が終始漂ってる。

――ストーリーは31歳になったソフィが、11歳の時に父・カラムとトルコのリゾート地に旅行した時に撮影したビデオテープの映像を観て、父のことに想いを馳せるという内容なわけですが。

ロードムービー的な雰囲気もあったりするけど、実はぼんやり観るような映画ではなかったよね。大枠では「11歳の女の子」の視点から描かれてるんだけど、それは現在の父親と同じ年齢になった自分の記憶やビデオカメラの映像で、11歳当時は感じていなかった父親の苦悩が映ってたりして。家庭用ビデオカメラ特有の映像を通して、「あの時、父親はこんな想いだったのか……」という風に思いを寄せていく。当時父親はおそらくメンタルヘルスの問題を抱えていて、みたいな示唆が織り交ぜられてるわけやね。

――そうですよね。本棚にメンタルヘルス関連の本が並んでいたりして、伏線は張られています。

あらすじ：11歳の夏休み、思春期のソフィは、離れて暮らす31歳の父親カラムと共にトルコのひなびたリゾート地にやってきた。まぶしい太陽の下、カラムが入手したビデオカメラを互いに向け合い、2人は親密な時間を過ごす。20年後、当時のカラムと同じ年齢になったソフィは、その時に撮影した懐かしい映像を振り返り、大好きだった父との記憶を蘇らせていく――。

監督・脚本：シャーロット・ウェルズ／出演：ポール・メスカル、フランキー・コリオ、セリア・ロールソン・ホール

Blu-ray 発売中 5,500円 発売元：株式会社ハピネットファントム・スタジオ　販売元：ハピネット・メディアマーケティング ©Turkish Riviera Run Club Limited, British Broadcasting Corporation, The British Film Institute & Tango 2022.

暗にね。カラムがベランダで手を思いっきり広げて立ってるシーンとか、「美しいなあ」って思いながらも、「死のうとしていたのかもな……」って思ってしまったりするし。父親がその後どうなったかは31歳になった時のソフィの表情とかにも出てましたよね。

——確かに。随所に挟み込まれる自然の景色だったり、光や音の演出だったりも示唆的ですよね。

ですよね。クラブで踊ってるシーンで映し出されるストロボの瞬間の表情で読み取れました。父と娘の関係性となると、どうしてもソフィア・コッポラの『SOMEWHERE』が浮かぶ。離婚して離れて暮らす娘と父親が一時的に一緒に過ごすっていう。ただ、全然違った。『aftersun』はどこか絶望をまとってるし、ほんわかしてるように見えて、全く真逆。

自分と父親の関係を俯瞰で見られるようになる映画

——物語が進むにつれて、どんどん「これは悲しい結末なんじゃないか」っていう風に予感していきますよね。

今回全くなんの予備知識も入れないで観たので、まさにそんな感じでした。あと、僕が自分の父親に抱く感情とは、娘が父親に抱く感情はまた違うんだろうなって思いました。しかも離婚してるわけだから、「私が奥さんの代わりにならなきゃ」みたいな感情も少し芽生えてたりするのかな。息子って父親に対して、大なり小なり「俺はこの人を追いかけるんだ」っていう気持ちが本能的にあるものだと思うんですけど。

——ある種のライバル的な。

そう。でも、『aftersun』のソフィは11歳ではあるんだけど、どこかお父さんを優しく包みこんであげようみたいな感じがあるっていうか。

——なるほど。

そこに違いを感じましたけどね。いやあ、それにしてもこの映画、前回のこの連載で発表した２０２２年のカワカミー賞を決める前に観ておきたかったですね！　超好きな映画でした。カワカミー賞でベストムービーに入れた『コンパートメントNo.６』にもちょっと通じるものがあるっていうか、絶妙なんですよね。『aftersun』を観て「セピアの色は人それぞれだな」と感じた部分はすごくありました。

——そうですよね。

ずっと自分の目線で過ごしていた人生を、父親の死後、自分と父親の関係を俯瞰《ふかん》で見られるようになる映画っていうか。まあ、そういう状況に置かれてしまったっていう言い方もできるけど。僕はソフィとは同じ境遇ではないので完全には共感できないはずなのに、何かグッとくるものがありましたね。監督のシャーロット・ウェルズさんは『aftersun』が初の長編監督作品なわけですが、素晴らしいなと思いました。

特に好きだったシーンはブラーの「テンダー」が流れるところ

——ウェルズ監督の両親はかなり若い時に監督を産んで、父親がよく兄と間違えられたり、10歳くらいの頃、トルコに父と滞在したことがあるらしく、それが『aftersun』の着想に繋がったそうです。

そうなんですね。いやあ、魂を感じますよね。僕が特に好きだったシーンはブラーの「テンダー」が流れるところ。ブリットポップ好きとしてはね。「いいねー」と思ったら、どんどん曲が遅回しになって、デーモンの声が不穏な感じに聴こえるあのシーンは不気味で好きだった。娘とリゾート地で過ごすことで癒やされたらいいなと思っていたのに、結局うまくいかなくて、メンタルが悪化していく。その沼にゆっくりはまっていく様子を表しているようで、いい曲なのにちょっと怖くなったよね。

——あの「テンダー」のアレンジはかなり印象的でした。

ね！　あと監督がインタビューでも言ってましたけど、役者陣にはかなり自由に演技してもらったみたいですね。ソフィを演じたフランキー・コリオはオーディションで抜擢した演技未経験の新人ですけど、脚本ではなくセリフだけを渡したり、クランクイン前に父親役のポール・メスカルと2人きりで過ごす時間をたっぷり作ったりしたらしくて。確かにあの父娘が演技らしい演技をしてしまうと、別の緊張感が生まれちゃうもんね。結果的に2人の間にはすごく自然な空気感が漂っているんだけど、どこか「何を見せられてるんだろう?!」っていう感じがあって。ソフィははっきりとは物語の全貌をわかってない方がむしろよかったと思うし。そのスタイルを取ったシャーロット監督のやり方は成功してると思いました。

——父親を演じたポール・メスカルはアカデミー賞の主演男優賞にノミネートされてましたね。

ポール・メスカルは『ロスト・ドーター』っていう、『aftersun』にどこか通じる少し不穏な空気が漂う映画で知って、「すごく素敵な役者さんだな」って思ってました。ただ、『ロスト・ドーター』でもそうでしたけど、そこまで目立つタイプの人ではなかった。はず。でも、『aftersun』は存在感がすごく際立っていて、アカデミー賞にもノミネートされて、なんか抜けたんでしょうね。これからさらにすごい役者さんになっていくんだろうなー。

——リドリー・スコット監督の『グラディエイター』の続編の主演に決まっているそうです。

いやあ、それね。本当にいい。前作の主演のラッセル・クロウとはまた違う雰囲気がある。

でもさ、なぜあれをリメイクするんやろ……（笑）。とにかく『aftersun』はいい映画でした。というわけで、皆さん親は大切にしましょう。

Pearl パール 2023

『エブリシング・エブリウェア・オール・アット・ワンス』や『ミッドサマー』で知られる映画スタジオ・A24制作。昨年公開された、史上最高齢の殺人鬼夫婦が住む屋敷を舞台にしたホラー映画『X エックス』の前日譚であり、最高齢のシリアルキラー・パールが夢見る少女だった頃を描いた『Pearl パール』を語ります。

去年のカワカミー賞の偏愛特別賞を受賞したカレン・ギランがInstagramに「『Pearl』めっちゃよかった！」って公開時に上げてたので、楽しみにしてました。

——そうなんですね（笑）。

タイ・ウェスト監督は「続編は『X』みたいなホラー映画じゃなく、割とオーソドックスなノスタルジックな映画になる」って言ってて、「ホラー映画の続編でそんな映画作れるの？」って思ってたんですけど、全然ホラー映画感はありましたよね？

——そうですよね（笑）。

確かに『X』みたいなスプラッター系ではなく、クリスチャン・ベール主演の『アメリカン・サイコ』のようなシリアルキラーの要素が強かったんで、どちらかというとそっち方面ですかね。

——シリアルキラーの心情に焦点が当たっているというか。

そうそう。『X』は心霊的なオカルト要素から、徐々にスプラッター系のホラー要素が強くなっていったけど、『Pearl』は猟奇殺人の人間の怖さ。多少はスプラッター的な要素もあったけど。

——そうですね。『Pearl』は前提として『X』のシリアルキラーの老婆がどうやって生まれたのかということを描いていますから。

ジャンルが違いますよね。だから1作目の雰囲気を期待していると意表を突かれるかもしれない。でも映画自体は完成度が高かったように思えます。

抑圧された状況から抜け出してスターになりたいと夢を抱く気持ちは理解できる

『Pearl』はシリアルキラーにとっての最初の殺人というか、〝パール・ファースト・キル〟があって。でもその

あらすじ：スクリーンの中で踊る華やかなスターに憧れるパールは、敬虔で厳しい母親と病気の父親と人里離れた農場に暮らす。若くして結婚した夫は戦争へ出征中、父親の世話と家畜たちの餌やりという繰り返しの日々に鬱屈としながら、農場の家畜たちを相手にミュージカルショーの真似事を行うのが、パールの束の間の幸せだった。ある日、父親の薬を買いに町へ出かけ、母に内緒で映画を見たパールは、そこで映写技師に出会ったことから、いっそう外の世界への憧れが募っていく。そんな中、町で地方を巡回するショーのオーディションがあることを聞きつけたパールは、オーディションへの参加を強く望むが、母親に「お前は一生農場から出られない」といさめられる。生まれてからずっと“籠の中”で育てられ、抑圧されてきたパールの狂気は暴発し、体を動かせない病気の父が見る前で、母親に火をつけるのだが——。

監督：タイ・ウェスト／脚本：タイ・ウェスト、ミア・ゴス／出演：ミア・ゴス、デヴィッド・コレンスウェット、タンディ・ライト、マシュー・サンダーランド、エマ・ジェンキンス＝プーロ

Blu-ray発売中 6,600円 発売元：株式会社ハピネットファントム・スタジオ 販売元：株式会社ハピネット・メディアマーケティング

前から家畜を殺したり、ナチュラル・ボーン・キラーの資質があるんだろうなって思いました。感情が昂《たかぶ》るとそういう行動に出てしまうという描写が序盤からありました。

——そういう資質が、夫が戦争へ出征し、厳格な母親に抑圧されながら病気の父と家畜の世話をするという環境の中、ミュージカルスターになる夢を母に否定されたことで爆発するという。

そうね。でもあんな閉塞的な家庭に育って縛りつけられたら爆発はするよなー。パールのお母さんはドイツからの移民で厳格。父は病気で車椅子での生活。そんな抑圧された状況なら、そこから抜け出してスターになりたいと夢を抱く気持ちは理解できますよね。実際僕もミュージシャンになりたいという気持ちはあったわけだし。人殺しはしないけどさ。

——その分かれ目が描かれてはいますよね。『X』の主人公はマキシーンというスターになる夢を抱いていた女性でしたが、そこがパールと通じるからこそ、主演のミア・ゴスがマキシーンも若い時のパールも老いたパールも全部ひとりで演じています。

摩訶不思議なプロットですよね。3部作なので次で完結するわけですけど、『Pearl』は『X』の前日譚で、そこはお決まりの流れですが、3作目はどうなるんだろう？

——今撮影中の3作目の原題は『MaXXXine』だそうです。つまり、『X』の主人公のマキシーンが主役なんですかね。

ほえー。次も面白そうだな。

「もしかしたら自分にもこういう要素があるのかもしれない」と深層心理を試されるところに醍醐味がある

僕が思うのはシリアルキラー映画って、「なんて酷いことをするんだろう」って思いながらも、「もしかしたら自分にもこういう要素があるのかもしれない……」と深層心理を試されるところに醍醐味を感じます。『Pearl』もそこを味わえました。

——そうですよね。

『アメリカン・サイコ』もそうだけど、殺戮《さつりく》シーンがぶっ飛んでいて、ちょっと笑ってしまう過剰さがあるんですよね。引かれると思うけど。

——わかります。『X』も笑えましたけど（笑）。

おー、同志ですね。前作の『X』は何の予備知識もなく観始めて、しばらくして違和感があったんですよね。その後どこかのタイミングで、「主人公と老婆が一人二役やん！」って気付いた時にゾワッとしましたよね。でも映画を観終わってもまだもやもやした感じがあって。そうしたら3部作だってことを知って合点がいきました。あまりにもまだ説明されていない箇所があったし、エンディングはまだまだ続きがありそうな雰囲気がありましたから。「スターウォーズ」ですな。

——サーガ的な。

そう（笑）。その空気はありましたね。

——そうですよね。『X』で若者たちが牧場でポルノ映画を撮影するわけですけど、それを恨めしそうに覗いていた老婆＝パールは若い頃、映写技師にポルノ映画の走りであるスタッグフィルムを見せられ、「いずれこの映画は合法化され、ビジネスになる」と伝えられる。そこも伏線でしたね。

確かに。あと、パールが涙を流すシーンがありますけど、マスカラが滲《にじ》んでいてちょっとジョーカーぽいなって思ったのは僕だけでしょうか。

——確かに！

さすがにオマージュとかではないだろうけど、笑いながらも心は泣いている〝ピエロ〟を表していましたね。

——あそこがスイッチが切り替わった瞬間なのかもしれないですね。

うん。映画に出てくる殺人鬼って、悪いことをしてるんだけど、どこか魅力的。ダークヒーロー的なところがありますよね。

——そうですよね。魅力的な悪役ランキングみたいな企画もよくありますから。ジョーカーもそうですけど、ハンニバル・レクターとか。

大好きですね。『アメリカン・サイコ』のクリスチャン・ベールもエロティシズムを感じるし。ミア・ゴスもそういう魅力を持っていますよね。だから、新しいダークヒーローならぬ、サイコパスヒーローが誕生してしまったなと。ラストのずっと笑ってるシーンもすごく不気味だった。あれは歴史に残るエンディングだわ。

——ジョーカーも笑いがキーになってますからね。

ね。ちなみに、海外の映画サイトによると、「パールのわかりやすい作り笑顔は、誰でも仮面をつけていることのメタファー」って書いてありますね。

——ああ、なるほど。

やっぱりジョーカーのオマージュ？（笑）。いや、そんなことはないな。というのも『Pearl』はどちらかというと『オズの魔法使い』のオマージュですよね。カカシとのダンスシーンとかめっちゃ不気味で素敵だったな。そして、ミア・ゴスはすごい役者だなと思いました。かわいいけど超怖い。

——脚本とエグゼクティブ・プロデューサーとしても参加しているので、ミア・ゴスありきの映画って感じですよね。

間違いなく代表作ですよね。そして新たなるサイコパスキラーの金字塔。令和のサイコパスヒーロー、ここに誕生。

イノセンツ 2023

ノルウェーのアカデミー賞と呼ばれるアマンダ賞で監督賞をはじめ4冠に輝いたサイキック・スリラー『イノセンツ』。郊外の団地に引っ越してきた幼い姉妹を中心とした超能力を持つ少年少女たちの無垢なる恐怖を描き、大友克洋の傑作マンガ『童夢』にインスピレーションを得たという異色作を語ります。

――『イノセンツ』はどうでしたか？

とてもおもしろかったですね！　すごくタイプでした。

――北欧発のサイキック・スリラーっていう位置付けですけど。

あまり聞いたことないですよね。北欧ムード全開な『ミッドサマー』と違って『イノセンツ』の舞台は団地。だからそこまで北欧感はなかったけど、親しみやすかったかも。日本でいうところの『クロユリ団地』とかですかね。でもまたそれとも違う北欧独特の不穏な団地。人なのか色合いなのかカメラワークなのかわかんないけど、歪ですよね。

――確かに。

さてこの映画はそんな北欧のムードに〝サイキック〟要素が入っているのが新しいし愉しい。ファンタジーが得意な北欧だから〝魔法〟という感じですが。ホラーって感じはしないけど、やっぱりずっと陰を感じます。そしてとにかく子供たちの演技がすごかった！

――そうですよね。メインの子役4人全員がノルウェーのアカデミー賞と称されるアマンダ賞の最優秀主演女優賞もしくは男優賞にノミネートされています。

ええ！　神童や。主人公のイーダのお姉ちゃんで自閉症のアナを演じた女優さん、途中まで実際にそうなのかと思って観てました。演技経験はまだそんなにないそうですが、見事でしたよね。

――リアルでしたよね。『イノセンツ』はカンヌ国際映画祭の「ある視点」部門に出品されています。

カンヌの動画を観たんですが、キャスト皆で並んでて、写真撮影する時にどうしていいかわからない感じが初々しくて微笑ましかった。

――子役のキャスティングは長い時間をかけて行われ、選ばれた4人に合わせて脚本のジェンダーや人種を変えたらしいです。

へえ、そうなんですね。イーダ役の子が最初に決まったのかな。あの子はそこまで超能力は使えないけどいい味出してたよね。

――そうですよね。アナと、あと同じ団地に住むベンとアイシャの超能力が強くて、その内ベンが凶悪化していくという流れです。

あの子は悪かったね（笑）。まだ善悪の判断がつかない段階の子供の残酷さがちゃんと伝わってきたね。

一応ハッピーエンドなのに、なんとなく後味が悪い

――善悪の判断がつかない子供が超能力を手にした時の恐

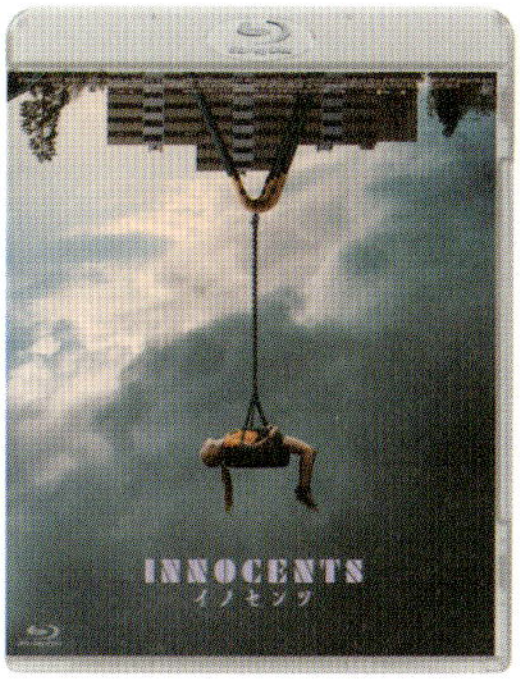

あらすじ：緑豊かな郊外の団地に引っ越してきた9歳の少女イーダ、自閉症で口のきけない姉のアナが、同じ団地に暮らすベン、アイシャと親しくなる。ベンは手で触れることなく小さな物体を動かせる念動力、アイシャは互いに離れていてもアナと感情、思考を共有できる不思議な能力を秘めていた。夏休み中の4人は大人の目が届かないところで戯れ合い、魔法のようなサイキック・パワーの強度を高めていく。しかしイジメや家庭環境の問題に悩むベンの内面が悪意に支配されたことをきっかけに、4人の友情はもろくも崩壊し、団地内で異常な出来事が続発するのだった――。

監督・脚本：エスキル・フォクト／出演：ラーケル・レノーラ・フレットゥム、アルヴァ・ブリンスモ・ラームスタ、ミナ・ヤスミン・ブレムセット・アシェイム、サム・アシュラフ、エレン・ドリト・ピーターセン、モーテン・シュバラ

Blu-ray 6,270円 発売・販売元：松竹 ©2021 MER FILM,ZENTROPA SWEDEN,SNOWGLOBE,BUFO,LOGICAL PICTURES ©Mer Film

ろしさを感じますよね。

そうですよね。イーダも病気のお姉ちゃんのことを序盤つねったりして。「子供って残酷だよなあ」と思いつつ、「自分が子供の時、そういうことをやっていたのかな」とも思う。己も子供の頃のいたずらや意地悪って忘れてしまってるだろうな、と反省しちゃいます。

アナは最初は喋れないっていうハンデを抱えているけれど、アイシャが〝イタコ〟的な役割を担ったこともあって喋れるようになるじゃないですか。でもあれって結局アナの言葉なのかな？　それともアイシャの言葉なのか。いろんな解釈ができますよね。

――そうですよね。混ざってる感じもあったし。後半、姉妹が結託して戦いを挑む流れを考えると、成長物語の要素もあるのかなと思いました。

確かにありましたね。ちょっとネタバレになるけど、一応これハッピーエンドなのかな？　なのになんとな〜く後味が悪いですよね。ハリウッド映画的なすっきり感とは違うっていうか。あの終わり方、腑に落ちない自分がいました。

――エスキル・フォクト監督がインスパイアされたと公言している大友克洋の『童夢』をかなり踏襲したストーリーになってますね。

僕、『ＡＫＩＲＡ』も含めて大友作品を読んだことないんですよね。でも大友作品に影響を受けてる映画ってめっちゃ多いので、読んだ気になってしまっている。あかんね。さすがにそろそろ読みます。すいません。

サイキック映画のおもしろさって、スプーン曲げみたいなことができる超能力のもうちょっとすごい版くらいの感じがいい

サイキック映画って好きなんですよね。おすすめでいうと、まず入門編として『クロニクル』が浮かびました。普通の高校生が超能力が使えるようになって車を飛ばしたりする映像が印象的でしたね。あとは『オッド・トーマス　死神と奇妙な救世主』もおもしろい。ハンガリーが舞台の『ジュピターズ・ムーン』もいいですね。スカーレット・ヨハンソン主演の『ＬＵＣＹ／ルーシー』はサイキック映画というよりはヒーロー映画の要素が強いのでちょっと逸《そ》れるかな。

サイキック映画のおもしろさって、〝ちょっとだけ〟すごいってところ。空は飛べないけど、スプーンは曲げれます、みたいな。あんまり役に立たないけど、超能力であることは間違いないみたいな人〝ちょい〟離れが好き。

――確かに『Ｘ-ＭＥＮ』とかまでいっちゃうと、超能力というよりバトルものって感じかもしれないです。

そうなんです。そういう点でも、スティーヴン・ドーフ主演の『アメリカン・ヒーロー』なんかは大好物ですね。『アベンジャーズ』シリーズがどんどん世界を席巻していく中で、逆をいく映画。スティーヴン・ドーフが演じる主人公のメルビンは酒と女とドラッグに目がないパーティー三昧のダメ男なんですけど、超能力を持っている。でもそれを小遣い稼ぎの、それこそスプーン曲げみたいなものにしか使ってないんですね。別れた妻に親権を奪われたことをきっかけに改心していくんですけど。ジャケを見ると観るのをためらうかもしれないですが、結構おもしろいです。おすすめ。何せ僕はスティーヴン・ドーフが好きなんで。

――いいですよね。『ＳＯＭＥＷＨＥＲＥ』とか『セシル・Ｂ／ザ・シネマ・ウォーズ』とか。

やさぐれ男が超似合いますよね。余談ですが、『ウォーキング・デッド』で売れる前のノーマン・リーダスが出てる『処刑人』に出てるショーン・パトリック・フラナリーはスティーヴン・ドーフの初期にめっちゃ似てます。

――確かに！

『処刑人』もめっちゃ好きですね。僕、あまりドラマシリーズは観ないんですけど、「さすがに『ウォーキング・デッド』は観なきゃダメ！」っていろんな人に言われて観たんですけど、シーズン1だけで充分長くて、「もういいや」って思ってそこでやめました。ドラマシリーズは『ＬＯＳＴ』のシーズン3が最長ですね。ノーマン・リーダスは『処刑人』でショートヘアが見れます。

低予算でうまく見せる映画の方が好きかもしれない

サイキック映画って、あんまり予算をかけていないところがむしろ味になってますよね。「派手な画を撮りたいんだけど、予算がないから結果的にサイキック映画になっちゃった！」わけじゃないと思いますが。ちょっと浮いたり、物を浮かしたりするぐらいしかできないけど、だからこそ変な緑色の光線とか出されるより現実味を帯びているんですよね。『イノセンツ』は例えば俺が地元の相模原の団地で超能力を使えたらこんな感じなのかなって想像ができるのがなんかいい。

――川上さんが好きな『イット・フォローズ』も低予算だけど、アイディアでヒットさせたところがありますよね。

そうそう。低予算でうまく見せる映画の方が好きかもしれないです。『イノセンツ』は内容もおもしろかったから、エスキル監督の次の作品も絶対観たいですね。それにしても変わった映画だった。

――のぞき見しているようなカメラワークとか、劇伴があまりなくて物音が響く感じもよかったですね。

不穏でしたね。それにしても猫ちゃんが殺されたのはキツかったな。描写もしっかりグロいんですよ。そこはさすがに目を逸らしましたね。人の死体よりキツい。

ヒンターラント 2023

あらすじ：第1次世界大戦終結後、ロシアでの捕虜生活から開放された元刑事ペーター（ムラタン・ムスル）と戦友たちはついに故郷へとたどり着く。ところが敗戦国となった祖国はすっかり変わり果て、帰宅したペーターの家に家族の姿はなく、彼は行き場を失ってしまう。そんな折、拷問の末に殺されたと思われる遺体が河原で発見される――。

監督：ステファン・ルツォヴィツキー／出演：ムラタン・ムスル、リヴ・リサ・フリース、マックス・フォン・デル・グローベン、マルク・リンパッハ、マルガレーテ・ティーゼル、アーロン・フリエス

Blu-ray発売中 5,720円 発売元：株式会社クロックワークス 販売元：株式会社ハピネット・メディアマーケティング ©FreibeuterFilm / Amour Fou Luxemburg 2021

『ヒトラーの贋札《にせさつ》』でアカデミー賞外国語映画賞を受賞したステファン・ルツォヴィツキー監督最新作。第一次世界大戦後の捕虜生活から解放され、故郷に辿り着いた元刑事が猟奇的な連続殺人の真相を追う様を描き、多数の賞を受賞したダークファンタジー『ヒンターラント』を語ります。

――『ヒンターラント』はどうでした？

結構楽しめました。よく見ると絵本のような背景が新感覚でした。「リトルナイトメア」ってゲームが好きなんですけど、あの雰囲気がありますね。ティム・バートン的でもあるね。

――確かにティム・バートン感はありますよね。

やっぱりどうしても猟奇殺人系のサスペンスものを選びがちな私でして。ファンタジーはあまり好みじゃない。でも『ヒンターラント』のダークなファンタジー味はとてもいい味付けになっていましたよね。冒頭から割とCG感が強かったじゃないですか。亡霊の表現とか。あれ映った時「あ、ちょっと失敗？」と思ったけど、以降は大丈夫でした。

――確かに、どんどん骨太な感じになっていきますよね。

そうそう。ハードボイルド。

――全編ブルーバック撮影でＶＦＸが多用された映画なんですよね。

そうみたいですね。２０２１年の作品だから、コロナ禍

とかも関係してるのかな？

――監督は「何年もの時間を捕虜収容所で過ごした人々が感じる認知の歪みを、視覚的に表現することが理にかなっていると思った」と話しているみたいです。

そうなんや。確かに街並みが歪んでた。というか、物語が進行するにつれて、歪みが増していった気がする。

――建物が地面に対して斜めに立ってたり、家の床も斜めだったりするので、余計不気味な感じがしましたよね。

ね。でもそういうところも好きでした。結構エグいというか、グロ画が連発される。けど、どことなくファンタジーだからチグハグなんですよね。でもそこがいい。

――まさにダークファンタジーな。

ですよね。でも歴史背景をほんのりとでも知っておかないと難しいかもしれない。この監督さんは以前『ヒトラーの贋札』でアカデミー賞外国語映画賞を取りましたけど、やっぱり戦争が下地になってる作品が得意なのかもですね。

――ジャスティン・ティンバーレイクとかのMVを撮ったオーストリア出身の監督ですが、故郷が第一次世界大戦の当事者ですからね。

らしいですね！　どのMVなんだろうな……。あと、役者陣も名演技かましてましたね。主役の人のなんか時代に合ってないマッチョイズム全開の感じとか痛快でした。

――川上さんは全編ブルーバックでの撮影だとしたら、どうですか？

頑張ります！（笑）。ただ、やっぱりセットの力は絶大だなと、僕の少ない経験から思います。よく言われてることだけど、カメラに映らないところまで本当に細やかに作るっていうじゃないですか？　僕が出演したドラマでもそれはありましたね。役者さんが入り込めるような配慮がなされてるんですよね。粋だなあと思いましたよ。だから、それがないブルーバックは演技力がそりゃあもう試されるでしょうね。

猟奇殺人事件を追う哀愁漂う刑事ってなると、世代的には『セブン』を思い浮かべる

全体的には結構わかりやすい話だと思うんですが、僕はオンライン試写で観て、早戻しした箇所がありました。その箇所っていうのが、主人公がロシアの捕虜収容所に入れられた時に受けた十分の一刑っていう刑罰の説明のシーンで。罰を受ける10人の中から1人を選んで、他の9人がその1人に罰を与える。と、ちょっとわかりにくかったですね。それが物語の結構な肝になっていたので、早戻しで確認しました。映画館じゃなくてよかった（笑）。

――その罰に倣《なら》って、連続殺人犯は被害者の足を19匹のネズミに食べさせたり、足を19本の杭で打ったり。

そうそう。いやー好きな人にはヨダレ出ちゃう案件ですね。

――それぞれの殺人に明確なテーマがある復讐殺人みたいなところが『セブン』っぽいなと思いました。

わかる！　しかも、主人公は猟奇殺人事件を追う哀愁漂う刑事ってなると、世代的にはそうなりますよね。

――復讐心に虚栄心も混ざっているところとか。あと、死体アートっぽさは『ミッドサマー』的でもあって。

その辺も趣味嗜好が出てましたよね。でもそれが第一次世界大戦直後ってところがこの映画の特徴ですな。

スリラー映画として新しいひとつの正解

――戦争が終わり時代が変わったことで、それまでの男性観／女性観が変わったのに、主人公は昔ながらの男性らしさにとらわれている描写があったりと、メッセージ性も宿している映画でしたね。

主人公は国のために戦い捕虜になって帰ってきたのに、煙たがられてかわいそうでしたよね。実際あったことなんだろうけど、ひどいもんだ。

――家に帰ったら奥さんは出て行ってるし。お手伝いさんに邪険な扱いを受けるし。

ああいう扱いはいろんな国でもあったのかな。

――時代は変化してるのに、主人公の価値観は変わってないので取り残されているという。

「元兵士を見るだけで戦争のことを思い出しちゃう」みたいなことを言われている描写がなんかのハリウッド映画であった記憶があるんですけど、ひどいよな。あ、話は変わって、主人公と恋仲になる博士役の女の人、好きでした。

――元々男性しか就くことができなかった法医学者という職業の人ですね。タバコを吸ってジャズを楽しんだり、新しい時代の女性像の象徴みたいなキャラクターでしたよね。

確かに。それと、終盤にちょっとした物語のツイストがあったじゃないですか。「ここはこういう繋がりだったんだ」っていう。そういうストーリーの〝転〟の部分もしっかり盛り込まれていたので沸きました。世界観に目が行きがちだけど、物語も骨太でしたね。

――確かに。

歴史映画的な要素もあり、ちょっとビタースイートなエンディングも含めて、スリラー映画として新しいひとつの正解が作られましたね。そんなに話題になってるわけじゃないかもしれないけど、サスペンス好きならチェックすべき作品です。歴史的背景から見て、ハリウッドリメイクは……なさそうですね。

シック・オブ・マイセルフ
2023

『ミッドサマー』で知られるA24&アリ・アスター監督に見出された新鋭、クリストファー・ボルグリ監督による"セルフラブ"メディケーションホラー『シック・オブ・マイセルフ』。何者にもなれない主人公が異常な承認欲求によって、自らを滅ぼしていく様をシニカル且つ残酷に描いた異色作を語ります。

——『シック・オブ・マイセルフ』はどうでした?

めっちゃおもしろかったです! マゾヒズム的な快感を堪能できちゃう不思議な映画でした。どことなく『Swallow スワロウ』を思い出しますね。ノルウェー映画ということですが、綺麗な映像の中に突然張り込む鮮血の美しいこと。やはりこういうのは北欧ならではですね。好き。

——オスロが舞台でしたね。

ポスターとか見るとすごくお洒落でかわいい雰囲気ですよね。それでジャケ観した人はびっくりするかもね。でも確かにポップで楽しめるところもある。いや……そんなことないか。

——カンヌ国際映画祭の「ある視点」部門で絶賛されたり、ノルウェーのアカデミー賞であるアマンダ賞で5部門にノミネートされたり、ブルックリンホラーフィルムフェスティバルでは作品賞を受賞しています。

ロッテン・トマトでも88%だし、評価も上々。あのポップなポスターにつられた令和のギャルたちが観て「どう思うか?」という興味もありますね。

——SNSによって、承認欲求にフォーカスが当たりやすい時代ですし。

そうですね。いろいろな人に観てほしいですね。

ちょっと『逆転のトライアングル』っぽい雰囲気もあった

——おしゃれしたり着飾ったりしている状態で人に見られて嬉しいのはわかりますが、血まみれだったり怪我をしている状態で人に見られることにも快感を覚える主人公・シグネのキャラクター設定が特殊ですよね。

そうなんです。今回、前情報なしで観たんですけど、シグネが働いているカフェに犬に噛まれて流血した女性が飛び込んできて、その女性を介抱してあげて自分も血まみれになるんだけど、警察の事情聴取を受けた後、その血を拭かずに彼氏と住んでいる家に帰宅するシーン。「あまりにも起きたことがショックで血を拭くことに気が回らなかったのかな?」と思ったんですが、「人に注目される快感を覚えたから」っていう理由を理解するのに少し時間がかかりました。

——なるほど。

芸術家の彼氏が注目を浴びだしているのが羨ましいというね。歪な承認欲求が強いんでしょうね。あと冒頭ちょっと『逆転のトライアングル』っぽい雰囲気もあったね。

——ああ、確かに。男女のカップル間のヒエラルキーとか。

そう。でも、どんどん違う方向に進んでいきましたが。

あらすじ:シグネの人生は行き詰まっていた。長年、競争関係にあった恋人のトーマスがアーティストとして脚光を浴びると、激しい嫉妬心と焦燥感に駆られたシグネは、自身が注目される「自分らしさ」を手に入れるため、ある違法薬物に手を出す。薬の副作用で入院することとなり、恋人からの関心を勝ち取ったシグネだったが、その欲望はますますエスカレートしていき——。

脚本・監督:クリストファー・ボルグリ/出演:クリスティン・クヤトゥ・ソープ 、エイリック・セザー、ファニー・ベイガー/配給:クロックワークス

Blu-ray 発売中 5,720円 発売元:株式会社クロックワークス 販売元:株式会社ハピネット・メディアマーケティング ©Oslo Pictures / Garagefilm / Film I Väst 2022

――恋人同士で競い合って、それが切磋琢磨に繋がるのはいい関係性だと思うんですが、シグネは彼の成功をねたんで足を引っ張ろうとします。

健気なのか何なのか……無意識に振り回されてる感じもした。

――彼を囲むパーティーでナッツアレルギーだと偽って、自分に注目が集まるように仕掛けたり。

あのあたりで、「あ、この映画はそういうことなんだな」っていう風にわかってきましたね。

年齢を重ねていくうちに、認められることよりも「自分がどうしたいか」っていう部分が強くなっていってる

――特に印象的だったシーンはどこでした？

映画のメインビジュアルにもなっている、シグネが病院で包帯ぐるぐる巻きの状態でタバコを吸ってるシーンですかね。ほんの少し前まですごい美人だったのに、自ら飲み始めた薬のせいで顔がただれて、大変な状態になった。それでも自分が注目されているかの方が大事。ある種のカッコよさもある。

――見た目がどうなろうが、注目を浴びることしか頭にない。

その滑稽さがこの作品のブラックでシニカルなところですよね。タイトルは『シック・オブ・マイセルフ』で、ノルウェー語に訳すと〝シック・ガール〟になるみたいだけど、『シック・オブ・マイセルフ』は〝自分に嫌気がさす〟みたいな意味で、〝シック・ガール〟だと他人目線。シグネはやりたくてそういうことをやってるわけだから、原題の方がやっぱり忠実かもね。

――アーティストもそうですが、表に出る職業は大なり小なり承認欲求がないと成り立たないですよね。それについて思うところはありましたか？

なんとなくはありますね。俺もライブやったり、新曲出したりすると、どんな風に受け取られるかもちろん気になります。でも何かを作ってその評価を気にするのと、何もせずに評価を気にするのはまた違うよね。120%ぐらい満たすことを目指すと品がなくなってしまうこともあるし。年齢を重ねていくうちに、認められることよりも「自分がどうしたいか」っていう部分が強くなっていってる気が個人的にはしてますね。だから、シグネももっと成長したら変わってくるところはあると思うんですが、そうなる前にとんでもないことになってしまいました（笑）。

――確かに（笑）。

この『シック・オブ・マイセルフ』のクリストファー・ボルグリ監督の次回作はニコラス・ケイジ主演の『DREAM SCENARIO（原題）』らしいですね。

――A24制作でアリ・アスターがプロデュースするという。

そう。どんぴしゃですよね。

――『シック・オブ・マイセルフ』もどこかアリ・アスター感ありますもんね。

ありましたね。質感というか。あとやっぱり『逆転のトライアングル』感。

――カップルのエゴとエゴのぶつかり合いというか。

でも、彼氏はあんなことになった彼女を見捨てないのが意外でした。

――しっかり介抱してましたもんね。

シグネの生い立ちとかが全く描かれてないから、彼女のあの病的な承認欲求がどうやって芽生えたのかも気になりました。

僕としては自分が何かを作って勝負するのが流儀

――カフェで働いている何者でもない女性が、血まみれになったことで初めて注目を浴びて、その快感によってモンスターみたいな部分が目覚めてしまったというか。シグネが選んだ道はすごく極端ですが、誰にでもそういう危険性はあると思わせるところがまたこの映画のおもしろさなのかなと。

まあそうですよね。

――人前で歌った時にいい反応をもらったことをきっかけにアーティストを目指す人もいますが、そういうことにも繋がる快感なのかなと。

確かに。「わからなくもないな」っていう部分はあります。でもやっぱり何かを作って勝負するのが流儀だったりするので。何もなしにただ単に自分を承認してほしいっていうのは空っぽですよね。承認してもらいたい気持ちはわかるけど、中身が伴ってないんだったらやる意味はない。だから僕は作ったモノには承認欲求はあるけど、私生活においては全くない。言えるところがそもそもないし（笑）。

――（笑）。そこは明確な違いがありますね。

そう。だからシグネが自伝を書くみたいなところは唯一「まあわかるかな」というシーンでしたけど、それ以外は共感するところはなかったかな。そういえば、『シック・オブ・マイセルフ』のポスターとかのデザインを大島依提亜さんが手がけていますが、すごく素敵ですよね。大島依提亜さんが手がけた映画のポスターはこれまで何作か見ていますけど、今回も素敵でした。

――フォントがかわいいし、血が流れてるみたいなデザインも素敵ですよね。

ね。これまでのデザインと少し雰囲気が違って、ありそうでなかった。かわいくて素敵です。やっぱり映画のポスターって大事ですよね。

イコライザー THE FINAL

2023

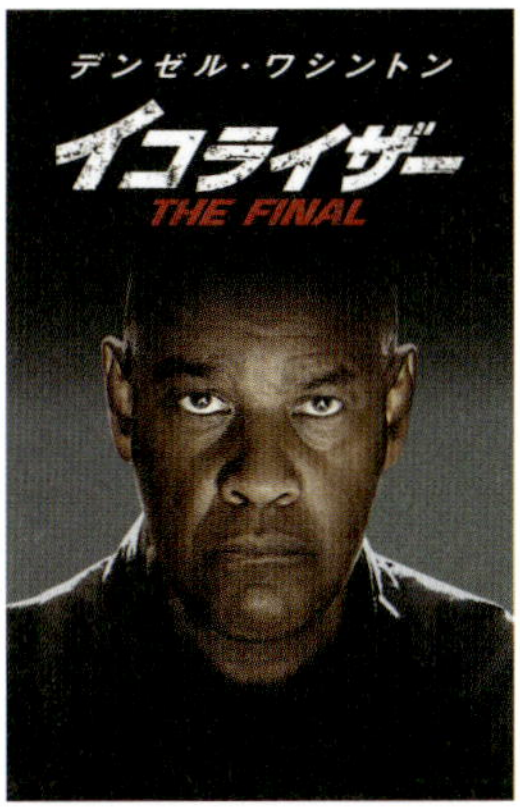

あらすじ：ある時、訪れたシチリアでの事件で負傷したことをきっかけに、肉体的にも精神的にも限界を迎えたロバート・マッコール（デンゼル・ワシントン）は、アマルフィ海岸沿いの静かな田舎町に辿り着く。よそ者にもかかわらず身内のように看病し、親しみをもって「ロベルト」と呼んで接してくれる街の人々。昼の顔、夜の顔を使い分け、長い時間をたった一人、誰にも頼らず生きてきたマッコールにとって、それはまさに癒やしと救いだった――。

監督：アントワーン・フークア／出演：デンゼル・ワシントン、ダコタ・ファニング、デヴィッド・デンマン／配給：ソニー・ピクチャーズ エンタテインメント

デジタル配信中 発売・販売元：ソニー・ピクチャーズ エンタテインメント

デンゼル・ワシントン演じる闇の仕事請負人＝イコライザーが肉体的にも精神的にも限界を迎え、辿り着いたアマルフィ海岸沿いの田舎町にて引退を決意。しかし、自らを救ってくれた人々のために仕事を〝再開〟する名アクションシリーズファイナル『イコライザー THE FINAL』を語ります。

――『イコライザー THE FINAL』どうでしたか？

いや、これはめちゃめちゃおもしろかったです。

――そうですよね。

1作目は素晴らしくて。正直2作目はあんまり俺はハマらなかったんですよね。それで、「ああ、これでもうシリーズ終わりかな？」と思ってた時に3が制作されると聞いて勝手に不安だったのですが、心配ご無用でした。とてもよかったし、『イコライザー』のあるべき姿に戻った気がしました。

――まさに。1は本当におもしろかったですが、2はいまいちでしたよね。

周りもそんな意見が多くて。ちょっと空回ってる感じがしましたね。イスタンブールの鉄道から話が始まったりとか……スパイ映画っぽくなり過ぎたなあと。その割には地味だし。でも今回はデンゼル・ワシントンが演じる主人公のマッコールの年齢的にも、元CIAトップエージェントっていうバックグラウンドがすごくハマってる感じがした。

――孤独に戦い抜いてきたイコライザーが人生の最終地点となる居場所を見つけたというストーリーです。

そうそう。シリーズを通して彼の中で「俺は誰なんだ?」「俺は善人なのか? 悪人なのか?」という問いかけやってきたじゃないですか。その答え合わせみたいなものが縁もゆかりもないイタリアのアマルフィという土地でようやくできた感じがありましたよね。

――マッコールはアメリカンですが、だからこそ異国である南イタリアの人々の陽気さやファミリー感に救われているようにも見えました。

そうですよね。実は俺、前世はイタリア人なんだと思うんだよね。

――え、そうなんですか?

なぜかランチにスパゲッティを選びがちなんだよね。夜はピザが食べたくなる。多分イタリアの血が流れてるはず。

――(笑)じゃあ、そういう面でもこの映画はど真ん中ですね。アマルフィやローマ、ナポリでも撮影しているし。

そうなんですよ。イタリア行きたくなりますよね。「この登場人物が食べてるごはんを食べたい」って思う映画はいい映画だって前に話したことあると思うんですけど、「この舞台に行きたい」って思える映画もいいですよね。

――そうですよね。さっき話に出たスパイ映画でいうと、『ミッション:インポッシブル』とかもそうですけど。

ドバイとかね。でも、『ミッション:インポッシブル』はいろんな国にまたがり過ぎだな。『イコライザー THE FINAL』はほぼイタリアで完結してるのが潔かった。

黒澤明の『用心棒』や『七人の侍』みたいな、ある種の様式美に則ってる映画

黒澤明の『用心棒』や『七人の侍』みたいな、ある種のセオリーというか、様式美に則ってる映画。もちろん独自のスタイルを確立しつつ。だから「こんなことになるんだ?」とか「こんな映画初めて観た!」という驚きは特にない。最近観た映画の中で一番オールドスクールなスタイル。でもそこがいい。『ミッション:インポッシブル』の今年公開された『デッドレコニング PART ONE』はちょっとてんこもりの映画過ぎて胃もたれしました。楽しかったけどね。

――盛りに盛って、「アクション映画の限界突破するぞ!」って感じでしたよね。

アクション映画しか観ない俺の父親も「あれはさすがにお腹いっぱいだった」って言ってました(笑)。「父親もそういう絶妙さを気にするんだな」と感心しました。それもあって、さらによく感じたのかもしれません。

そんなことを言うと『ミッション:インポッシブル』の悪口に聞こえるかもしれないけど、あれはあれでいい。スタミナ丼とか二郎系ラーメンみたいな。で、ちょっとトッピング多めにしすぎちゃったかな…という感じ。イコライザーは煮干し系ラーメンぐらい。

――(笑)。渋さすら感じる美学があるというか、まさにオールドスクールな。

そうなんだよ。あと気づいたことが『イコライザー』の1を観直してから3を観に行ったんだけど、意外とそこまでアクションシーンが多くない。最後の方で派手なドンパチがあるけど。前半はアクションシーンよりも、マッコールの寡黙な表情から過去に何があったかを察したり、周りの人との関係性が展開されたり、人間ドラマの要素が強い。特に序盤はクロエ・グレース・モレッツちゃんが演じる娼婦の復讐をしに行くまでかなり長いんですよね。それまでは、行きつけのダイナーで紅茶飲むシーンとかが中心で。マッコールの強さはまだ見えない。でもなんか只者じゃない感が漂ってる。だからイコライザーシリーズは〝侘び寂び〟の映画だなと。3はその前提をしっかり踏襲してるなって。

――人間ドラマとしてしっかり見せつつ、キレのあるアクションが無駄なく入ってくるところが痺れますよね。

痺れますよね。3は1よりおもしろかったかもしれない。

――19秒とか16秒で殺していたのが、今回は9秒になってます。

進化してる……。アクション映画の主人公のキャッチフレーズって大事ですね。わかりやすい〝成り〟みたいな。マッコールは相手を倒す時にかかる秒数を予告したり、飲食店で必ず紅茶を飲んだり。3でおもしろかったのが、お店で紅茶を飲もうとしたら、「紅茶はイギリス人しか飲まないよ」って言われて、コーヒーを出されるシーン。

――そういうイタリアの風土もいい感じで盛り込まれてましたよね。

ああいう人情溢れる下町感もよかったですよね。いやあ、でも本当にこれでファイナルなのが潔いですよね。ダニエル・クレイグの『007/ノー・タイム・トゥ・ダイ』のエンディングがちょっと僕的には微妙だったところもあって。『ジョン・ウィック』も最近最新作の『ジョン・ウィック:コンセクエンス』が公開されましたけど、あれもちょっとてんこ盛りな印象がありました。すごい好きなシリーズなんですけど。イコライザーはこれ以上はフランチャイズしないということで。それこそ伝説の男を演出できてますよね。

――シリーズものとなると、盛るか広げるかの方向にいきがちですよね。

そうなんですよ。だから『イコライザー』が本来のよさを踏襲した上で3で終わらせたのはかっこいい。

――主人公が歳を取ったからこそ、最後の居場所を見つけるという人生観も描かれているところに説得力があるし。

そうそう。別に恋愛してその場所に定住するわけじゃなくて、街や人々の雰囲気で選んでる感じがいいですよね。

『イコライザー』を観ても、やっぱりデンゼル・ワシントンって貴重だなって思いました

—デンゼル・ワシントンが現在68歳なのにも驚きました。

びっくりですよね。デンゼル・ワシントンって、アフリカンアメリカンにおいてトップ・オブ・トップな存在ですよね。まずデンゼル・ワシントンが挙がるでしょう。僕もすごく好きなんです。

ところでハリウッドは白人至上主義だと批判の声がよくあがります。黒人として初めてアカデミー賞を受賞したのがシドニー・ポワチエという方ですが、デンゼル・ワシントンは黒人として2人目のアカデミー賞受賞者になった。その時のスピーチで「シドニー・ポワチエがいなかったら僕はここにはいない」と言ったのが印象に残ってます。僕の中ではデンゼル・ワシントンとシドニー・ポワチエは一本の線でどうしても繋がる。

—ああ。

シドニー・ポワチエが世に出る以前の黒人の役といえば決まって三枚目的だったり、肉体派な感じの役が多かったそうです。そんな時代にポワチエは知的でシリアスな役を演じていたそうです。でも、黒人からは「白人が望む素直で礼儀正しい黒人を演じている」って批判もされてたんですよね。でもこの人の活躍があったからこそ、デンゼル・ワシントンやモーガン・フリーマンのような主役を演じられる俳優が出てきたわけで。『イコライザー』を観てもやっぱりデンゼル・ワシントンは俳優としてだけでなく、ブラック・カルチャーの中でもとても貴重な存在なんだなと思いました。

—確かに。

ところで『イコライザー』は主人公がちゃんと主人公然としてますよね。ダコタ・ファニングも相手役のような形では出演していたけど、所謂バディ映画にはなってなくて。

—『マイ・ボディガード』以来の19年ぶりの共演という。

あ、それもいい話ですよね。そうそう。でもやっぱり主人公がちゃんと真ん中にドッシリと構えている。街の人が「何とかしてください！」ってなって、「よっしゃ、わかった！」っていう。『暴れん坊将軍』的なね。

—確かに。イコライザーは必殺仕事人ですから。侍感がありますよね。

独り占めし過ぎない感じはあるけど、やっぱりあの主人公の映画ですよね。また例に出しちゃうけど、「ミッション〜」はトム・クルーズが真ん中にいるけど、やっぱりチーム感が強い映画だなと思います。まぁ結局トム・クルーズが目立つんですが（笑）。でもなんでか、「イコライザー」は主人公が真ん中にドッシリいるのに圧がそこまでないんですよね。

—引きの美学というか。

そうそう。例えば悪役を演じる時もBOSSYなのになんだかしつこくないんだよな。

—確かに。食べ物でいうと、デンゼル・ワシントンはこってりしてないけど、トム・クルーズってめっちゃこってりしてますよね。

頼んでないのにおかわり持ってきてくれる感じ。ありがたいけど（笑）。

—（笑）。勝手にごはんが盛られていったり、どんどん味付けが増えていくみたいな。

そうそう。好きですけどね。あえて『イコライザー』の弱いところを言うと、さっきも言ったけど目新しさはないですよね。『ミッション：インポッシブル』はやっぱり毎回アクションシーンが革新的。だからそれを求める人には「イコライザー」は物足りないかもしれない。

—それはあるかもしれないです。でもわかりやすいアクション映画でもありますから。

そう。とにかくわかりやすい。1と2を観なくても大丈夫だと思う。1は本当におもしろいからできれば観てほしいけどね。

にしても、こういう映画はやっぱり映画館でポップコーン食べながら観ないとですよね。

枯れ葉 2023

フィンランドの巨匠アキ・カウリスマキの6年ぶりの新作。ヘルシンキで孤独を抱えて生きる男女が名前も知らないまま惹かれ合い、不運な偶然と現実の過酷さがささやかな幸せを邪魔する様を描いた一風変わった純愛映画『枯れ葉』を語ります。

――カウリスマキ監督作品を選ぶとは意外でした。

この監督の作品は多分かなり昔に流し観したことがある気がしていて……いわゆるオシャレ映画として。今回ちゃんと観たら、すごく好きでした。というかめちゃめちゃ好きです！　コアタイムである深夜帯に鑑賞するのにぴったりだし。

――確かに。フィンランド映画というと、2022年のカワカミー賞ベストムービーに選ばれてた『コンパートメントNo.6』もフィンランド映画でしたね。

そうでした。でも作風は全然違いますよね。『枯れ葉』は余計なことを語らない究極のミニマル作品というか。ショートフィルムや前衛的な舞台を観ている感覚になりましたね。

――確かに舞台っぽい要素もありますよね。画角が固定されているシーンも多くて。

登場人物がフレームから外れた時に急な展開があったりとか。例えば車に轢《ひ》かれる音が流れたり。でもそれで何が起きたかわかるわけで、すごく無愛想に見えて、スマートな作りになってるなと思いました。登場人物のセリフも少ないし。でもだからこそクセのある気の利いた一言になってる。真似したくなる言い回しがいっぱいありました。主演のアルマ・ポウスティさんのインタビューを読んだんですけど、監督が役者に対して「あまり脚本を読み込まないで」って言ったみたいなんです。しかもほぼワンテイクだったとか。

――そうなんですね！

アルマ・ポウスティさんはムーミンの作者のトーベ・ヤンソンが主人公の映画『TOVE／トーベ』のトーベ・ヤンソン役をやっていたり、Netflix映画の『1日半』にも出ていたので、「あ、見たことある！」と思いました。でも、その2作とも『枯れ葉』の役とは全く違う雰囲気で。僕と1歳違いっていうこともあって個人的に共鳴しちゃいます。

ジム・ジャームッシュみたいな雰囲気もある

あらすじ：ヘルシンキの街で、アンサは理不尽な理由から仕事を失い、ホラッパは酒に溺れながらもどうにか工事現場で働いている。ある夜、ふたりはカラオケバーで出会い、互いの名前も知らないまま惹かれ合う。だが、不運な偶然と現実の過酷さが、彼らをささやかな幸福から遠ざける。果たしてふたりは、無事に再会を果たし想いを通じ合わせることができるのか？

監督・脚本：アキ・カウリスマキ／出演：アルマ・ポウスティ、ユッシ・ヴァタネン、ヤンネ・フーティアイネン、ヌップ・コイヴ

写真：Everett Collection/アフロ

「ジム・ジャームッシュみたいな雰囲気もあるなあ」と思ってたら、主人公のカップル達が観に行った映画がジャームッシュの『デッド・ドント・ダイ』。カウリスマキ監督とジャームッシュは友達みたいですね。他にも『枯れ葉』には日本の小津安二郎監督の影響もあるそうです。

——監督は「この映画では、我が家の神様、ブレッソン、小津、チャップリンへ、私のいささか小さな帽子を脱いでささやかな敬意を捧げてみました。しかしそれが無残にも失敗したのは全てが私の責任です」というコメントを寄せています。

何なんだよ、そのかっこいいコメント。洒落てるなあ。いいですね。そういえば主人公が引き取る犬の名前はチャップリンだったな。

——チャップリンへも敬意を捧げてるっていうことで、コミカルな要素が多かったのかもしれないです。

そうそう、あの感じがとても好みでした。コメディというより、コミカルなムード。爆笑ではなく〝なんか笑える〟。不条理4コマ漫画に近いものを感じました。中川いさみさんや吉田戦車さん的なね。あと、音楽も大事な要素でした。主人公の心情をそのまま表したような歌詞が頻繁に流れたり。最後の方に出てくる風変わりなバンドもなんかよかった（笑）。

——ですね（笑）。

カンヌの審査員賞を受賞していて、来年の第96回アカデミー賞の国際長編映画部門フィンランド代表になってるので期待されますよね。ただ、カウリスマキ監督はかなりのアカデミー嫌いらしくて、辞退したこともあるから、多分ないだろうな（笑）。そんなところも愛しいです。

いちいちセリフがコミカル

——それにしても主人公のアンサとホラッパのカップルはふたりともかなり不器用な感じですよね。

僕もそう思ってたんですけど、あとから考えると「意外とスマートなのかも!?」って思えてきたんですよね。お互い好きになったら割と一直線な行動を取っているし、ホラッパの方はデートしただけなのに「結婚しそうになった」って後日友達に語ってたのが印象的で。「もうそこまで結論出てるんだ!?」ってなりません？ もちろん人間同士だからケンカもするんだけど、ちゃんと反省して、素直に謝罪して、ヨリを戻そうとする。その際の一言一言がとてもストレートなんですよね。だからもしかしてこれはモテ男なんじゃないかって（笑）。

——（笑）。**かと思えば、名前も連絡先も知らずに一緒に映画館に行ったりするし、笑顔をほぼ見せない。**

そこは変に取り繕うことをしないミニマリズムが出てますよね。そういえば、時代背景が謎じゃなかったですか!? 携帯を持ってるのか持ってないのかわからないまま話が進んでいく。「昔の話なのかな」と思ってたら、ラジオからロシアのウクライナ侵攻のニュースが流れてきたり。「え!? 現代なの!?」となりました。

——カウリスマキ監督は社会問題を取り入れることが多いですけど、『枯れ葉』について監督は「無意味でバカげた犯罪である戦争の全てに嫌気がさして、ついに人類に未来をもたらすかもしれないテーマ、すなわち愛を求める心、連帯、希望、そして他人や自然といった全ての生きるものと死んだものへの敬意、そんなことを物語として描くことにしました」と記しています。確かに戦争って無意味でバカげてるわけですが、だからこそユーモアがふんだんに込められているのかなと。

かなりストレートに戦争批判のメッセージがありましたよね。一見物語の主軸とは関係なさそうではあるけれど、だからこそどんな状況の時でも世界中のニュースは入ってくるんだなって思いました。例えば日本のファーストフード店でぼんやりフレンチフライを食べている最中にも戦争のニュースをスマホで見れちゃうわけですからね。

——確かに。カウリスマキ作品では珍しく純愛を描いたラブストーリーと言っていい作品でもありますね。

そうですよね。外国では悲惨な出来事が起きつつも、違う土地では全く違う人間模様があるわけで。それにしても、やっぱりいちいちセリフがコミカルでしたよね。

——理不尽な理由でクビになったアンサの再就職先の店長がドラッグで捕まった時に言う、「お前にしばらく店を任せる」っていうセリフとか。

あれも好きでしたね。監督は自分のことを、ぶっきらぼうで感情を出さないっていう意味で使われる〝デッドパン〟って言ってるらしいです。「俺は究極のデッドパンだから」って。

秋の夜長にぴったりだと思います

——まさにそのキャラクターが作品に反映されてますね。

アンサの家もめっちゃシンプルじゃないですか。ラジオが置いてあって、自分の分の食器しかなくて。ホラッパが家に来ることになってお皿を買うんだけど、来ないってことになったらすぐ捨てる。ローランドかと思った（笑）。

——（笑）。**結構似たもの同士の2人ですよね。**

登場人物全員が割と変ですよね。アンサが友達に「ホラッパにこんなことを言われた」って話した時、ホラッパを豚に例える友達に向かって、「豚に失礼よ」って吐き捨てるように言うやりとりがすごく好きでした。返し方もいちいち巧い（笑）。

——アンサがホラッパを家に招き入れるんだけど、「アル中は嫌だ」っていうやりとりが始まって。

そう。「アル中はご免だ」って言ったら、「俺も指図されるのはご免だ」っていう〝ご免〟返し。あの会話が一番痺れました。長さも81分でちょうどいい。秋の夜長にぴったりだと思います。こんなMV撮れたらなぁ。カウリスマキ監督の他の作品もいろいろ観てみようと思います。

TALK TO ME／トーク・トゥ・ミー 2023

A24制作のホラー映画として、全米では『ミッドサマー』を超える最大のヒット作となった『TALK TO ME／トーク・トゥ・ミー』。SNSで流行する「90秒憑《ひょう》依《い》チャレンジ」にのめり込んだことから思わぬ事態に陥っていく高校生を描いたオーストラリア製ホラーを語ります。

――『TALK TO ME』はどうでした？

おもしろかった。呪いの手を握って「Talk to Me」って唱えると、霊が自分の中に入ってきて交信できる。それが快感らしく、ティーンの中で流行っているという設定です。日本でいうとコックリさんに近いのかな。ティーンの間でのドラッグ蔓延《まんえん》問題に警鐘を鳴らす……みたいな意図も感じましたね。監督はオーストラリア出身の人気YouTuberらしいです。ダニーとマイケルのフィリッポウ兄弟で。監督のインタビューを読んだんだけど、「説教臭くしないためにはホラーというジャンルはやりやすい」って言っていて。

――そうなんですね。

主人公のミアがその呪いの手を握って、「90秒憑依チャレンジ」をやった時、興奮した表情で「めっちゃ気持ちよかった！」ってリアクションを取るんだけど、キマッてる。ところでホラー映画は確かにティーンが抱える問題が下敷きになっていることが多いですよね。例えば僕が大好きな『イット・フォローズ』はセックスをすると相手に呪いが移るっていう設定ですけど、若者の気軽なセックスに警鐘を鳴らしている節があった。社会問題をエンタメに昇華しつつ、「こういうことをすると危険だよ」っていうことを暗

あらすじ：母を亡くした高校生のミアは、気晴らしに仲間とSNSで話題の「#90秒憑依チャレンジ」に参加してみる。ルールは簡単。呪物の「手」を握り、「トーク・トゥ・ミー」と唱えると霊が憑依する――ただし、必ず90秒以内に「手」を離すこと。ミアたちはそのスリルと強烈な快感にのめり込み、憑依チャレンジを繰り返してハイになっていくが、仲間の1人にミアの母の霊が憑依し――。

監督：ダニー＆マイケル・フィリッポウ／出演：ソフィー・ワイルド、アレクサンドラ・ジェンセン、ジョー・バード

Blu-ray 5,390円 発売・販売元：ギャガ ©2022 Talk To Me Holdings Pty Ltd, Adelaide Film Festival, Screen Australia

に伝えますよね。

――特にミアの親友、ジェイドの弟のライリーが壮絶に怖い目に合ってましたね。

めちゃ気色悪い描写でした。いい意味で。あれは同じA24の『ヘレディタリー／継承』とか『ミッドサマー』がちょっと浮かんだけど。

――アリ・アスター監督の。

ね！『TALK TO ME』は霊に憑依されると黒目になってたじゃないですか。『エクソシスト』とかは憑依されると白目になるんだけど、黒目はまた別のヤバさがあったよね。トリップ中であることを表してるのかな？

――白目だと苦しそうに見えるけど、黒目だとまた違いますよね。

そう。この映画は自ら霊を入れるという。自発的な意志があるわけだから、その違いもあるのかな。幽霊の目は白くなってる描写が多いけど、黒目になるのは生身の人間に霊が入ってきたという意味が込められてそうですよね。

――確かに。

全体的には楽しめたけど、難癖を付けるとしたら、俺にはティーン向け感が強過ぎた（笑）。主人公がティーンのホラー映画はどうしてもわちゃわちゃ感があって耐えられない。監督は「説教臭さが前面に出ないようにした」って言ってたけど……結構出てるやん！と思った。

――ミアが母親を亡くしているという背景と憑依チャレンジにのめりこむことははっきり繋がってましたし、手を握って霊を招き入れる描写は手を差し伸べるっていう意味合いが込められていたり。

そうなんだ！　既に続編の制作が決定しているそうですが、そこではもしかしたらあの呪いの手の持ち主とかが掘り下げられるのかな。

気楽に観られる感じがいい。そういうホラーも必要だと思います

――ありそうですね。北米では『ミッドサマー』や『ヘレディタリー』を超える興行収入を記録して、イギリス、フランス、シンガポール、スウェーデンでも初週トップ10入りっていう大ヒット作なので、続編も話題を集めそうです。

そ、そんなに!?　個人的にはそこまで怖くはなかったけど……。ただ、気楽に観られる感じがいいですね。そういうホラーも必要だと思います。

――シンプルでわかりやすい作品ではありますよね。

ね。あまり余計な要素が入ってこないところも潔かった。そういえば最近、『インシディアス』とか『エスター』とか続編系のホラー映画が多かったけど、『TALK TO ME』は完全オリジナルだし、いろいろ新鮮でした。

――人間ドラマの要素はありつつも、割と気楽に楽しめる。友達とノリで観に行けるっていうか。

そうそう。ポップコーン片手にね。ともすればショートフィルムっぽい題材を長編にしっかりとまとめ上げたのは秀逸だと思います。

――監督の双子YouTuberは『ストリートファイター』の実写化の監督に抜擢されたそうです。

そうなんですね！　また実写化するのか……。確か94年ぐらいに公開されたハリウッド版がありましたよね。チャゲアスの「Something There」がエンディングテーマだった気がする。

――よく覚えてますね。

「スト2」世代なんで（笑）。

――『TALK TO ME』もゲームっぽい描写がありましたから、そういうのが得意なのかもしれないです。

YouTuberとしてのテクニックが活きるっていうか。確かにそういう感じはありますね。

日本映画って普通の映画でもホラーっぽさがあったりする

でも僕は、そろそろめっちゃ怖い日本のホラー映画が観たいです。『リング』や『呪怨』みたいな衝撃をまた味わいたい。やっぱりあの2作品は世界のホラー映画の基準を変えた革命的な作品ですもん。最近あんまりないよな。近い国でいうと、一昨年配信された台湾ホラーの『呪詛』は恐ろしかった。あとタイと韓国の合作の『女神の継承』もなかなか。日本でもそれぐらい怖い作品が出てきてほしいですね。

――『リング』と『呪怨』はあれだけハリウッド版も作られているのもわかりますよね。

ね。でも日本って元々ホラーに向いてるんだろうなと思う。邦画ってホラーじゃなくて独特な陰があったりするじゃないですか。最近だと『ある男』とか。

――ああ、怖いですよね。

そう。ホラーじゃないのに怖い。あとこれはヒトコワ系ホラーだけど『死刑にいたる病』も最近だと怖かった。

――あれはもう阿部サダヲさんが怖い（笑）。

超怖い！　あれは完全にホラー映画。

――あの虚無な目がすごいですよね。

本当ですよね。だから、無理にジメジメ感をエンタメ化しようとしなければ、またすごく怖いホラー映画が生まれるんじゃないかなと。話変わるけど、僕『シン・ゴジラ』がやっぱりどうしても大好きなんですよね。「怪獣映画をこう捉えるんだ!?」って思って。でも海外ではそこまででもなくて。ただ、今『ゴジラ-1.0』がめちゃくちゃ海外でヒットしてる。『ゴジラ-1.0』もおもしろかったですけど、海外と日本ではヒットする作品の温度差あるなぁ。

PERFECT DAYS 2023

主演の役所広司がカンヌ国際映画祭で最優秀男優賞を受賞したヴィム・ヴェンダースの新作『PERFECT DAYS』。役所が演じるトイレ清掃員・平山の慎ましくも豊かな日常をドキュメンタリータッチで描き、多くの賞賛を集めています。

『PERFECT DAYS』は試写に行く機会もいただいていたのですが、なんとなく映画館で観たほうがいいなと思ったので。大正解でしたね。映画館がぴったり。家だともしかしたらあの心地好さにいい意味で眠らされていたかも……（笑）。

――確かに気持ちよく寝れる感じですよね（笑）。

本当にいい映画でした！ 映画のあらすじとしては、役所広司さん演じる平山というトイレの清掃員の日常を描いて、特に大きな出来事が起こるわけではなく、毎朝起きて植物に水をやり、仕事に向かう。家に帰ってきて読書をして眠りにつく。寝てる間にその日の出来事がコラージュされたような夢を見る。そしてまた起きて、似たような、でもどこか違う新しい日が幕を開ける。休みの日は少し遅めに起きて、コインランドリーに行って、行きつけの居酒屋に行って、また家に帰ってきて……という、とても丁寧にひとりの男の緩やかな凸凹で〝完璧な日々〟を映し出した映画でした。いつの間にかドキュメンタリーになっていたモキュメンタリー。移動し続けないロードムービーとでも言うべきか。時間が一旦休憩に入るような年末年始にぴったりな映画だと思いました。夏よりも冬に観れてよかった。

――役所さんがカンヌで最優秀男優賞を受賞したことも大きなニュースでした。

本当におめでとうございます！ ですね。受賞した時の役所さんのコメントが「やっと柳楽（優弥）くんに追いついた」。真摯《しんし》でありながらウィットにも富んでいて素敵でしたね。

――そうですよね。

ヴィム・ヴェンダースと役所さんは初タッグだそうですけど、相性がとてもよかったように思いました。役所さんはエグゼクティブ・プロデューサーとしてもクレジットさ

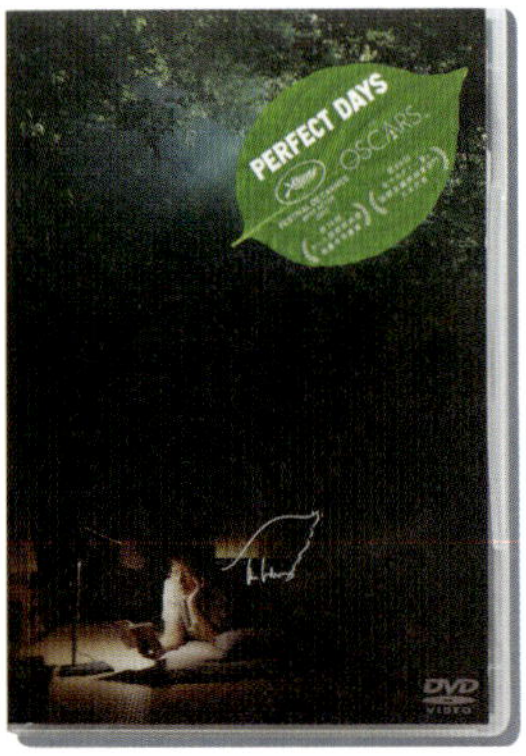

あらすじ：東京・渋谷でトイレ清掃員として働く平山（役所広司）は、静かに淡々とした日々を生きていた。同じ時間に目覚め、同じように支度をし、同じように働いた。その毎日は同じことの繰り返しに見えるかもしれないが、同じ日は1日としてなく、男は毎日を新しい日として生きていた。その生き方は美しくすらあった。男は木々を愛していた。木々がつくる木漏れ日に目を細めた。そんな男の日々に思いがけない出来事がおきる。それが男の過去を小さく揺らした。

監督：ヴィム・ヴェンダース／脚本：ヴィム・ヴェンダース、高崎卓馬／製作：柳井康治／出演：役所広司／製作：MASTER MIND／配給：ビターズ・エンド

DVD 5,280円 発売元：ビターズ・エンド 販売元：TCエンタテインメント 発売協力：スカーレット©2023 MASTER MIND Ltd.

れてましたね。

企画から始まった映画ではあるけれど、ヴィム・ヴェンダースの作品にちゃんとなってる

——最初役所さんは、共同脚本・プロデュースを手掛けた電通の高崎卓馬さんから、「The Tokyo Toiletプロジェクトのトイレを舞台に映像作品を作りたい。監督はヴィム・ヴェンダースにお願いしたい」と伝えられ、「そりゃ無理だろう」と思ったそうです。結局ヴェンダースが監督することに決まり、「自分の俳優人生でヴィム・ヴェンダース作品に参加する日が来るとは夢にも思っていませんでした」と。

先に役所さんが決まっていたんですね。でも変な言い方ですが、あまり大人が絡んでいる感じがしないですよね（笑）。企画から始まった映画ではあるけれど、『パリ・テキサス』とかに連なるヴィム・ヴェンダースの作品にちゃんとなっていて。枠を飛び越えてますよね。あと、脇を固める柄本時生さんとかアオイヤマダさんも素敵な空気感でした。

——柄本さんが演じるタカシは「お金がないと恋もできないんですか」みたいなことを言ってました。

下北沢のレコードショップで叫んでましたね。「こんなやつ、絶対友達にいてほしくない」って思いました（笑）。

——確かに（笑）。

でも意外と的を得ている。中盤で、なんだかんだ結構いいヤツなのかもっていう描写も出てくるし。

——平山にとってもタカシは憎めないヤツっていう感じですよね。

そうですよね。「お金がないと恋もできないんですか」というセリフに共感したのか……いや、違うな。哀れみを感じていたのかな。結局、数千円を渡してヤマダさん演じる女の子のところに「行ってこい」ってやっていたし。平山は「何を思っていたのかな？」と考えてしまいますよね。基本的には多くを語らず、観ている人に登場人物の背景や思考を委ねる映画ですよね。僕の周りにも結構考察を楽しんでいる人が多かったです。でも個人的には、考察というよりは観察して楽しむ映画だったなと思います。もちろん考察するのも楽しい。そういう描写が多いからね。ただ「過去がどうであれ、どうでもいいじゃん」と思わせられる。そういう感じって実際の日常でもあるじゃないですか。喫茶店で隣に座ったカップルが喧嘩してて、なんで喧嘩してるのか考えてみるんだけど、コーヒーを飲み終わって、喫茶店を出たらもうそのこと自体忘れ始める、みたいなね。そういう風に登場人物のエピソードが自然と自分の体に入ってきて、またすっと抜けていく感覚がすごくリアルだったし、実際こういう風景よく見かけるなぁって。

ああいう丁寧な生き方ってすごくいいなと思いましたね

——そうですよね。平山と妹の関係性とか、あと父親との間にも何かあったんだろうなと想像するけど、深追いしなくてもいい空気感がありますよね。

あの涙を流すシーンは「平山にもいろいろなことがあったんだろうな」っていうのが垣間見られるような重要なシーンだと思うんですが、その後もやっぱりまた同じように夢を見ているような描写が挟み込まれるじゃないですか。画面が白黒になって、その日の出来事みたいなのがフェードアウトしながら重なっていく。その描写が終わるとまた次の日になってリセットされて、起きてドアを開けて空を見たらまた一日が始まる。あまり前のことを引きずらず、「それはそれで」っていう感じの進み方が平山の人生そのものに思えてよかったですね。

——朝起きると、ああいうリセットされた感覚もありますよね。

そう。平山を見ているうちに、こちら側も深くは掘り下げないようになっていくのがおもしろかったな。「いろんなことがあったようですが……まあとりあえずハイボールでも飲みましょう」という感じで、映画の終盤、平山がある人物に優しく話しかけるような気持ちになっていくっていうか。やっぱりいい映画のキャラクターって、いつの間にか自分に乗り移りますよね。僕は『PERFECT DAYS』を観に行って、次の日起きて窓開けて、平山と全く同じ表情で空を見上げてみました（笑）。

——（笑）。

すぐ真似しちゃうんですよね。でもああいう丁寧な生き方ってすごくいいなと思いました。ルーティンと言える平坦に整理された生活かもしれないけど、自分のペースがあって、一日一日小さな違いがあって、機械のように動いてるわけじゃない。周りで巻き起こるものとインタラクティブしているのがこれぞ人間、と憧れる部分もありました。ヴィム・ヴェンダースも「こういう人になりたい」みたいなことを言ってたけど、多くの人がそう感じるのかもしれない。

——「慎ましくてもこういう風に豊かに生きられるんだ」っていう風に憧れる人は多いでしょうね。

そうですよね。おそらく平山の実家って、妹さんの雰囲気を見てると結構裕福だと思うんですよ。

——妹さんは裕福な暮らしをしてる感、すごくありましたよね。

あれ、旦那が金持ちっていうよりは根っからだと思うですよね。

——平山のアパート暮らしを蔑《さげす》むような発言がありましたね。

あれは「私たちのコミュニティから出た」って感じがしましたよね。ここは考察してしまいましたが、お父さんがやってる家業みたいなのがあって、平山は「それを継げ」って言われて、継ぎたくないから出て行って、結果妹

かその旦那が継いだのかなって。姪は結局妹の娘ってわかったけど、最初「おじさん」って呼んで勝手に家に上がってきたから、「これ、おじさんって言ってるけど、別れた奥さんの子供かな」って思った。物心ついてない時に「お父さん」って言いづらくて、「おじさん」って言ってるのかなとか。具体的な説明はないけど、いろいろ想像を膨らませたくなりますよね。

「撮影期間、プライベートはどんな雰囲気だったんだろう?」って思うくらい役所さんは平山だった

——そうですよね。姪が家出して平山のところに来たのも、裕福だけど窮屈さを感じる家庭から抜け出したくなって、そこから出ていった伯父に共感する部分があるのかなとか。

そういう平山と関係性のある人たちとのエピソードがちりばめられてるのもよかったですね。

——石川さゆりさん演じる平山行きつけの居酒屋のママと三浦友和さん演じるママの元夫のこともいろいろ想像しますよね。

2人が抱き合っている姿を平山が目撃したシーンもドキッとしましたよね。その後、吸えないタバコを買ったりしてて。

——明らかに動揺していましたよね。

昔吸ってたのかもしれないけど。「ママのこと好きだったのかな?」ともやもやしましたね。そのふたつの関係性はつい考察しちゃいました。

——確かに。撮影の仕方としては、テストはなく本番だけだったとか。

そうなんだ? いやあ、役所さんは本当にすごかったです。「撮影期間、プライベートはどんな雰囲気だったんだろう?」って思うくらい平山だった。最初役所さんがトイレの清掃員役って聞いた時は「え?」って思ったけど、映像観たらそのものに見えた。髪の毛が便器についちゃうぐらい一生懸命掃除してて。

——指導にあたった清掃員の方から「明日から働いてほしい」と言われるほど見事な清掃ぶりだったそうです。

そうなんだ（笑）。あとこれは言及しないといけない。何と言っても音楽がよかった！

「こんなにルー・リードやアニマルズが東京の街やハイウェイに合うんだ?」って

——ルー・リードの「パーフェクト・デイ」が流れた時、「そういうことか」と思いました（笑）。

まさに。鳥肌が立った瞬間が何回もありました。平山が押上のアパートから渋谷区とかのトイレに移動する繰り返しで、旅をしてるわけではないのに旅してる感じがした。俺も車を運転してよく移動するけど、『PERFECT DAYS』でかかった曲はマジでいい東京ドライブソングだなと思いました。「こんなにルー・リードやアニマルズが東京の街やハイウェイに合うんだ?」ってね。ここ数日、運転中は『PERFECT DAYS』のプレイリストしか聴いてないです（笑）。

——目覚め方といい、かなり平山になってるじゃないですか（笑）。

なってますね。今僕が住んでいるところからスタジオまでのルートって結構見覚えのあるルートでして（笑）、だからこそ余計にあの曲たちが聴きたくなる。

——同じことを繰り返していても、その日ごとの気分があって、かける音楽も違ってくるんだよなって改めて思いました。

缶コーヒーを買って、車に乗るほんの少しの間にどの曲をかけるか決めるっていう。僕は普段、最新インディーロックのプレイリストをランダムでかけて。いろいろなアーティストの曲が流れてて「この曲が聴きたいから」って感覚が薄れていたんですが、最近はもっぱら「これを聴こう」ってやってます。

——かなり影響されてますね（笑）。

いやあ、素晴らしい映画でした！ 余談ですけど、『PERFECT DAYS』を観た後に、もう1本映画を観ようと思って、家でオンライン試写で『ボーはおそれている』を観たんですよ。

——アリ・アスターの新作の。

もう『PERFECT DAYS』の余韻がゼロになりました。

——『ボーはおそれている』は混乱とカオスの極みみたいな映画ですよね（笑）。

そう。誉め言葉ですけど、台無しになりました（笑）。混ぜるな危険の映画でしたね。

——全然違いますからね（笑）。

ね（笑）。同じ時期に公開しているから合わせて観ない方がいいかも（笑）。さて、年始から大変な事件や災害がありました。観られる方は『PERFECT DAYS』で穏やかな気持ちになってほしいなって思います。何もなくても恋はできるし、幸せを見出すことってできるよなって。「なるほどな」と思う瞬間がたくさんあったので。

——平山が日々の光の射し方や風の吹き方の違いにも喜びを見出しているような描写もありましたし。

映画の公式サイトを覗いたのですが。あらすじをなぞるような文章が載っていて。そこでは竹ぼうきの音とか、劇中の印象的な音が書かれているんですけど、曲だけじゃなく、効果音もしっかり演出されていて感服しました。

——そういう面でも音響のいい映画館で観た方が楽しめますよね。

そうですね。正直もう1回観に行きたいと思ってます。大切な映画。

落下の解剖学 2024

あらすじ：人里離れた雪山の山荘で、男が転落死した。はじめは事故と思われたが、次第にベストセラー作家である妻サンドラ（ザンドラ・ヒュラー）に殺人容疑が向けられる。現場に居合わせたのは、視覚障害のある11歳の息子だけ。事件の真相を追っていく中で、夫婦の秘密や嘘が暴露され、登場人物の数だけ〈真実〉が現れるが——。

監督：ジュスティーヌ・トリエ／脚本：ジュスティーヌ・トリエ、アルチュール・アラリ／出演：ザンドラ・ヒュラー、スワン・アルロー、ミロ・マシャド・グラネール、アントワーヌ・レナルツ／配給：ギャガ

Blu-ray 5,390円 発売・販売元：ギャガ ©2023 L.F.P. – Les Films Pelléas / Les Films de Pierre / France 2 Cinéma / Auvergne-Rhône-Alpes Cinéma

カンヌのパルムドールを受賞し、アカデミー賞でも作品賞をはじめ5部門にノミネートされている『落下の解剖学』。転落死した男の妻に殺人容疑がかけられたところから多くの疑念が噴出する法廷スリラー映画を語ります。

よかった！ でもラストで「えー！ ここで終わるの！」って思いました（笑）。久々に。

——確かに。

最後モヤモヤする映画って別にたくさんあるじゃないですか。これが短めの映画だったら、途中で「モヤモヤしたまま終わるのかな」って思うんです。でもこの映画はしっかりで2時間半あるので「まぁ流石にはっきりオチがあるんだろうな」と高をくくっていたら……。

——しっかり尺のある映画ですよね。

裁判のシーンが長く感じて。オンライン試写で観たんですが、深夜だったこともあり寝落ちしてしまって、翌日完走しました。

——なるほど（笑）。

でもこの映画はそこがむしろテーマなんだと思います。〝曖昧〟の美学を突き詰めたような映画ですよね。後から思い返すと華麗なる煙の巻かれ方をしたなって。

——そうですね。あらすじとしては、雪山の山荘でサミュエルという男性が転落死して、検死の結果、事故か第三者の殴打による頭部の外傷だと報告され、のちにサミュエル

の妻のサンドラに殺害容疑がかけられると。

前回のこの連載で取り上げた『ＰＥＲＦＥＣＴ ＤＡＹＳ』とはまた違うモヤモヤがありますよね。

これは考察すべからずの映画なのか、それとも「どうぞ考察してください」の映画なのか。裁判になって、奥さんが殺した可能性が高い雰囲気を出しつつ、「あれ、やっぱり無理じゃない？」みたいになってきた。「奥さんの弁護士の言ってることが正しいのかな」って思いつつ……。

――まさに。

主演女優賞にふさわしい演技

途中、唯一現場に居合わせた視覚障害のある11歳の息子が、容疑をかけられたお母さんのことを守ろうとしているような証言をする。でもそこに矛盾が生じて。「ということは、お母さんの罪を隠そうとしている息子もグルなのかな？」って思ったりしたけど、またその疑念も覆される。「単に母親だから守ろうとしてたのかな」って思ったり。だから結局真実を知ってるのはお母さんだけということになります。

――そうですよね。

お母さんの含みのある演技も怪しかったね。『真実の行方』ではエドワード・ノートン演じる19歳の容疑者は多重人格者なんですが。「このお母さんもそうなのかな」と思ってしまった。冒頭で作家としてインタビューを受けていた時の雰囲気と終盤のどこか笑い出しそうな雰囲気が全然違ったので。

――（笑）。母であり妻であるベストセラー作家、サンドラを演じたザンドラ・ヒュラーはアカデミー賞の主演女優賞にもノミネートされています。

主演女優賞に相応しい演技でしたよね。ザンドラ・ヒュラーさんはドイツ人の俳優さんですが、サンドラの設定もドイツ出身で、夫の故郷であるフランスの雪山にある山荘で暮らしてて。同じヨーロッパでもフランスとドイツではいろんな違いがあるってことも描かれてましたよね。

旦那の方が恨んでる感じがあった

――そうですね。そして、妻はベストセラー作家で夫は教師をやりながら作家を目指しているという格差やら、息子が視覚障害を患った事故の原因のなすりつけ合いやら、浮気やら、どんどんいろんな問題が噴出していきます。

序盤から「綺麗な夫婦ではないんだろうな」とは思いましたよね。ただ、サンドラの方は夫に対して特に恨みがあったり、嫌っていた感じはしないんだよな。殺す動機がそこまでないっていうか。

――確かに。許容できている感じはありましたよね。

そう。旦那の方が恨んでる感じがありましたよね。サンドラは仕事で成功しているし、大きな不満はない。セックスレスではあったけど、女性との浮気で解消はされている。それに対して文句を言われたら「うるさいな」って思うことはあったかもしれない。それで勢いあまって殺しちゃったと、と考えるのが普通ですが。

――サンドラは実体験を小説に盛り込んでいるっていうのも、ひとつの要素ですよね。

そうですよね。旦那はサンドラを困らせようとして自害したのかもしれない。

――自作自演もあり得なくはないですよね。

そうですよね。いやあ、引き込まれましたね。あ、あと犬の演技なのかＣＧなのかわからないシーンもすごかったし。

――すごくロジカルに作られてる感じはしましたよね。

いろいろとネタがちらばってる

序盤で50centの「Ｐ．Ｉ．Ｍ．Ｐ．」のインストバージョンが使われてましたけど、あの曲は女性蔑視をほのめかしている曲ということで、妻が女性と浮気していることを皮肉っているのかもしれない。

――確かに。

いろいろとネタが散らばっているんですよね。最初は息子が怪しいなって思うじゃないですか。犬にアスピリンを飲ませて、「どうなるか知っておきたかったんだ」とか恐ろしいことを言っていたから苦し紛れの言い訳なのかと思った。実は息子が二重人格でエドワード・ノートンのかもしれないし。

――それもあり得なくもないですよね。結局どういう結論なのか気になりますね。

ん～考察募集しましょう！（笑）。この映画は自分の中で結論が出てないんで、「我こそは」と思う人は俺がツッコめないくらいの完璧な考察で唸らせてほしいです。

オッペンハイマー 2024

第96回アカデミー賞でクリストファー・ノーラン監督が悲願のオスカーを獲得した『オッペンハイマー』。原子爆弾の開発者であり「原爆の父」と呼ばれる天才科学者、オッペンハイマーの栄光と没落の生涯に迫った大作を語ります。

――『オッペンハイマー』はどうでしたか？

感想が難しい映画ですね。じっくり観れたし、好きだったのは間違いないのですが。日本人としてはやっぱりちょっと。複雑な気持ちになりました。原爆の発明がメインのトピックではなくて、あくまでも発明者であるオッペンハイマーの半生に焦点を当てた映画ではありましたね。

――オッペンハイマーの苦悩や罪悪感に迫っていますよね。

そう。アメリカでは去年の7月に公開されましたけど、そのタイミングで観た人の話を聞くと、日本での原爆の描写が基本ないのはどうなんだろう？と議論されていたり。そこにフォーカスする映画ではないから仕方ないとは思うんだけど、正直都合の悪いものを避けたと言われても仕方ないのかもしれませんね。実際映画の中でも被爆の様子を会議室で見るシーンがあったんだけど、そこでキリアン・マーフィー演じるオッペンハイマーは目を逸らすんですよね。基本オッペンハイマーの視点中心だから、彼が観ていないものは映さない。

――あえて映さない感じでしたね。

そうですね。でもちょっと綺麗に描かれてるなあとは僕も思いました。でもこの映画は『火垂るの墓』ではないし、『はだしのゲン』でもないし。原爆を落とした側の視点で描かれているから。確かにそこは学びはありました。

――ノーランは「基本オッペンハイマーの一人称で描きたかったから、日本側の描写は入れなかった」と説明しています。

ただ、いくつかの国が絡むテーマであり、戦争映画でもあると思うので、描いていたらどうなっていたんだろう？公開時期はアメリカとかより随分遅くなったけど、時期がどうあれ日本では複雑に感じる人は多いと思います。

観に行った日本人の感想にすごく興味がある

――去年の夏「バーベンハイマー」のミームが拡散されていた時期に日本で公開されるよりは、アカデミー賞を受賞してからの3月末のタイミングで公開された方が観に行く人は圧倒的に多くはなりますよね。

そうですね。だから観に行った日本人がどういう感想を持つかはすごく興味があります。こういうテーマを題材にすることは個人的には抵抗はないし、むしろ大事なテーマだから扱うべきだとも思います。ただやはりテーマがテーマなだけに日本人としては特に客観的な視点だけでは観れない。自分は戦時を生き抜いた人達の子孫なのだなという事実を改めて実感しました。ところで、『オッペンハイマー』が最多受賞したアカデミー賞でもアジア人差別があったとかで騒がれていましたね。

――ありましたね。

エマ・ストーンとミシェル・ヨーの件は誤解だったみたいですけど。

――ジェニファー・ローレンスとエマ・ストーンは親友だそうで、ジェニファー・ローレンスがエマ・ストーンにオスカー像を渡すよう仕向けたと、ミシェル・ヨー自身がSNSで説明していましたね。

そうそう。でも、『オッペンハイマー』で助演男優賞を

あらすじ：第二次世界大戦下、アメリカで立ち上げられた極秘プロジェクト「マンハッタン計画」。これに参加したJ・ロバート・オッペンハイマーは優秀な科学者たちを率いて世界で初となる原子爆弾の開発に成功する。しかし原爆が実戦で投下されると、その惨状を聞いたオッペンハイマーは深く苦悩するようになる。冷戦、赤狩り――激動の時代の波に、オッペンハイマーはのまれてゆくのだった。

監督・脚本・製作：クリストファー・ノーラン／出演：キリアン・マーフィー、エミリー・ブラント、マット・デイモン、ロバート・ダウニー・Jr.、フローレンス・ピュー、ジョシュ・ハートネット、ケイシー・アフレック、ラミ・マレック、ケネス・ブラナー

「オッペンハイマー　ブルーレイ+DVD（ボーナスブルーレイ付）」2024年9月4日発売 5,280円 発売・販売元：NBCユニバーサル・エンターテイメント

取ったロバート・ダウニー・Jr.はどうなんでしょう？（笑）。あの感じでオスカー像を受け取るって……。前年度の助演男優賞受賞者であるキー・ホイ・クァンとほぼ目も合わさずあんな感じで受け取られたらさすがにね。

――ああいう場では本音が出てしまうところもあると思いますし。

壇上にいたティム・ロビンスとかとは「イェーイ！」って感じだったし。オスカーは前年度の受賞者から渡されるのが通常なわけですからね。受賞スピーチで「僕は昔はひどかったけど」って言ってたけど、正直「あんま変わってないじゃん」って言われてもおかしくないよ。

――しかも、ロバート・ダウニー・Jr.が助演男優賞を取った『オッペンハイマー』のストローズ役は、オッペンハイマーに無視されたこともあってオッペンハイマーを追い込んでいく役ですから（笑）。

そうですよね。ただ……まぁ何が裏で起こってるか我々にはわからないわけだから、周りがとやかく言うべきではないとは思います。もしかしたら直前にクァンがロバートの足を踏んだのかもしれないし（笑）。でも疑われても仕方ない雰囲気はあったよね。

一番パーソナルなノーラン映画

『オッペンハイマー』は映画としてのクオリティは抜群だし、3時間という長尺だけどじっくり浸れました。ただ、やっぱり難しい（笑）。

――ですね（笑）。

『TENET』みたいに内容が難しいというわけではなく、進み方が独特過ぎて時系列の理解が追いつかないと言ったらいいのかな？ 展開が早い早い。一応基本的な知識は頭に入れて観たつもりだったんですが（笑）。もう1回観ますねこれは。

――これまでと違って時間軸がどうとかじゃなくて、登場人物が多いけれど、説明があまりない中でどんどん物語が進んでいく難しさですよね。

そう。たくさんの登場人物を巻き込んではいるんだけど、オッペンハイマーというひとりの男に焦点を当てたノーラン作品の中では一番パーソナルな映画だったと感じています。これまでの作品と比べると内省的であり、ある意味スケールが一番小さいと感じました。まさに原子レベルに。そこが新鮮でしたね。

――確かに。

迫力はやっぱりすごかった（笑）。

――池袋のグランドシネマサンシャインの国内最大のIMAXレーザーで観ましたしね。

いや、スクリーンがデカ過ぎた（笑）。トリニティ実験の迫力は特にすごかったですね。最初、音がないと思ったら……。さすがの演出だし、さすがの音響でした。

ジョシュ・ハートネットがいい歳の取り方をしている

――『インターステラー』以降ノーラン作品に欠かせない存在になっている撮影監督、ホイテ・バン・ホイテマの撮影技術もすごかったですよね。『オッペンハイマー』のためだけに開発された65ミリカメラ用モノクロフィルムを使って史上初となるIMAXモノクロ・アナログ撮影を実施したという。実験の映像もCGを使わず、庭とかでホイテマさんが撮ったみたいですね。

そうなんですね！

――あと、被爆者の役を演じた女性はノーランの実の娘ですけど、それに対してノーランは「究極の破壊力を作り出すことは、自分の大切な人をも破壊してしまうことだ」とコメントしていて。

いやあ、そういう小ネタはいっぱいあるんだな。『TENET』では第三次世界大戦を止めることがミッションで、大量化学兵器の使用を防げれるか？ というのがテーマでもありましたが。その次が原爆を扱った『オッペンハイマー』っていう流れもありますし。

――そして、悲願のアカデミー賞受賞という。

物議を醸す映画で取っちゃいましたね。あ！ あと言っておきたいこと！ 久々にジョシュ・ハートネットを観たんですけど嬉しかった！（笑）。新鮮な役だったし、いい歳の重ね方をしているなって思いました。『パラサイト』の学生役を初めて観た記憶が懐かしい……。

――そうですね。エミリー・ブラントもよかったですよね。

もう大好きです。でも、割といつものエミリー・ブラントっぽい役だったので、目新しさはなかったですね（笑）。

――（笑）確かに、毅然とした役で。

だから、意外性の面で僕はジョシュが一番よかったなあ。

これだけひとりの人物を描いたのはある意味『ダークナイト』以来

――川上さんとしては『オッペンハイマー』はノーラン作品の中で何位ですか？

ええ！ ノーラン作品の中では異端なので順位をつけるのは酷ですよ。これだけひとりの人物を描いたのは……ある意味『ダークナイト』以来なのかな？ でも、オッペンハイマーって意外と遊び人だったんだなって驚きもありました。

――女好きだったっていう。

そう。キリアン・マーフィーは真面目そうだから、そこをちゃんと演じられていてすごかったなあ。僕が心配することではないんですけど。

――そこはかとないチャラさが出てましたね（笑）。

そうそう。それもリアルでよかったです。ジェームズ・ボンドもいけちゃうかもですね（笑）。

2020年下半期

2020-2023 カワカミー賞

Kawakamy Awards

特別編として、独断と偏見で選ぶ「カワカミー賞」。ベストムービーに加え、いくつかのジャンルに分けてのそれぞれのベスト作品やベストアクターを発表します！

ベストアクター賞

ローレン・ラプカス
（『僕のミッシー』）

コロナ禍ってこともあって、笑いを作るのが難しかったり、自分もあまり笑えなかった年だったと思うんです。でも『僕のミッシー』のローレン・ラプカスは、2020年映画を観てる時間の中で一番笑えました。

イーサン・ホーク
（『ハイウェイの彼方に』）

ずっといい役者さんとして歩んできてる感じがします。メインストリームにいそうでいなかった人。アイドルスターみたいなところから脱したかったのかなって。

仲野太賀
（『すばらしき世界』）

監督：西川美和／出演：役所広司、仲野太賀、六角精児

すごく好きな役者さんです。控えめなんだけどどの役でもちゃんと強い印象を残す。僕の中ではジェイク・ギレンホールに近い魅力を感じてます。

1 ベスト作品賞

『アルプススタンドのはしの方』

監督：城定秀夫／出演：小野莉奈、平井亜門、西本まりん

本当にいい映画でした！手作り感があって、『カメラを止めるな!』的な感触も感じましたね。内容を知らずに家で観たんですけど、すごく引き込まれて、ちょっと泣きそうになりました。出演者は若手の役者さんばかりでしたが皆、天才でした。終わり方もすごくよかった。

2 ベスト泣いた賞

『ロマンスドール』

監督：タナダユキ／出演：高橋一生、蒼井優、浜野謙太

お互いを信頼し合う夫婦同士だとしても、踏み入れられないテリトリーがあって隠しごとが存在しているってなんか、やっぱり男と女は違う生き物なんだな〜と。

3 ベスト笑った賞

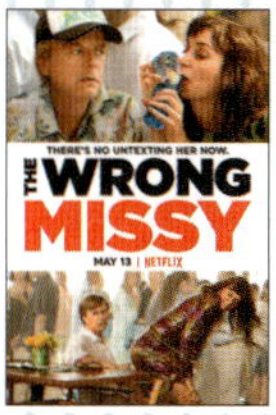

『僕のミッシー』

監督：タイラー・スピンデル／出演：デヴィッド・スペード、ローレン・ラプカス、ジェフ・ピアソン

とにかく笑いましたね。ローレン・ラプカスが演じるミッシーには人間の喜怒哀楽をすごく感じたし、観ていて単純に元気になりました。

4 ベストアクション賞

『悪人伝』

監督：イ・ウォンテ／出演：マ・ドンソク、キム・ムヨル、キム・ソンギュ

主役のヤクザの組長役を演じるマ・ドンソクが素晴らしいです。何も考えずに安心して観れるし、絶対楽しませてくれるっていうヒーロー感がある。

5 ベストサスペンス賞

『聖なる犯罪者』

監督：ヤン・コマサ／出演：バルトシュ・ビィエレニア、エリーザ・リチェムブル

淡々としてるけど、心にハンマーをゆっくり打つような、力強さとスリルをはらんだ映画。希望が見え隠れしていて、いやらしさが全くないのがいい。

6 ベストぼんやり賞

『ハイウェイの彼方に』

監督：ローガン・マーシャル＝グリーン／出演：イーサン・ホーク、クリストファー・ハイアーダール、エレイン・ヘンドリックス

抑え目な演技、抑えめな演出、すべて抑えめな感じで進んでいく。でも気づいたら心に沁み渡っている映画。

2021年上半期

ベストアクター賞

サラ・ポールソン（『RUN／ラン』）

監督：アニーシュ・チャガンティ／出演：サラ・ポールソン、キーラ・アレン

ひとりに決めるとしたら『RUN』のサラ・ポールソンですね。ホラー映画の女優さんってどっちかというと叫ぶ側が多いと思うんですけど、『RUN』の場合は叫ばせる側。本当に、この人だからこその怖さだなって思いました。

ベストムービー 1

『クワイエット・プレイス 破られた沈黙』

監督：ジョン・クラシンスキー／出演：エミリー・ブラント、ミリセント・シモンズ、ノア・ジュプ

面白かった。周りの人もみんな「続編がこんなに1を超えてくる映画って久々だよね」って言っていて。1は両親が主人公で、親から子への愛、2はどちらかというと長女と長男に焦点があたっています。だからある種ファミリー映画でもあるんだよね。

ベストムービー 2

『パーム・スプリングス』

監督：マックス・バーバコウ／出演：アンディ・サムバーグ、クリスティン・ミリオティ、ピーター・ギャラガー

こんなにお洒落なタイムリープものってあるんだっていう新鮮さがありました。ビジュアルもかっこよくて、サングラスとかシャツとかスタイリングも素敵で、劇中に出てくるピザの形をした浮き輪も欲しいって思ったし、音楽もかっこよくて、映画のノリも好きです。

ベストムービー 5

『機動戦士ガンダム 閃光のハサウェイ』

監督：村瀬修功／声の出演：小野賢章、上田麗奈、諏訪部順一

主人公のハサウェイは若干優柔不断だったり、子供っぽさがあったりもする。テロリストなので正義か悪かっていったら悪かもしれない。ただ、やっぱりかっこいいんですよね。それに、モビルスーツの造形もかっこいい。

ベストムービー 4

『ビバリウム』

監督：ロルカン・フィネガン／出演：ジェシー・アイゼンバーグ、イモージェン・プーツ、ジョナサン・アリス

イモージェン・プーツとジェシー演じるカップルが、人間ではない何者かに侵略されていく話です。だんだんジェシー演じるトムが理性を失って、おかしくなっていく様にも引き込まれました。とにかく緑！

2021年

ベスト作品賞

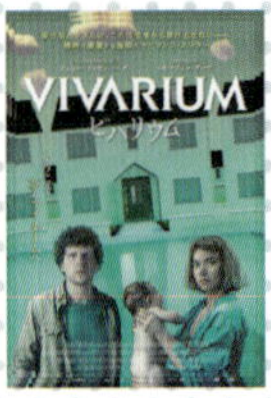

『ビバリウム』

肺のあたりにこびりついてる感じ。アート性の高さもあるけど、難解なわけじゃなくてちゃんとエンタメとして楽しめるし、あとで考察ができる余地も与えてくれる。おすすめしやすい映画。

ベストサスペンス賞

『RUN／ラン』

間違いなく面白かったです。完璧だったかもしれない。お化けが相手じゃないホラー感のある映画ってすごく好きですね。

ベストアクション賞

『クワイエット・プレイス 破られた沈黙』

パニックムービーという感じではあるんですが、僕としてはアクション映画としても楽しめました。

ベストアニメーション賞

『機動戦士ガンダム 閃光のハサウェイ』

小説を読んで「こういう風になったらいいなあ」と思っていたイメージにさらに重厚感が足された感じもした。実写映画好きな人でも満足できるアニメーション映画だと思います。

ベストロマンス賞

『パーム・スプリングス』

新しいなと思ったのは、永遠に同じ日を繰り返してしまう問題を女性の方が奮闘して解決しようとするところ。

ベストアンビエント賞

『PITY ある不幸な男』

監督：バビス・マクリディス／出演：ヤニス・ドラコプロス、エヴィ・サウリドウ、マキス・パパディミトリウ

最終的にはアンビエントではないんですが、淡々とことが進んでいくっていう意味でかなりリアルで不気味な雰囲気が好きですね。

ベスト笑った賞

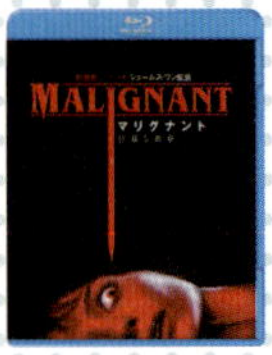

『マリグナント 狂暴な悪夢』

監督：ジェームズ・ワン／出演：アナベル・ウォーリス、マディー・ハッソン、ジョージ・ヤング

「これはホラー映画としてどうなんだろう？」って思うところはあるんですが、めっちゃ笑ったので。ベストコメディ賞じゃないのがミソです（笑）。

2022年上半期

ベストアクター賞

柳楽優弥
（『浅草キッド』）

監督：劇団ひとり／出演：大泉洋、柳楽優弥、門脇麦、土屋伸之

ビートたけしさんを柳楽優弥さんが演じる!?と驚きましたがハマり役！　時代のムードも好き！

ロザムンド・パイク
（『パーフェクト・ケア』）

監督：J・ブレイクソン／出演：ロザムンド・パイク、ピーター・ディンクレイジ、エイザ・ゴンザレス

ムカつくし怖かったし、でも爽快で痛快でめちゃくちゃよかった。これからもああいう演技が見たいって思わせる魅力を持ってる女優さんですよね。

サラ・ポールソン
（『RUN／ラン』）

過去の回でも何度も言ってますけど、やっぱり『RUN』のサラ・ポールソンはすごいです。不気味な怖さを感じる演技でしたね。

特別賞

イモージェン・プーツ
（『ビバリウム』、『恐怖のセンセイ』）

イモージェン・プーツはもうエコ贔屓です。

ベストアクション賞

1

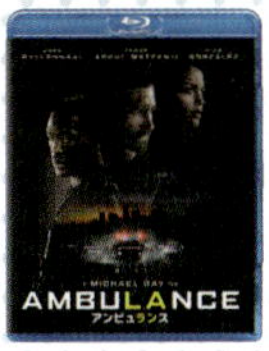

『アンビュランス』

監督：マイケル・ベイ／出演：ジェイク・ギレンホール、ヤーヤ・アブドゥル＝マティーン二世

ピカイチでした。改めてマイケル・ベイ監督、かっこいい映画作るなー。「アクション映画とは何たるか？」を考えさせられました。

ベストロマンス賞

2

『パリ13区』

監督：ジャック・オディアール／出演：ルーシー・チャン、マキタ・サンバ、ノエミ・メルラン

登場人物が女性も男性も性に対して奔放で、結婚にも執着しない。日本では共感を得られないかもしれないけど、刺激的な映画としておすすめしたいです。

ベストアクター賞

スティーヴン・グレアム
（『ボイリング・ポイント／沸騰』）

主役でありながら、光が全くあたってない。そんな演技をかまされたら、いやはや、拍手喝采です。

ルーシー・チャン
（『パリ13区』）

本作がデビュー作なんですが、「ビギナーズラックですか!?」って思わず意地悪を言いたくなるぐらい素晴らしかった。

特別賞

ブライス・ダラス・ハワード
（『ジュラシック・ワールド／新たなる支配者』）

監督：コリン・トレボロウ／出演：クリス・プラット、ブライス・ダラス・ハワード、ローラ・ダーン

『ジュラシック・ワールド』の1作目から好きでした。小学校の頃の好きだった子に似ているんですよね。はい、それだけです。

ベストやりすぎで賞

3

『哭悲／THE SADNESS』

監督：ロブ・ジャバズ／出演：レジーナ・レイ、ベラント・チュウ、ジョニー・ワン

僕は映画館で観たんですが、最高でしたね。笑えてグロいけど、悲壮感もある。それがタイトルにも繋がるんですが。

ベスト切ないで賞

4

『さがす』

監督：片山慎三／出演：佐藤二朗、伊東蒼、清水尋也

評判通り、素晴らしかったです。片山慎三監督の前作『岬の兄妹』も好きでしたが、そこからさらにポップさが加わり、なんというか、楽しかったです。

ベストやるせないで賞

5

『ボイリング・ポイント／沸騰』

製作：フィリップ・バランティーニ／出演：スティーヴン・グレアム、ヴィネット・ロビンソン、レイ・パンサキ

超好みです。90分ワンカットで、あるレストランの一夜を追う映画。ただレストランで巻き起こる騒動を撮ってるだけなのに没入してしまう。

1.写真：Everett Collection/アフロ 2.Blu-ray 5,170円 発売元：アット エンタテインメント 販売元：TCエンタテインメント ©2021 - AAMU FILM COMPANY, ACHTUNG PANDA!, AMRION PRODUCTION, CTB FILM PRODUCTION 3.Blu-ray 2,075円 発売元：NBCユニバーサル・エンタテイメント ©2022 Universal Studios. All Rights Reserved. 4.Blu-ray 5,170円 発売元：アット エンタテインメント 販売元：TCエンタテインメント ©2021 - AAMU FILM COMPANY, ACHTUNG PANDA!, AMRION PRODUCTION, CTB FILM PRODUCTION 5.写真：Collection Christophel/アフロ 6.DVD 4,180円 販売元：インターフィルム ©2021 NIGHTRIDE SPV LTD

2022年

KAWAKAMY AWARDS

ベストムービー

1

『イニシェリン島の精霊』

監督：マーティン・マクドナー／出演：コリン・ファレル、ブレンダン・グリーソン、ケリー・コンドン

本当によかった。ただ変わった映画ではあります。「結局何なの?」「何も起こらなかったじゃん」って思う人も多いと思うけど「どうなっていくんだろう?」っていう緊張感と不理屈のおかしみを楽しむ作品だなと。だからこそ新鮮でした。

ベストムービー

2

『コンパートメント No.6』

監督：ユオ・クオスマネン／出演：セイディ・ハーラ、ユーリー・ボリソフ、ディナーラ・ドルカーロワ

ラブストーリーとは言い難く、「このふたり、結局くっつくの? くっつかないの?」と終始曖昧な感じで大きな事件は起こらない。でも、はっきりとした理由がないっていう人間関係のおかしみと哀愁ってあると思うんですよね。

予想外に良かったで賞

3

『バイオレント・ナイト』

監督：トミー・ウィルコラ／出演：デヴィッド・ハーバー、ジョン・レグイザモ、アレックス・ハッセル

ブラックでグロいけど笑える。なかなか見応えがありました。ぶっ飛んだサンタをモチーフにした映画の中では最上位です。

ベストロマンス賞

4

『コンパートメント No.6』

あからさまなラブストーリーもいいけど、好きになりかけの手前の手前の手前を行ったり来たりする絶妙な距離感が好き。

ベストホラー賞

5

『呪詛』

監督：ケビン・コー／出演：ツァイ・ガンユエン、ホアン・シンティン、ガオ・インシュアン

いやー目を逸らしましたね。怖かった！(笑)。アジア系ホラーなのに馴染みがない恐怖が終始忍び寄ってくるからたまらない。是非ご覧ください。

ベストサスペンス賞

6

『ナイトライド 時間は嗤う』

監督：スティーヴン・フィングルトン／出演：モー・ダンフォード、ジョアナ・リベイロ、ジェラルド・ジョーダン

音楽もすごくかっこよかったです。94分間という時間を感じさせないぐらい、疾風のごとく過ぎ去る感じがかっこよかったな。

ベスト助演女優賞

ドリー・デ・レオン
(『逆転のトライアングル』)

監督・脚本：リューベン・オストルンド／出演：ハリス・ディキンソン、チャールビ・ディーン、ドリー・デ・レオン

イケメンのモデルを手玉に取り、性的にも従えていく様は見応えあったな。インパクトがとにかく強かったです。

ベスト助演男優賞

セス・ローゲン
(『フェイブルマンズ』)

監督・脚本：スティーヴン・スピルバーグ／出演：ガブリエル・ラベル、ミシェル・ウィリアムズ、ポール・ダノ

ブラックコメディ映画を作ったり出演したりしている印象が強いですが、『フェイブルマンズ』ではそのお調子者感が抑え目になっていて素敵でした。

ベストアクトレス

アンドレア・ライズボロー
(『To Leslie トゥ・レスリー』)

監督：マイケル・モリス／出演：アンドレア・ライズボロー、マーク・マロン、オーウェン・ティーグ、アリソン・ジャネイ

わかりやすいぐらいの感動作ではありますが、「ここまで来たらもう感情委ねます」っていう気持ちになります。それぐらいストレートに泣かせる映画。

ベストアクター

コリン・ファレル
(『イニシェリン島の精霊』)

素晴らしかったです。昔のコリン・ファレルだったらできなかったんじゃないかなと思います。いいカムバックをした俳優のひとりですよね。

偏愛特別賞

カレン・ギラン
(『デュアル』)

監督：ライリー・ステアンズ／出演：カレン・ギラン、アーロン・ポール、ビューラ・コアレ

過去2回は“特別賞”だったんですが、今回からよりわかりやすく“偏愛特別賞”にしました。もう仕方ない。タイプなんだもの。

2023年

KAWAKAMY AWARDS

1 カワカミー優秀賞

『aftersun／アフターサン』

監督：シャーロット・ウェルズ／出演：ポール・メスカル、フランキー・コリオ、セリア・ロールソン・ホール

本当に素晴らしいし、感じたことのない感動を覚えた作品でしたね。何度でも観たくなる。観る度に伏線とかも発見できるので「ああ、これはそういうことだったのね」という楽しみもあります。

2 何故か印象に残っているで賞

『コカイン・ベア』

監督：エリザベス・バンクス／出演：ケリー・ラッセル、オシェア・ジャクソン・Jr.、オールデン・エアエンライク

去年観た映画の中で一番笑いました。「こんな映画公開していいの？」っていう90年代のお笑い番組を今観るようなギリギリ感がありました（笑）。

3 俺だけの映画にしたいで賞

『死体の人』

監督：草苅 勲／出演：奥野瑛太、唐田えりか、楽駆

設定がまずいいですよね。昔からあまり注目を浴びない立場の人にフォーカスした映画が好きなんです。

4 ベストアクション賞

『イコライザー THE FINAL』

監督：アントワーン・フークア／出演：デンゼル・ワシントン、ダコタ・ファニング、デヴィッド・デンマン

アクション賞はもうこれでしょう！『イコライザー』の1がめちゃくちゃ好きなんですが、3は1よりよかった。デンゼル・ワシントンは公開時68歳。すげー。

5 泣くわこんなん賞

『To Leslie トゥ・レスリー』

スピルバーグの『フェイブルマンズ』や『怪物』、『アンダーカレント』もよかったけど、シンプルに一番泣けたのは『To Leslie』です。

6 めっちゃ怖い賞

『女神の継承』

監督：バンジョン・ピサンタナクーン／出演：サワニー・ウトーンマ、ナリルヤ・グルモンコルペチ

霊媒師が出てくるんですが、そういう時って「これでもう大丈夫！」っていう雰囲気になるけど、その人が殺されるとビビりますよね。怖いポイントです。

7 インディー作品賞

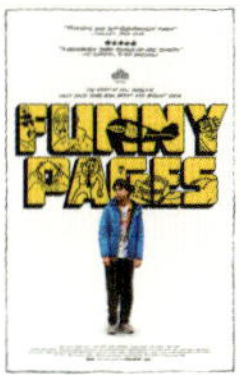

『ファニー・ページ』

監督：オーウェン・クライン／出演：ダニエル・ゾルガードリ、マシュー・マー、マイルズ・エマニュエル

レトロな喫茶店あるじゃないですか。ちょっと小汚い感じの。好きですがたまに「さすがにもうちょっと綺麗にして」と思う店ありません？ あんな感じです。

ベスト主演賞

奥野瑛太
（『死体の人』）

奥野さんは昔から好きでしたが、『死体の人』を見てイメージが変わってさらに好きになりました。目がすごく好き。主役の存在感もあるし、バイプレーヤーもできる素晴らしい役者さん。

ベスト助演賞

サワニー・ウトーンマ
（『女神の継承』）

前半が特に「これはドキュメンタリー作品なのかな？」って思うくらいリアル。その大きな要因が祈祷師役を演じたウトーンマさん。すごい迫力です。

偏愛特別賞

エミリー・ブラント
（『ペイン・ハスラーズ』）

監督：デビッド・イェーツ／出演：エミリー・ブラント、クリス・エバンス、キャサリン・オハラ

シングルマザーでアンチヒーロー的な役なんですけど、すごくハマってた。悪役？ とまではいかないけど、こういうのも似合うよな。てか好きだ！（笑）。

映画タイトル 50音順（アルファベット順）

か
- □ 神様メール
- □ 枯れ葉
- □ ガンパウダー・ミルクシェイク
- □ カンパニー・マン
- □ キック・アス
- □ 機動戦士ガンダム 閃光のハサウェイ
- □ きみに読む物語
- □ 逆転のトライアングル
- □ グッドフェローズ
- □ グッバイ、リチャード！
- □ 黒い家
- □ クワイエット・プレイス 破られた沈黙
- □ コカイン・ベア
- □ 哭声／コクソン
- □ 哭悲／ THE SADNESS
- □ コピーキャット
- □ コンジアム
- □ コンパートメント No.6

さ
- □ さがす
- □ ザ・シークレット・サービス
- □ ザ・バニシング - 消失 -
- □ ザ・レイド
- □ ザ・ロック
- □ 残穢【ざんえ】―住んではいけない部屋―
- □ シカゴ７裁判
- □ 死体の人
- □ シック・オブ・マイセルフ
- □ シティ・オブ・エンジェル
- □ 十二人の怒れる男
- □ 呪詛
- □ 処刑人
- □ 女優霊
- □ シン・ウルトラマン
- □ シンプル・プラン
- □ スーパー！
- □ ズーム／見えない参加者
- □ スコット・ピルグリム VS. 邪悪な元カレ軍団
- □ ストレイ・ドッグ
- □ ストレンジ・デイズ 1999年12月31日
- □ スピード
- □ スリング・ブレイド
- □ 聖地には蜘蛛が巣を張る
- □ 聖なる犯罪者
- □ セックスと嘘とビデオテープ

1A
- □ 12 モンキーズ
- □ aftersun／アフターサン
- □ CODE46
- □ CURE
- □ her／世界でひとつの彼女
- □ JFK
- □ L.A. コンフィデンシャル
- □ LUCKY
- □ mid90s ミッドナインティーズ
- □ Nadja
- □ NOPE／ノープ
- □ Pearl パール
- □ PERFECT DAYS
- □ PITY ある不幸な男
- □ RUN／ラン
- □ SEOBOK／ソボク
- □ TALK TO ME／トーク・トゥ・ミー
- □ TENET テネット
- □ THE GUILTY／ギルティ
- □ TITANE チタン
- □ To Leslie トゥ・レスリー
- □ V/H/S シンドローム

あ
- □ アイアン・スカイ
- □ 悪人伝
- □ 悪魔を憐れむ歌
- □ ア・フュー・グッドメン
- □ アマデウス
- □ アメリカン・ヒーロー
- □ アルプススタンドのはしの方
- □ アンタッチャブル
- □ アンテベラム
- □ アンビュランス
- □ イコライザー THE FINAL
- □ イット・フォローズ
- □ イニシェリン島の精霊
- □ イノセンツ
- □ ウォッチメン
- □ エスケープ・フロム・L.A.
- □ エンド・オブ・ステイツ
- □ オッペンハイマー
- □ オン・ザ・ハイウェイ その夜、86分

□ ブレイブハート
□ ベニスに死す
□ ペルシャ猫を誰も知らない
□ ボイリング・ポイント／沸騰
□ 僕のミッシー
□ 僕らのミライへ逆回転
□ ボディガード

ま

□ マイ・ブルーベリー・ナイツ
□ マグノリア
□ マリグナント 狂暴な悪夢
□ マルコヴィッチの穴
□ 無垢の祈り
□ 女神の継承

ら

□ ラスト・ボーイスカウト
□ 落下の解剖学
□ リアリティのダンス
□ リービング・ラスベガス
□ リコリス・ピザ
□ リベリオン
□ レッド・オクトーバーを追え！
□ レッド プラネット
□ レポゼッション・メン
□ ロスト・ハイウェイ
□ ロボコップ 3
□ ロマンスドール
□ ロング・キス・グッドナイト

わ

□ ワイルドライフ
□ 嗤う分身

□ ゼロの未来

た

□ 大逆転
□ ダイ・ハード／シリーズ
□ 誰もがそれを知っている
□ 地球が静止する日
□ 月に囚われた男
□ ディナー・イン・アメリカ
□ ディフェンドー 闇の仕事人
□ 鉄男
□ ドニー・ダーコ
□ ドライヴ
□ ドント・ルック・アップ

な

□ ナイトライド 時間は嗤う
□ ナポレオン・ダイナマイト
□ 奈落のマイホーム
□ ニンフォマニアック
□ ノッキン・オン・ヘブンズ・ドア
□ ノック・ノック

は

□ パーフェクト・ケア
□ パーム・スプリングス
□ ハイウェイの彼方に
□ バイオレント・ナイト
□ ハイ・ライズ
□ はじまりへの旅
□ ハッチング—孵化—
□ バットマン
□ バッファロー '66
□ バビロン
□ パリ 13区
□ ハングオーバー！ 1、2
□ 犯罪都市／シリーズ
□ ヒート
□ 光の旅人　K-PAX
□ ビバリーヒルズ・コップ 2
□ ビバリウム
□ ピンク・クラウド
□ ヒンターラント
□ ファニー・ページ
□ フォーリング・ダウン
□ 複製された男
□ プライマー
□ ブラック・フォン
□ ブラック・ボックス 音声分析捜査
□ プラットフォーム

あとがき

本書で紹介した映画を見返すと、我ながらポップな作品からマイナーな作品まで万遍なく紹介出来たなと思う。

マイナー作品に関してはもっとディープなのがあると思います。でももう少し気軽に楽しんでほしいのと、観るのが難しいのもあるからね。もし次回があればもう少し掘り下げたものも紹介したいなと思います。誰もが知るようなメジャー作も盛り込んだ理由としては、子供の頃に観たからという個人的な思い入れがあるのと、若い世代の方に馴染みがなかったりするからである。

最近入った20代のマネージャーと先日タイムリープ映画である『テネット』の話をした時、「『バック・トゥ・ザ・フューチャー』観てないんですよね……」と言われた。「昔の漫画や 映画で例えられてもウザい」と若い世代がボヤく話を聞くがまぁわかる。私も父と話していて「ドクトル・ジバゴが～」とか「猿の惑星が～」と言われても「あ、マーク・ウォールバーグ主演じゃない方ですよね」となるようなもんだ。ただ、やっぱり作品というのは人による創造物であり、色褪せたとしても尊い芸術だなと私は思う。自然界の生物は繁殖を繰り返す。だけど、創造物というのはそこに明確な意思があってはじめてそのサイクルが生まれる。だから『猿の惑星』がなければ『バック・トゥ・ザ・フューチャー』もなかったし、『テネット』もなかったであろう（これらは全てタイムリープものである）。


作品もそうだが、感想もそうだ。感想を伝達すると、誰かがその映画を観るかもしれない。そしてその観た人はまた誰かに伝える。その誰かがもしかしたら作り手になるかもしれない。そう考えると“感想”も捨てたもんじゃない。

私はメジャーだろうが、マイナーだろうが、新作だろうが、旧作だろうが。おすすめは伝達したい。自分より若い人にもね。「ウザい」と言われるかもしれないけどね。でもその感想によって新しい作り手が生まれ、「新作映画」が観られるなら本望です。


この本がその一手を担っているかもしれない。私は映画を作れないけど、感想は伝えられる。新しい映画を観たいだけなのかもしれない。

兎にも角にも、ようやく映画への愛を本にすることができ嬉しく思います。読んでくださりありがとうございました。

2024.8.13.　川上洋平

Staff Credit

Cover Art
Yu Nagaba

Photography
renzo masuda
P.046-047, 133-137
Yuki Kawamoto

Hair&Make-up
Maki Sakate [vicca]

Styling
Keisuke Morita

Artist Management
Ikki Chida [UKPM Inc.]
Kunitaka Ito [UKPM Inc.]
Riku Hirakawa [UKPM Inc.]

Writer
Kaori Komatsu

Book Design
Arisa Ohkubo

DTP
Makoto Imaizumi [imaizumidesign]

Illustration
P.040-043
Technocut Studio Inc.

Editor
Natsuko Wada [Takarajimasha]
Moka Saito [Takarajimasha]

協力

株式会社イープラス

撮影協力

ヒューマントラストシネマ渋谷
ディスクユニオン シネマ館・ブックユニオン新宿

Clothes Credit

P.002-004, 012-013, 038-039
スウェット FUMITO GANRYU（FOS K.K）
パンツ AMOMENT（参考商品）
シューズ vintage（sinot）
コーデュロイパンツ A-YARN（株式会社福井商店）

P.006-009, 014, 140-141
レザージャケット TALKING ABOUT THE ABSTRACTION（SEEDS DESIGN）
その他スタイリスト、本人私物

P.010-011
トップス ssstein（ENKEL）
パンツ International Gallery BEAMS（International Gallery BEAMS）
シューズ BENEXY（ベネクシーカスタマーサービス）
キャップ TALKING ABOUT THE ABSTRACTION（SEEDS DESIGN）

Shop List

○SEEDS DESIGN／seedsdesign.spl@gmail.com
○FOS K.K／contact@fumitoganryu.jp
○sinot／TEL.03-5738-8853
○株式会社福井商店／TEL.03-6804-0315
○ENKEL／TEL.03-6812-9897
○International Gallery BEAMS／TEL.03-3470-3948
○ベネクシーカスタマーサービス／TEL.0800-500-3840

川上洋平

Yoohei Kawakami

ロックバンド[Alexandros]のボーカル・ギター担当。ほぼすべての楽曲の作詞・作曲を手がける。毎年映画を約100本鑑賞している。「My Blueberry Morning」や「Sleepless in Brooklyn」と、曲タイトルに映画愛がちりばめられているのはファンの間では有名な話。

ポップコーン、バター多めで

2024年9月17日　第1刷発行

著者
川上洋平

発行人
関川 誠

発行所
株式会社宝島社
〒102-8388
東京都千代田区一番町25番地
☎（営業）03-3234-4621
☎（編集）03-3239-0928
https://tkj.jp

印刷・製本
サンケイ総合印刷株式会社

※本書に記載されている価格はすべて税込み価格です。
※情報は2024年8月15日現在のものです。

ISBN 978-4-299-05512-5